新媒体时代高校学生管理研究

高 霞 杨 琳 著

中国商业出版社

图书在版编目（CIP）数据

新媒体时代高校学生管理研究 / 高霞，杨琳著 . --
北京：中国商业出版社，2024. 4
ISBN 978-7-5208-2904-5

Ⅰ. ①新… Ⅱ. ①高…②杨… Ⅲ. ①大学生—高校
管理—研究 Ⅳ. ①G645.5

中国国家版本馆 CIP 数据核字（2024）第092630号

责任编辑：管明林

中国商业出版社出版发行
（www.zgsycb.com　100053　北京广安门内报国寺1号）
总编室：010-63180647　编辑室：010-83114579
发行部：010-83120835/8286
新华书店经销
优彩嘉艺（北京）数字科技有限公司印刷
*
787毫米×1092毫米　16开　12.5印张　234千字
2024年4月第1版　2024年4月第1次印刷
定价：49.00元
****
（如有印装质量问题可更换）

前 言

在新媒体时代的浪潮下，高校学生管理面临着前所未有的挑战与机遇。随着互联网技术的飞速发展，尤其是社交媒体、即时通信和在线平台的广泛应用，传统的学生管理模式和方法已逐渐显现出不适应当前社会发展的局面。新媒体环境不仅重塑了学生的学习和生活方式，也为高校学生管理提供了新的思路和工具。因此，新媒体时代如何进行高校学生管理，成为教育管理领域亟待解决的课题。

本书从新媒体时代高校学生管理基础知识入手，针对新媒体时代高校学生管理理念的演变、新媒体时代高校学生事务管理与优化、新媒体时代高校学生制度管理及创新以及新媒体时代高校学生管理的创新途径进行了分析研究；另外，对新媒体时代高校学生就业创业管理及指导、新媒体时代高校教学管理信息化构建以及新媒体时代高校学生后勤管理提出了一些建议。本书构思新颖、逻辑严谨，将理论与实践紧密结合，对新媒体时代高校学生管理研究创新有一定的借鉴意义。

本书由武昌首义学院高霞和杨琳撰写并负责本书的统筹、统稿工作，高霞撰写了第一章、第二章、第三章和第四章的内容，共计11.5万余字；杨琳撰写了第五章、第六章、第七章和第八章的内容，共计11.5万余字。

通过对新媒体时代高校学生管理的深入研究，本书期望为高校管理者、教师和相关政策制定者提供洞察和建议，帮助他们在新媒体环境下更有效地进行学生管理，促进高校教育质量的提升和学生个人能力的发展。本书在撰写的过程中，参考了大量专家、学者的研究成果，在此表示诚挚的感谢！由于笔者学识水平有限，书中难免有疏漏之处，期望广大专家、学者给予批评和指正。

目 录

第一章 新媒体时代高校学生管理基础知识

第一节 高校学生管理的概念与原则

一、高校学生管理工作的基本概念

我国高校学生管理工作一般指学生非学术性活动和课外活动的总称，具体包括思想政治教育、遵纪守法和行为规范教育、日常管理、学生社团、课外活动、文体活动、经费资助、帮困助学服务、学生心理卫生、健康医疗、就业指导与管理、学术支持等多领域。学生管理工作与教学、科研一样，都是我国高等教育中不可或缺的有机组成部分。随着高校学生事务的发展及分化，学生管理的概念为众多学者及实务工作者所关注。目前，国内外对学生管理还未形成相对统一的标准概念，呈现出百家争鸣、众说纷纭的态势。蔡国春认为："学生管理工作是指高等学校通过非学术型事务和课外活动对学生施加教育影响，以规范、指导和服务学生，丰富学生校园生活，促进学生成长成才的组织活动。"① 云炜恒认为："学生管理工作是学校承担的有关学生非学术性的或课堂外的工作，是高校管理的重要组成部分，包括学生日常生活管理、伦理道德与法治教育、行为规范管理、学习辅导、职业（就业）指导、心理辅导、心理障碍干预、社团及文化建设管理、财政援助管理和特殊学生的管理等。"② 张书明等认为："学生管理工作是指在以人为本、以学生为

---

① 蔡国春．高校学生事务管理概念的界定：中美两国高校学生工作术语之比较 [J]．高教与经济，1999(4)：62-66.

② 云炜恒．我国大学生事务管理存在的问题及解决途径 [J]．内蒙古师范大学学报（教育科学版），2007(3)：70-72.

本的教育理念下，高校通过灵活的工作方式和多样化、现代化的手段，将发挥学生的主体作用与高校自身的教育、管理、服务职能有机结合，从而促进学生的全面发展，实现管理育人、服务育人的活动总称。”① 储祖旺等认为:“学生管理工作是指高校的专门组织和学生管理者依据国家的法律、政策和人才培养目标，在一定的学生管理价值观指导下，运用相关专业知识和技能，配置合理的资源，提供促进学生发展所必需的学生事务的组织活动过程。”② 冯培认为:“学生管理工作是指高校通过指导、规范和服务于学生的成长过程，以促进其全面、均衡、可持续发展的非学术性管理活动。”③ 这些定义对学生管理工作的本质并没有很好地把握，较少从我国高校学生管理工作的实际出发进行描述和界定。

高校学生管理的内涵应该包括教育、服务、管理三个方面，这三个方面相互联系、相互促进，共同构成了高校学生管理的完整体系。

（一）教育

教育是高校学生管理的核心，是高校学生管理的目的和动力，也是高校学生管理的评价和检验。教育的主要内容是对高校学生进行思想政治教育、学风建设教育、创新创业教育、职业规划教育、心理健康教育等，旨在培养高校学生的社会责任感、爱国主义精神、科学素养、创新能力、人文情怀等，使他们成为德、智、体、美、劳全面发展的社会主义建设者和接班人。

（二）服务

服务是高校学生管理的手段，是高校学生管理的具体实施和有效支撑，也是高校学生管理的需求和反馈。服务的主要内容是为高校学生提供学习、生活、就业、创业、社团、志愿、交流等方面的便利和帮助，旨在满足高校学生的多元化、个性化、差异化的需求，促进高校学生的全面发展和幸福感。

（三）管理

管理是高校学生管理的保障，是高校学生管理的规范和约束，也是高校学生管理的权力和责任。管理的主要内容是制定和执行高校学生的各项规章制度、奖惩措施、考核评价等，旨在规范高校学生的行为和态度，维护高校学生的合法权益，促进高校学生的自律和自主。

---

① 张书明，朱新筱．试析新时期高校学生工作的困境及其创新 [J]．思想理论教育导刊，2007(10)：80-82.

② 储祖旺，蒋洪池．高校学生事务管理概念的演变与本土化 [J]．高等教育研究，2009(2)：86-90.

③ 冯培．关于高校学生事务管理转型的若干思考 [J]．经济与管理研究，2007(9)：62-66.

二、高校学生管理工作的特点

（一）专业性

高校学生管理工作要求管理者具有一定的专业知识和技能，能够根据高校的教育目标和学生的特点，制定合理的管理规范和措施，有效地指导和服务学生，提高学生的综合素质和能力。高校学生管理工作也要求管理者不断更新自己的知识和理念，与时俱进，适应高等教育的发展和变化，创新管理方法和手段，提升管理效果和水平。

（二）关联性

高校学生管理工作不是孤立的，而是与高校的教学、科研、社会服务等其他工作密切相关，相互影响，相互促进。高校学生管理工作要与高校的教育教学相结合，为学生提供良好的学习环境和条件，激发学生的学习兴趣和动力，促进学生的学业成绩和学术水平的提高。高校学生管理工作要与高校的科研创新相结合，为学生提供参与科研项目和活动的机会和平台，培养学生的创新意识和能力，提高学生的科研素养和水平。高校学生管理工作要与高校的社会服务相结合，为学生提供参与社会实践和志愿服务的渠道和资源，培养学生的社会责任感和公民意识，提升学生的社会适应能力和价值观。

（三）政策性

国家对高校学生管理工作制定了一系列的基本方针和政策，例如，学生管理、学籍管理、学生行为规范、毕业分配工作管理等。国家制定的这些方针、政策是搞好学生管理的行动准则，必须认真学习贯彻，维护方针、政策的严肃性。

三、高校学生管理工作的原则

（一）全面发展原则

高校学生管理工作要全面贯彻党的教育方针，以提高学生素质为根本宗旨，造就有理想、有道德、有文化、有纪律的德、智、体、美、劳等全面发展的社会主义事业的建设者和接班人。高校对于学生的管理，不能违背这一要求和规律。学生管理工作要全面提高学生的素质。实践证明，以考试为手段，以分数为标准，以应试为唯一目的的学生管理模式忽视了对学生的理想信念的教育、良好人格的培养，引导学生片面地追求升学，其危害已日益引起人们的关注，必须纠正。

（二）方向性原则

管理是一种有目的的活动，管理工作必然具有方向性。以坚持社会主义方向为准绳，这是我国高校学生管理工作的一个本质特点。我国是社会主义国家，自然要使高等学校成为社会主义性质的育人场所。社会的性质制约着学校的性质，进而决定学校一切管理工作的性质，因此，高校学生管理工作，作为一种有目的、有意识的自觉活动，必须坚持党的领导，坚持社会主义方向，为社会主义现代化建设培养造就大批合格人才，这是高校学生管理工作必须遵循的一条最基本、最重要的原则。

（三）集体性原则

强调高校学生管理工作的集体性，并不是要取消或者压制学生的个性。但是个性的形成和培养又不是孤立的，而是在集体的环境中进行的，二者是辩证统一的关系。学生管理工作是在学生集体——主要是班集体中进行的，班级既是学生管理工作的主要场所，也是德、智、体、美、劳教育的主要组织形式。学生集体既是对学生管理的组织手段，又是对学生进行教育的强大力量。因此，加强班级的建设，是符合学生管理的集体性原则的。

（四）平等与尊重原则

尽管学生管理工作者与学生是管理和被管理的关系，但学生管理工作者应以平等的态度对待每一位学生。这里的平等有两方面的含义：一方面，双方在人格上是平等的，不存在高低贵贱之分；另一方面，学生管理工作者应一视同仁地以平等态度对待每一位学生。平等就是要尊重和信任学生，维护每一位学生都具有的自尊心和自信心。实践证明，差生之所以成为差生，往往是由于失去了自尊和自信；成功的教育之所以成功，也往往是从启迪自尊、启动自信开始。

（五）理论与实践结合原则

理论与实践相结合，坚持实践是检验真理的标准，这是马克思主义的基本原理，也是高校学生管理工作的基本原则。准确领会和掌握马克思主义的相关科学及各种管理原理，从而把握它们的精神实质，这是搞好学生管理工作的前提。党和国家在社会主义现代化建设阶段有着基本的教育方针和政策，在各个不同发展时期，针对不同特点，又提出一系列具体的方针、政策和要求。这些方针、政策和要求，应当体现在各高校学生管理的具体措施、方法之中。但是科学的学生管理工作必须从本地区、本校、本专业、本年级学生的具体情况出发，从学生的素质、兴趣、爱好以及青年的生理、心理特点等出发，制定出相应的方法和措施。

第二节 高校学生管理的职能与方法

一、高校学生管理工作的职能

（一）早期高校学生管理工作职能

早期的高校学生管理工作，主要是以维护校纪校规和社会秩序为目的，以管制和惩戒为手段，以服从和遵守为要求，以形式和程序为重点的管理工作。早期的高校学生管理工作的职能，主要是：①保证高校的正常教学秩序，维护高校的声誉和形象，防止学生出现违纪、违规、违法的行为，维护高校的权威和尊严；②培养学生的纪律性、责任感和集体荣誉感，强化学生的思想政治教育，加强学生的思想道德建设，培养学生的爱国主义和社会主义观念；③规范学生的行为和习惯，提高学生的文明素养和道德水平，促进学生的身心健康和全面发展，为学生的学习和成长创造良好的环境和条件。

（二）当今高校学生管理工作职能

现代的高校学生管理工作，是以促进学生的全面发展和个性化成长为目的，以引导和激励为手段，以自主和创新为要求，以效果和质量为重点的教育工作。现代的高校学生管理工作的职能，主要是：①适应社会的需求和变化，培养学生的专业能力和综合素质，提高学生的就业竞争力和社会适应能力，为学生的未来发展和社会贡献打下坚实的基础 ；②尊重学生的个性和差异，满足学生的多元化和个性化的需求，激发学生的学习兴趣和动力，促进学生的主动学习和自我发现，培养学生的创新精神和实践能力；③关注学生的情感和价值，增强学生的自信和自尊，培养学生的人文素养和审美情趣，引导学生的价值取向和人生理想，培养学生的社会责任感和公民意识。

二、高校学生管理工作的方法

科学实施大学生管理，不仅要系统把握大学生管理的过程，还要掌握行之有效的管理方法。大学生管理的方法是复杂多样的，各种方法都有其特殊的作用和特点。全面掌握和正确运用大学生管理的方法，是提高大学生管理效率的关键。

（一）大学生管理方法的内涵

大学生管理方法，是指在管理活动中为实现管理目标、保证管理活动顺利进行所采取的工作方式。管理方法是管理过程中不可缺少的运作工具，它来自管理实践，而又与管理理论的形成有着密切的关系。从某种意义上说，现代管理理论中一个又一个学派的出现，无不标志着管理方法的一次又一次创新。

管理方法作为管理理论、管理原理的自然延伸与具体化和实际化，是管理原理指导管理活动的必要中介和桥梁，是实现管理目标的途径和手段，管理理论必须通过管理方法才能在管理实践中发挥作用。管理方法的作用是任何管理理论、管理原理都无法替代的。如今，管理方法在吸收和运用多种学科理论和知识的基础上已逐步形成了一个相对独立、自成体系的领域。

（二）大学生管理方法的类型

随着大学生管理方法的日渐成熟，大学生管理方法也已逐渐形成了一个相对完整的管理方法体系。

1. 法律方法

法律方法是指以法律规范以及具有法律规范性质的各种行为规则为手段，调节大学生管理系统内外的各种关系，规范大学生管理行为的管理方法。大学生管理中所涉及的法律，既包括国家正式颁布的与大学生管理相关的法律，也包括各级政府机关所制定的具有法律效力的有关大学生管理工作的条例、规章和制度。法律方法的内容，不仅包括建立和健全各种法规，而且包括相应的司法工作和仲裁工作。这两个环节是相辅相成、缺一不可的。只有法规而缺乏司法和仲裁，就会使法规流于形式，无法发挥效力；法规不健全，司法和仲裁工作则无所依从，造成混乱。

2. 行政方法

行政方法是指通过制定和执行一些规章制度，对大学生的行为和学习进行管理和约束的方法。行政方法的优点是可以保持大学的秩序和效率，规范大学生的行为和学习，提高大学生的纪律性和责任感，促进大学的发展和建设。行政方法的缺点是可能过于僵化和机械，忽视大学生的个性和创造性，限制大学生的自主性和发展空间，导致大学生的不满和反抗，影响大学的活力和创新。

行政方法的适用范围和条件：一是在大学的基本规章制度和教学计划等方面，需要有一定的行政方法，以确保大学的正常运行和教学质量；二是在大学生的安全和健康等方面，需要有一定的行政方法，以保护大学生的身心健康和人身权利；三是在大学生的违纪和违法等方面，需要有一定的行政方法，以维护大学的法制和声誉，惩戒和教育大学生。

3. 经济方法

经济方法是运用各种经济手段，调节各种不同经济利益之间的关系，以获取较高的经济效益和社会效益的管理方法。对大学生管理而言，所谓的经济手段主要包括奖学金和罚款等。奖学金是指政府、学校、社会为表彰和鼓励优秀学生而设立的一种精神或物质奖励，其设置具有激励效应。这种激励效应是通过评奖评优等外在因素的刺激，使学生完成目标的行为总是处于高度积极状态，以进一步鼓励、激发、调动其内在的积极因素，即通过对优秀者、先进者某种行为的肯定和奖励以及对优秀事迹的宣传，达到鼓励先进，鞭策后进，引导全体学生共同进步、全面成才之目的。奖学金的项目和条件应能表达学校管理者对学生的期望，并且能对学生的行为方向和努力目标具有引导作用。罚款是对大学生违反规章制度给学校造成危害的行为所进行的经济惩罚。它可以制约和收敛某些人的不轨行为。但是，罚款的名目和数额要适当，不能滥用。要防止用罚款来代替管理工作和思想工作的倾向，以免导致学生的不满和反对。奖励和惩罚最重要的是严明，该奖即奖，当罚则罚，激励正气，祛除邪气。只有这样，才能使奖学金和罚款成为真正的管理手段。

4. 教育方法

教育方法是指按照一定的目的、要求对受教育者从德、智、体、美、劳诸方面施加影响的一种有计划的活动。大学生管理中的教育方法主要是指通过深入细致的思想政治教育，激发大学生的积极性和主动性，引导大学生的思想和行为，以实现大学生管理职能的管理方法。教育是管理的基本方法之一。这是因为，管理的中心是人，而人的行为总是受一定的思想支配和制约的，因此，在管理中就要注意做好人的思想工作，通过影响人们的思想去影响人们的行为，从而促进组织目标的实现。而大学生管理作为大学生教育和培养工作中的一个重要组成部分，更要注重运用教育的手段，以增强大学生管理的教育性。

（三）大学生管理的主要方法

1. 目标管理法

目标管理法是由管理学之父彼得·德鲁克于1954年提出的，他认为："为了充分发挥不同组织成员在计划执行中的作用，协调他们的努力，必须把组织任务转化成总目标，并根据目标活动及组织结构的特点分解为各个部门和层次的分目标，组织的各级管理人员根据分目标的要求对下级的工作进行指导和控制。"① 目标管理要求组织内的每一个

① 德鲁克．管理实践［M］．帅鹏，等译．北京：工人出版社，1989.

人、每一个部门全力配合实现组织的目标，对于分内的工作自行设定目标、决定方针、编定制度，以最有效的方法达成目标，并经由检查、绩效考核、评估目标达成状况及尚需改善之处，作为后续目标设定的参考依据。

（1）目标管理法的开展程序。

①设定目标。设定目标包括确定学校的总目标和各部门的分目标。总目标是学校在未来从事活动要达到的状况和水平，其实现有赖于全体成员的共同努力。为了协调在不同时间、地点努力的学生，各个部门的各个成员都要建立和学校目标相结合的分目标。这样就形成了一个以学校目标为中心的一管到底的目标体系。在设定每个部门和每个成员的目标时，高校学生管理部门和学生管理工作者要向学生提出自己的方针和目标，学生也要根据学生管理部门和学生管理工作者的方针和目标制定自己的目标方案，在此基础上进行协调，最后由学生管理部门和学生管理工作者综合考虑后做出决定。具体来说，设定目标就是要做到每个院系、每个班级在不同阶段都要设定不同的目标，如学习目标、实践能力目标、纪律目标、道德修养和人生理想目标，并以此作为努力的方向。同时，目标的设定还一定要注意明确清晰，能够量化。要求要适度，既要具有挑战性，又是通过努力可以达成的。最后，设定目标还要为目标的实现确定过程，即目标实现要有一定的时间限定，不能无休止。

②执行目标。执行目标是目标管理法的核心环节，是实现目标的关键。执行目标要求大学生在教师和管理者的指导和帮助下，根据自己的实际情况，制定具体的行动计划，明确任务、时间、方法和标准，然后按照计划积极主动地开展学习和活动，克服困难，解决问题，不断提高自己的能力和水平。在执行目标的过程中，要注意与教师和管理者保持沟通和反馈，及时调整和改进，以保证目标的有效实施。

③评价结果。评价结果是目标管理法的重要环节，是检验目标是否达成的依据。评价结果要求教师和管理者对大学生的学习和活动的效果和质量进行客观、公正、全面的评估，采用多种方式和方法，如考试、测试、问卷、访谈、观察、案例分析等，收集和分析相关数据和信息，形成评价报告，反馈给大学生，让他们了解自己的优势和不足，认识自己的进步和差距，为下一步的学习和活动提供参考和指导。

④实行奖惩。实行奖惩是目标管理法的必要环节，是激励和规范大学生的手段。实行奖惩要求教师和管理者根据评价结果，对大学生的表现进行适当的奖励和惩罚，以表彰和鼓励他们的优秀表现，促进他们的自信和自尊，同时，也要对他们的不良表现进行批评和教育，促使他们改正错误和缺陷，提高他们的自律和责任感。实行奖惩的原则是公平、合理、透明、及时，要注意尊重和保护大学生的人格和尊严，避免伤害和打击他们

的积极性和创造性。

⑤确定新目标。成果评价与成员行为奖赏，既是对某一阶段组织活动的效果以及成员贡献的总结，同时也为下一阶段的工作提供了参考和借鉴。在此基础上，学生管理部门和学生管理工作者为各组织及其各层次、部门的活动制定新的目标并组织实施，从而展开目标管理的新一轮循环。

（2）目标管理法的实施原则。

①授权原则。即在学生实施目标的过程中，学生管理工作者要能够给予学生适度的授权。

②协助原则。即学生管理工作者要给学生提供有关资讯及协助，并且要帮助他们排除实际执行中的一些困难，解决一些问题。

③训练原则。作为高校学生管理工作者，一方面要进行自我训练，以不断提高自己目标管理的水平，另一方面还要训练学生，帮助他们掌握相关的方法。

④控制原则。目标的实现是有期限的，为了确保目标的顺利实现，学生管理部门和学生管理工作者在每一阶段中都要对学生的活动加以监督、检查，并对出现的问题及时进行协助矫正。

⑤成果评价原则。成果评价原则由一系列原则构成，这些原则包括公开、公平、公正和成果共享原则。坚持公开原则就是要求公开评估，如学生进行自我评估，学生管理工作者进行客观评估。坚持公平和公正原则就是本着对事不对人的原则对目标达成情况进行客观比较。坚持成果共享原则就是要求充分肯定学生的成绩，将成绩归于学生。

2. 民主管理的方法

当前的大学生管理工作中，实施民主管理势在必行。对民主的追求是人的一种高层次追求。民主与人的素质有关，大学生作为文化素质比较高的人群对民主会有更高、更切实的要求。对大学生实施民主管理，不仅有助于大学生学习、生活和社会实践活动的有效进行，也有利于大学生实现自身的全面发展。实施民主管理，应着力做到以下几点。

（1）尊重学生的主体性。

对大学生进行民主管理，就是要求在对大学生的管理中重视人的因素，也就是重视大学生的主体性，把大学生视为具有独立人格的个体。目前，有些学生工作管理者忽视学生的主体地位和平等独立的人格，如部分规章制度都是在学生不知情的情况下制定出来并要求学生遵守的，学生在这一过程中完全处于被动的位置。再如，为了执行上级任务，忽视学生主体意愿，单方面强制性开展活动。要实施民主管理，大学生管理工作者必须改变态度，充分尊重大学生的主体地位，将其视为实现教育目标的主体，实现学校特别是大学生管理工作者与学生之间的互动，倾听他们的心声，反映他们的要求。对大学生的重视和尊重，会激发大学生对学校和学生工作管理者的信任和合作态度，进而支持其工作，如此就会达成学校和大学生管理工作者与大学生之间的相互信任、相互支持，从而取得良好的管理效果。

（2）正确认识学生的价值。

大学生管理的对象是大学生，大学生管理的目的在于促进大学生身心健康的发展，使其个性得到张扬。在大学生管理中，应该充分发扬民主，把大学生既看作高校学生管理工作的对象，又看作管理的主体。目前，有些高校的学生工作管理者在进行管理和教育的过程中，缺乏民主，忽视人的自觉性，重制度，轻教育，工作简单粗暴，奉行惩办主义，脱离育人的宗旨，导致师生关系紧张，这种管理方法必须摒弃，应转而采取民主的方法。着力培养大学生的主体意识，引导大学生自我管理、自我教育、自我服务、自主发展等，促使其主体能力最大限度地发挥，为日后走向社会、走向工作岗位打下坚实基础。

（3）建立学生参与管理的新型管理模式。

大学生的心理特征决定了他们有着强烈的自我意识和环境控制欲，他们的思想和行为表现出与中学生不同的独立性，他们渴望自己的意志和人格得到外界的尊重。他们对学校制定的规章制度、行为纪律不会盲目接受，而是会思考其合理性，不愿意被动地服从和遵守，而是希望参与管理。基于大学生的这一心理特点，大学生管理应该摒弃传统的管理模式，激发大学生在管理中的主动性和责任感，鼓励大学生对学校的各项工作进行策略性的思考，营造民主管理的良好氛围，使学生真正参与到高校事务中来，体现大学生的主体地位。例如，建立学校与大学生的平等对话关系，让他们参与到教学工作、管理工作、后勤工作、社团工作中来，这样不仅可以减少潜在冲突的发生，而且可以改善学校及大学生管理工作者与大学生的关系，建立彼此合作、相互依赖、相互尊重、平等对话的良性互动关系和双方主体间的伙伴关系。

3. 刚性管理的方法

大学生刚性管理的方法，既要有宏观的指导，又要有具体的落实，既要有严格的规范，又要有灵活的调节，既要有权威的约束，又要有人性的关怀，从而实现高校管理的科学化、规范化、人性化，促进大学生的全面发展。

（1）依法治校、依法管理，构建宏观管理体系。

依法治校、依法管理，是高校管理的基本原则。高校应该建立健全符合国家法律法规和教育规范的管理制度，明确高校、教师、学生的权利和义务，规范高校的办学行为，保障学生的合法权益，维护高校的正常秩序。同时，高校应该加强与社会的沟通和协调，与政府、行业、企业等相关部门建立良好的合作关系，为高校的发展和学生的就业创造有利的外部环境。

（2）制定校纪校规，严格管理。

制定校纪校规，是高校管理的具体措施。高校应该根据自身的办学特色和学生的实际情况，制定适合的校纪校规，涵盖学生的学习、生活、行为等各个方面，明确学生的行为准则和评价标准，形成高校的文化和风气。同时，高校应该严格执行校纪校规，对学生的违纪行为进行及时的发现、处理和教育，给予必要的奖励和惩罚，激励学生遵守规则，培养学生的自律意识和责任感。

（3）建立日常工作制度。

建立日常工作制度，是高校管理的细节要求。高校应该根据学生的日常需求和问题，建立有效的工作制度，包括学生的考勤、考核、辅导、咨询、服务等，提高工作的效率和质量，满足学生的合理诉求，解决学生的实际困难。同时，高校应该注重与学生的沟通和交流，了解学生的思想动态和心理状态，及时发现和化解学生的矛盾和冲突，增强学生的归属感和认同感。

4. 柔性管理的方法

柔性管理，是指以尊重和信任为基础，以沟通和协商为手段，以激励和引导为目的，对大学生进行灵活和适度的管理。柔性管理，既不放任自流，也不过分干涉，而是根据大学生的实际情况和个性差异，采取不同的管理策略和方法，使大学生在自由和有序之间，找到最佳的平衡点。

（1）尊重大学生的主体地位和个性差异。

大学生是成年人，有自己的思想和意志，有自己的兴趣和爱好，有自己的优势和不足，有自己的梦想和目标。管理者应该尊重大学生的主体地位，不把大学生当作被动的对象，而是把大学生当作主动的合作伙伴，充分听取大学生的意见和建议，尊重大学生的选择和决定。同时，管理者也应该尊重大学生的个性差异，不把大学生当作千篇一律的群体，而是把大学生当作独立的个体，充分了解大学生的特点和需求，尊重大学生的差异和多样性。

（2）信任大学生的能力和潜力。

大学生是有能力和潜力的，他们有学习和探索的热情，有创新和实践的能力，有解决问题和应对挑战的勇气。管理者应该信任大学生的能力和潜力，信任大学生的自我管理和自我发展。同时，管理者也应该信任大学生的成长和进步，不把大学生当作固定和不变的，而是把大学生当作动态和可塑的，充分鼓励大学生的尝试和改进，信任大学生的自我完善和自我超越。

（3）沟通大学生的想法和感受。

大学生是有想法和感受的，他们有自己的观点和立场，有自己的情绪和情感，有自己的喜怒哀乐。管理者应该沟通大学生的想法和感受，充分倾听大学生的声音和诉求，了解大学生的思想和心理。同时，管理者也应该与大学生沟通自己的想法和感受，充分表达自己的意图和期望，分享自己的理念和情感。

5. 系统管理的方法

系统管理，即将相互关联的过程作为系统加以识别、理解和管理，以便于组织提高实现目标的有效性和效率。

大学生管理具有系统性的特点，主要表现在两个方面。一是整体性。大学生管理作为一个系统是由多个子系统组成的，如教学管理、生活管理、社团管理、社会实践管理、就业管理等，这些子系统之间既是相互独立的，同时又相互依存、相互影响和相互制约。根据系统论思想，如果整个学生管理系统的各个子系统的功能都能发挥正常，那么整体的功能就会比较理想。即使某些子系统的功能发挥不甚理想，只要能够组成一个良好的有机整体，一般情况下也能够取得较为理想的效果，这就是所谓的整体大于部分之和。二是关联性。大学生管理工作中的各要素既相互区别，又相互联系、相互作用、相互依存，并各有分工。如社团管理与社会实践管理尽管分工不同，但彼此之间却又紧密相连，很多时候会表现出你中有我、我中有你。三是环境适应性。特定的环境会造就特定的管理，大学生管理离不开特定的环境，如大学生专业知识的学习、实践能力的打造、品格素养的修炼等都需要在一定的环境中进行，离开一定的环境是不可想象的。学生管理工作只有具备了环境的适应性，能够顺应环境、有效利用环境提供的有利条件，才会富有成效。四是动态平衡性。学生管理系统的各要素在时间、空间和资源上的不同组合，要随着宏观环境即社会的变化发展而变化发展，对宏观环境要保持灵敏的适应性。新媒体时代社会对大学毕业生的素质能力提出了新的要求，上手快、学习能力强、富有创新精神成为许多用人单位的共同诉求，这就要求我们的学生管理工作必须改变传统的重知识灌输、轻学习能力和创新能力培养的教学管理模式，变单纯的知识教育为知识与能力培养并重，加大社会实践的力度以适应社会需求。与此同时，还须保持系统的动态平衡，即让系统的各要素在各环节上保持相应的比例关系，以免系统内部失调，影响整个系统的正常运转。五是目的性。大学生管理系统是一个具有多种目标的系统。在这一系统中，既有总目标，又有分目标，总目标、分目标有机结合形成一个目标体系，通过目标体系的不断优化，实现资源的有效利用，如一方面要最大限度地利用学校资源，另一方面还可以争取社会上一切可能的资源为己所用，以此推动学生管理工作的突破，使之为学生提供最大的发展空间。

第三节 新媒体对高校学生管理的影响

一、新媒体为高校学生管理工作创造新的机遇

新媒体是指以互联网为基础，利用数字技术和信息技术，实现信息的传播、交互和共享的媒体形式，如微信、微博、抖音、快手等。新媒体在当今社会已经成为人们获取信息、表达观点、参与社会的重要渠道，尤其是对于高校学生这一群体，新媒体已经成为他们的生活方式和学习方式。新媒体为高校学生管理工作创造了新的机遇，主要体现在以下几个方面。

（一）新媒体可以提高高校学生管理工作的效率和效果

通过新媒体，高校学生管理部门可以及时发布通知、政策、规定等信息，方便学生获取和了解；可以及时收集学生的意见、反馈、建议等信息，方便学生参与和沟通；可以及时处理学生的问题、困难、诉求等信息，方便学生解决和满足。新媒体可以实现高校学生管理工作的信息化、智能化、便捷化，提高高校学生管理工作的效率和效果。

（二）新媒体可以拓展高校学生管理工作的内容和形式

通过新媒体，高校学生管理部门可以开展多样、丰富、创新性的学生管理活动，如在线培训、在线竞赛、在线问卷、在线答疑等，增加学生的参与度和兴趣度；可以开展多元化、多维度、多层次的学生管理服务，如心理咨询、就业指导、创业支持、志愿服务等，满足学生的个性化和多样化的需求；可以开展多渠道、多角度、多形式的学生管理监督，如网络舆情、网络评价、网络投诉、网络举报等，提高学生的自律性和责任感。新媒体可以拓展高校学生管理工作的内容和形式，丰富高校学生管理工作的内涵和外延。

（三）新媒体可以增强高校学生管理工作的互动和共建

通过新媒体，高校学生管理部门可以与学生建立更紧密、更平等、更友好的关系，实现学生管理工作的人性化、民主化、和谐化；可以与学生共同探讨、共同决策、共同执行学生管理工作的方案、措施、方法等，实现学生管理工作的协商化、共识化、共治化；可

以与学生共同分享、共同学习、共同成长学生管理工作的经验、成果、价值等，实现学生管理工作的共享化、共赢化、共进化。新媒体可以增强高校学生管理工作的互动和共建，提升高校学生管理工作的品质和水平。

二、互联网为高校学生管理工作带来新的挑战

（一）新媒体对大学生政治观、价值观的影响

新媒体是一个开放的、多元的、复杂的信息空间，其中包含了各种各样的政治信息、价值观念、思潮流派等，有些是正面的、正确的、有益的，有些是负面的、错误的、有害的。对于高校学生这一群体，他们的政治观、价值观还在形成和完善的过程中，他们的判断力、辨别力、抵御力还不够强，他们容易受到新媒体中的各种信息的影响和诱惑，从而导致他们的政治观、价值观出现偏差或混乱。例如，有些学生可能会受到西方所谓的民主、自由、人权等价值观的影响，对我国的社会主义制度、核心价值观、民族文化等产生怀疑或否定；有些学生可能会受到极端主义、分裂主义、恐怖主义等思潮的影响，对我国的国家安全、社会稳定、民族团结等产生威胁或破坏；有些学生可能会受到消费主义、享乐主义、个人主义等观念的影响，对我国的社会责任、道德规范、集体利益等产生冷漠或抵触。这些都给高校学生的政治观、价值观的培育和引导带来了新的挑战。

（二）新媒体对大学生道德观、法治观的影响

新媒体是一个自由的、多样的、动态的信息平台，其中包含了各种各样的道德规范、法律规定、行为准则等，有些是合理的、合法的、合规的，有些是不合理的、不合法的、不合规的。对于高校学生这一群体，他们的道德观、法治观还在建立和完善的过程中，他们的自律性、自觉性、自控性还不够高，他们容易受到新媒体中的各种信息的诱导和诱惑，从而导致他们的道德观、法治观出现缺失或淡化。例如，有些学生可能会受到新媒体中的虚假信息、谣言信息、不良信息等的影响，对社会的真实性、公正性、正义性等产生怀疑或失望；有些学生可能会受到新媒体中的暴力信息、色情信息、赌博信息等的影响，对社会的和谐性、健康性、安全性等产生破坏或危害；有些学生可能会受到新媒体中的侵权信息、盗版信息、抄袭信息等的影响，对社会的合法性、规范性、创新性等产生侵犯或损害。这些都给高校学生的道德观、法治观的教育和规范带来了新的挑战。

（三）新媒体对大学生心理健康的影响

网络对大学生心理健康的影响主要表现为因痴迷上网而带来的一系列心理问题，如网瘾等。网瘾与其说是一种生理问题，不如说是心理问题，属于一种强迫症。由于互联网是开放性的、跨国界性的，其内容特别丰富，有信息类的，有游戏类的，有互动交流类

的，有商务类的等。不同的内容对大学生心理健康产生不同的影响。第一，网络“灰色文化”、网络“黄色文化”、网络“暴力文化”、网络“博彩文化”等容易对大学生心理产生消极影响；第二，网络成瘾、网络交往障碍、网络自我迷失、网络孤独、网络自我约束力降低等极易诱发部分大学生心态失常。

（四）新媒体对大学生生活的影响

通过开展高校学生日常生活的规律和时间安排以及网络对大学生生活的影响的调查，结果不容乐观。

首先，在闲暇时间及食宿时间的安排上，参与调查的学生中，有52%的学生选择在周末空闲时间上网。无论是网吧还是学校电子阅览室，每到周末生意都异常火爆。学生经常出去通宵，影响了他们的食宿。在通宵的过程中，就靠吃一点泡面、喝一点矿泉水维持一夜的活动，这不仅影响了学生的学业，更危害了学生的身体健康。

其次，在网络游戏对大学生的影响上，一方面网络游戏是对紧张学习的一种自我调节和放松，面对繁忙的学习任务和就业压力，学生适当地玩游戏可以缓解压力；另一方面，网络游戏也易使人沉溺其中，进而玩物丧志，扭曲一个人的心智。

最后，网络加剧了大学生的攀比与浪费。随着电子商务的普及，网购已经成为大学生购物的重要方式，虽然这种购物方式为人们的生活带来了方便，但也无形中增长了大学生的攀比意识和浪费行为。由于网购是电子付款，这种不以实物货币作为交换的购物方式很容易让学生对金钱没有太大概念，在花钱时大手大脚。因为在用实物货币进行交换的过程中，大多数学生会考虑节省，也会在付款的过程中体会到父母挣钱的艰辛，还会有一个讨价还价的过程，让每一分钱花得有价值。但是，网络环境下，物美价廉的商品总是很容易激起大学生的购物欲望，而且不需要使用现金，当购物欲望很强时，在学生眼里，钱也许只是一个数字而已，转账付款的过程中也很难体会到父母挣钱的艰辛。并且当网购上瘾时，必然会买一些重复的、不必要的商品，从而造成一定程度的浪费，特别是那些对服饰感兴趣的学生，往往会在着装打扮上比较注重，花较多的钱在衣服的采购上，更会造成学生间的相互攀比。

（五）新媒体对大学生学习的影响

新媒体是一个丰富的、多样的、更新的信息资源库，其中包含了各种各样的学习内容、学习工具、学习平台等，有些是有用的、有趣的、有益的，有些是无用的、无聊的、无益的。对于高校学生这一群体，他们的学习能力、学习方法还在发展和完善的过程中，他们的选择力、判断力、自控力还不够强，他们容易受到新媒体中的各种信息的吸引和干扰，从而导致他们的学习能力、学习方法出现问题或困境。例如，有些学生可能会受到新媒体中的碎片化信息、浅层化信息、娱乐化信息等的影响，对学习的深度、广度、质量等产生影响或降低；有些学生可能会受到新媒体中的网络课程、网络教育、网络学习等的影响，对学习的主动性、自主性、创造性等产生依赖或缺失；有些学生可能会受到新媒体中的网络游戏、网络社交、网络消费等的影响，对学习的时间、精力、金钱等产生浪费或损失。这些都给高校学生的学习能力、学习方法的培养和提高带来了新的挑战。

（六）新媒体对大学生管理模式的影响

1. 传统模式的改变给学生管理工作带来难度

现在电视、电台、网络等媒体无形中改变了学生的认知和价值观的走向，信息多元化，价值观多元化，给高校学生管理工作者带来很多问题。新媒体的出现改变了原有的管理教学模式，为了更好地进行思想政治教育，学生管理工作者要积极准备好新的姿态面对新的挑战，高校学生管理工作者要努力学习网络工具的应用，加强学生的思想品德建设，要有效利用网络教育渠道和平台，帮助学生树立正确的“三观”。

2. 学生管理工作的主体地位受到威胁

随着大学生上网时间不断增加，网络已经成为其生活的一部分。网络的多元化影响着大学生思维方式的多元化，致使思想政治教育的主体地位受到了一定威胁。浩瀚的信息资料虽然开阔了学生的视野，但信息鱼龙混杂，所以，高校学生管理工作者要做好充分的心理准备，主动占领思想政治教育主阵地，变被动为主动。

3. 学生个体行为的改变

互联网虽然克服了地域、时间的约束，但其中的信息良莠不齐，容易误导学生的思维方式。如果高校学生管理工作者不能完全有效过滤虚假信息，就会对学生个体行为造成不良影响。青年大学生还未完全接触社会，涉世不深，对网络道德和法治观念意识不强，所以，高校学生管理工作者要加强网络安全教育引导，帮助大学生正确看待和运用网络资源。

（七）新媒体对大学生管理工作者素质的影响

高校学生管理工作者，作为学生的引导者、教育者和服务者，需要不断提高自身的素质和能力，以适应新媒体时代的变化和需求。

首先，学生管理工作者需要提高自身的新媒体素养，掌握新媒体的基本知识和技能，熟悉新媒体的特点和规律，了解新媒体的影响和趋势。这样，才能有效地利用新媒体作为学生管理工作的工具和平台，与学生进行有效的沟通和交流，传递正确的价值观和理念，引导学生合理地使用新媒体，防止学生受到新媒体的负面影响。

其次，学生管理工作者需要提高自身的创新能力，开拓新媒体的应用领域和方式，创造新媒体的内容和形式，丰富新媒体的功能和价值。这样，才能充分发挥新媒体的优势和潜力，为学生管理工作提供更多的支持和保障，为学生提供更多的服务和帮助，为学生创造更好的学习和生活环境。

最后，学生管理工作者需要提高自身的道德水平，遵守新媒体的法律和规范，尊重新媒体的用户和社群，维护新媒体的秩序和安全。这样，才能树立良好的新媒体形象和信誉，赢得学生的信任和尊重，促进学生的成长和发展，维护学校的声誉和利益。

第二章 新媒体时代高校学生管理理念的演变

第一节 开放思维与人本管理理念

一、融入开放性的思想

高校政治辅导员和班主任要指导学生正确地面对竞争、择业、压力，引导学生规划人生，培养学生宽广的胸怀和健全的人格，努力把德育渗透到学生成才、就业的全过程，要主动管理育人，提高工作效率和工作水平，创造更好的育人环境和氛围。

（一）建立优秀的管理团队和制度

如何适应时代的要求，培养社会需要的人才，是从事学生管理工作者的永恒话题，同时，对学生管理领导干部提出了更高的要求，必须加强队伍建设。

学校高层领导应加强对学生管理工作的重要性的认识，挑选一批思想素质高、工作能力强、具有一定学生管理工作经验的工作人员担任学校学生管理领导工作，经常性地组织并开展对各分校、教学点学生管理领导干部的专业培训，邀请较高水平的专家讲座，全面提升学生管理干部的素质。通过各种方式组织开展校与校之间学生管理工作的交流，请学生管理工作突出的管理人士讲解、传授管理经验，并通过讨论交流，达到共同提高、共同进步的目的。开辟全校性学生管理工作专项窗口，广泛讨论发表管理体会，创建全校性学生管理专刊，组织系统内投稿，把学生管理工作真正落到实处。

（二）注重培养优秀的学生干部

好的学生干部不仅自己会给其他同学做出榜样，也会分担辅导员、班主任的工作重担，而且在这个过程中也锻炼了学生的工作能力，又运用在自己的工作实践中。在选择班干部的过程中要一视同仁，不能因为个别小问题而否定他们的优点，要广泛听取同学和任课教师的意见，综合学生的平时表现民主或择优选拔。选出优秀的学生干部，要充分信任和尊重，减少个人干涉，使他们充分发挥个人的工作主动性和能动性。

学生干部队伍应真正发挥先锋模范作用，真正发挥战斗堡垒作用。学校应健全团支部、学生会组织，主动让学生组织成为学校与学生、教师与学生沟通的桥梁，通过民主推荐、个人竞选产生学生干部队伍。

（三）通过加强校园文化氛围引导学生的学习和发展

学校应主动提供学生情感交流、培养兴趣和寻求帮助的平台，能够促进学生之间交流沟通，传承成长经验，解答学生疑惑，碰撞智慧思想，传递情感关怀，培养同学友谊，消除学习孤独感，营造积极向上的校园文化氛围，促进学生的管理、学习和发展。经常性地在校区、班级之间开展各种比赛活动，增进学生之间的友谊，有针对性地聘请相关行业的专家学者到学校进行讲座，促进学生的积极参与和交流。同时，用各种比赛的形式加强同行的良性竞争，使学生之间互相帮助，共同进步。对学生的学习积极性，应合理引导，帮助他们树立明确的学习目标，使他们既有针对性又能自我检测和反馈。

二、坚持以人为本的理念

随着现代教育的发展和教育改革的深入，以人为本的学生管理将最终取代传统的学生管理，这是学生管理改革和发展的必然趋势。人是管理中的首要要素，因而提高人的素质、调动人的积极性、促进人的全面发展是提高管理效果的关键。科学发展观的本质和核心是坚持以人为本。坚持以人为本，不仅在人类思想发展史上具有重要的理论价值，更应当成为当今高校的一种新的办学理念。

（一）以人为本的管理概述

以人为本的管理是指高校在学生管理工作中，以学生的成长和发展为出发点和落脚点，尊重学生的主体地位和个性差异，关注学生的需求和利益，保障学生的权利和尊严，激发学生的主动性和创造性，促进学生的全面和谐发展的管理理念。

以人为本的管理强调高校应该从学生的角度出发，以学生为中心，以服务学生为宗旨，以培养学生为目标，以满足学生为导向，以尊重学生为原则，以引导学生为手段，以促进学生为结果，形成一种以人为本的管理文化。

以人为本的管理体现了高校对学生的关爱和关怀，对学生的信任和赞赏，对学生的支持和帮助，对学生的鼓励和激励，对学生的理解和包容，对学生的沟通和协作，对学生的教育和培养，对学生的评价和反馈，对学生的监督和规范，对学生的奖励和惩戒，对学生的保护和服务。

（二）实现以人为本的管理模式的必然性

实现以人为本的管理模式是高校学生管理工作的必然要求，有以下几个方面的原因。

一是符合社会主义核心价值观的要求。社会主义核心价值观是国家的灵魂，是社会的凝聚力，是人民的精神支柱，是高校的育人基石。社会主义核心价值观包括国家层面的富强、民主、文明、和谐，社会层面的自由、平等、公正、法治，个人层面的爱国、敬业、诚信、友善等内容。实现以人为本的管理模式，就是要以社会主义核心价值观为指导，培养学生的社会责任感和公民意识，提高学生的道德素养和文化素养，增强学生的创新能力和实践能力，塑造学生的良好形象和人格魅力，让学生成为社会主义建设者和接班人。

二是符合高等教育改革和发展的要求。高等教育是国家的战略性事业，是国家的创新体系的重要组成部分，是国家的人才培养基地，是国家的文化传承和创新源泉。高等教育改革和发展的目标是提高高等教育的质量和水平，促进高等教育的公平和效率，增强高等教育的创新和竞争力，满足社会和经济的需求和期待。实现以人为本的管理模式，就是要以质量为核心，以学生为主体，以教师为主导，以服务为宗旨，以改革为动力，以创新为灵魂，以协调为保障，以发展为目标，构建一种以人为本的教育体系。

三是符合学生的成长和发展的要求。学生是高校的主体，是高校的生命，是高校的未来，是高校的希望。学生的成长和发展是高校的根本任务，是高校的最高追求，是高校的最终评价，是高校的最大贡献。实现以人为本的管理模式，就是要以学生的需求为导向，以学生的利益为出发点，以学生的权利为保障，以学生的尊严为基础，以学生的主动性为动力，以学生的创造性为目标，形成一种以人为本的成长环境。

（三）构建以人为本的学生管理模式

1. 加深对学生的本质认识

学生的本质是指学生作为人的基本属性和特征，包括学生的生理、心理、社会、道德、文化等方面。加深对学生的本质认识是高校学生管理的前提和基础，也是高校学生管理的核心和关键。高校要从多学科和多角度对学生的本质进行深入的研究和分析，掌握学生的特点和规律，了解学生的需求和期望，尊重学生的差异和多样性，为学生提供适合的管理服务和支持。

2. 营造以人为本的校园文化环境

校园文化环境是指高校的精神氛围、价值观念、行为规范、组织结构、物质条件等方面的综合表现，它是高校学生管理的外部条件和保障，也是高校学生管理的内在动力和激励。营造以人为本的校园文化环境是高校学生管理的重要内容和手段，也是高校学生管理的有效方式和载体。高校要树立以人为本的办学理念，塑造以人为本的校园形象，培育以人为本的校园精神，建立以人为本的校园制度，创造以人为本的校园氛围，为学生提供良好的管理环境和条件。

3. 构建以学生为中心的管理模式，实现学生自我管理

以学生为中心的管理模式是指高校以学生的需求和利益为出发点和归宿，以学生的成长和发展为目标和导向，以学生的主动性和创造性为动力和保障，以学生的参与和沟通为方式和途径，以学生的自我管理和自我发展为结果和评价，为学生提供个性化、差异化、多元化的管理服务和支持。构建以学生为中心的管理模式，实现学生自我管理是高校学生管理的最终目的和最高境界，也是高校学生管理的最大挑战和最大机遇。高校要转变管理观念，更新管理方法，完善管理机制，优化管理资源，激发管理效能，为学生提供自主的管理空间和机会。

（四）管理过程中出现的偏差

虽然我们的理念是正确的，但是在实施的过程中同样会出现问题。在教育学生的过程中，我们有时会忽略学生的位置，教学过程中缺乏互动性，我们需要调动学生的主动性，使其主动学习。

要注重启发引导，避免单一的知识灌输。教师有时候采用“灌输式”的教育方式，将知识单纯地传授给学生，没有给学生思考的时间，没有培养学生的自我思维意识，学生只是被动地接受，根本没有转化成为自己的知识，学到的也只是书本表面的知识。有句话说得好，等大学生毕业后忘记书本的知识，剩下的就是他在学校所学到的。然而当学生毕业后剩下的知识还有多少？他们学到的知识如果没有被内化而转化为自己的思维构成中的一部分，相信这一部分知识是没有学到的。学生的主观能动性被忽略，失去了理解、互动、判断的内化过程。这样一来，大学生就失去了独立思维判断的能力，等他们步入社会以后可能会茫然不知所措，不知道自己以后的道路该怎么走，不知道怎样去适应这个社会。在教师教育的这个课堂上学生除了认真地学习课堂知识外，课外还需要加强自身学习。如果只是掌握课堂上的知识，但是没有课堂外的动手能力的培养，这样的大学生也是不合格的大学生。优秀合格的大学生不光是看成绩单，还需要综合素质的培养，必须具有科学知识和动手能力的双重培养。学生在校期间除了学习课本知识外，还要提

高交往能力和动手能力，才能更好地适应未来社会对他们的要求。

（五）学生在管理中的问题

高校学生通常叛逆心理较强，不希望被控制，不喜欢被约束，不喜欢规章制度，喜欢自由自在。针对高校学生的特点，我们可以调动学生的主观能动性，使学生转换观点，不要让学生觉得自己被约束，让他们觉得自己是自由的。从“要我学”变成“我要学”，可以多让学生参加课外活动，多参加社团、学生会，使学生通过管理学会自我调节和自我管理。同时，我们需要有更多的激励方式来调动学生的积极性，从而更好地自我管理。对于在学生管理方面表现出色的学生，应该予以必要的精神鼓励和物质奖励，这样学生才能更好地进行自我管理，进一步更好地推进管理模式，形成良好的管理习惯。

（六）加强以人为本管理

做好学生管理工作，需要大家不断努力，通过多和学生沟通，了解学生，从而做好学生管理工作，立足于学生所需、学生所想，实实在在地为学生做好服务。在管理方面，教师应该更多地阅读教育学方面的书籍，更好地了解现阶段学生的心理状态，知道怎样处理出现的问题，同时做学生管理工作的教师需要有满腔的工作热情和无私奉献的精神，这是一名管理者应该具备的，时时刻刻关心学生，了解学生的需要，从更人性化的方面出发。除此之外，教师也需要合理的晋升培训机制，更好地鼓励管理工作做得好的教师，只有这样教师才能更有动力地做好管理工作。

高校管理工作是一项责任重大的工作，高校管理工作要围绕学生的基础需要，立足于学生的发展，更多的是做一个好的引导者，让学生朝着更好的方向发展。这才是我们管理者在以后的工作中需要加强的。

第二节　教育服务意识与创新管理

一、提升教育服务意识

现代教育以促进人的现代化和主体的全面发展为中心。主体性、发展性是现代教育的本质规定。基于此，现代教育倡导“教育是一种服务”的教育管理理念。它强调教育者（教师）以满足受教育者（学生）个性发展，为受教育者创造全面发展和主体生成的情境和条件。它概括了当今教育的经营态度和思维方式。在如何开展教育管理和教育活动问题上，相对于传统的教育管理理念，它具有自身的特点。第一，教育服务理念体现了现代教育以人为本的精神，突出了主体，突出了主体的生成和主体性发展，以培养现代主体人格为根本。它直接着眼于人，着眼于人的发展。第二，教育服务理念下的教育管理活动是教育者与受教育者互为主客体、主体间的对象性活动，是在教育者的组织领导下，教育者与受教育者共同参与的活动；是教育者的启发、引导、指导与受教育者的认知、体验、践行的互动；是教育者的价值导向与受教育者自主构建的统一的活动；是教育者与受教育者的相互教育与自我教育、教学相长的活动。第三，教育服务是现代教育管理的整体特征，它不是教育活动的某个阶段或某个部分、某个方面的特征。作为现代教育的根本指导思想，它是贯穿于教育管理活动的始终和教育管理活动的各个方面的。

教育服务的管理理念对于高校的改革、建设和发展有以下作用。

（一）教育服务理念为改革高校学生管理提供内部驱动力

高校学生管理是高等教育的重要组成部分，它涉及高校的教育质量、学生的发展成长、社会的和谐稳定等方面。随着时代的变化和社会的发展，高校学生管理也面临着新的挑战和需求，需要不断地进行改革和创新，以适应新的形势和任务。而教育服务理念是高校学生管理改革的内部驱动力，它体现了高校对学生的尊重和关爱以及对学生的培养和服务的责任和使命。教育服务理念要求高校学生管理从以往的单向的管理和规范，转变为双向的沟通和协作，从以往的被动的应付和应变，转变为主动的创新和改进，从以往的封闭的保守和僵化，转变为开放的包容和灵活，从而提高高校学生管理的效率和效果，促进高校的教育教学和科研水平，培养出更优秀的人才。

（二）教育服务理念为引导高校学生管理提出新的目标

高校学生管理的目标是什么？这是一个值得深思的问题。在过去，高校学生管理的目标可能是维护高校的秩序和安全，保证学生的遵纪守法，培养学生的道德品质和思想觉悟等。这些目标当然都是有意义和必要的，但是在当今社会，这些目标已经不能满足高校学生管理的需要，也不能适应学生的期望和要求。教育服务理念为高校学生管理提出了新的目标，那就是以学生的全面发展为中心，以学生的个性化需求为导向，以学生的主体地位为基础，以学生的满意度为标准，以学生的成就感为动力，以学生的幸福感为目的，实现高校学生管理的人本化、个性化、差异化、多元化、协同化和智能化，为学生提供更优质、更高效、更便捷、更人性化的教育服务，帮助学生实现自我价值的最大化。

（三）教育服务理念为高校学生管理创造新型师生关系

高校学生管理的核心是师生关系，师生关系的好坏直接影响高校学生管理的质量和水平。在传统的高校学生管理中，师生关系往往是一种上下级的关系，教师或管理者是权威和规范的代表，学生是服从和遵从的对象，师生之间的交流和互动是一种命令和执行的过程，师生之间的感情和信任是一种难以建立和维持的状态。这种师生关系不利于高校学生管理的改进和发展，也不符合学生的心理和情感的需求。教育服务理念为高校学生管理创造了一种新型的师生关系，那就是一种平等和互助的关系，教师或管理者是引导和服务的角色，学生是参与和贡献的主体，师生之间的交流和互动是一种沟通和协作的过程，师生之间的感情和信任是一种自然而然的结果。这种师生关系有利于高校学生管理的创新和优化，也符合学生的尊严和自主的要求。

（四）教育服务理念为高校学生管理的评价提供新的依据

高校学生管理的评价是高校学生管理的重要环节，它反映了高校学生管理的现状和问题，也指导了高校学生管理的改进和提升。在传统的高校学生管理中，评价的依据往往是一些固定的指标和标准，如学生的出勤率、成绩、奖惩、违纪等，这些指标和标准虽然客观和量化，但是却忽略了学生的主观感受和个性差异，也不能全面和准确地反映学生的真实状况和发展水平。教育服务理念为高校学生管理的评价提供了新的依据，那就是学生的反馈和评价，如学生的满意度、认同度、参与度、成就感、幸福感等，这些反馈和评价虽然主观和多样，但是却体现了学生的真实感受和个性需求，也能更全面和准确地反映学生的综合素质和发展潜力。教育服务理念要求高校学生管理的评价从以往的单向的考核和监督，转变为双向的互动和反馈，从以往的静态的评价和总结，转变为动态的改进和提高，从以往的单一的指标和标准，转变为多元的反馈和评价，从而提升高校学生管理的评价的科学性和有效性，促进高校学生管理的质量和水平的不断提高。

（五）在学生管理工作中树立服务意识的几点要求

1. 思想观念要转变

树立教育服务意识，要转变思想观念，从传统的管理者的角色转变为服务者的角色，从以管理为主转变为以教育为主，从以权威为依托转变为以法制为依据，从以规章制度为约束转变为以人文关怀为导向。这样，才能真正把学生放在心上，把学生的利益和需求作为工作的出发点和落脚点，把学生的发展和成就作为工作的目标和动力，把学生的满意和认可作为工作的标准和评价。

2. 工作态度要转变

树立教育服务意识，要转变工作态度，从被动的应付转变为主动的服务，从消极的抵触转变为积极的配合，从敷衍的例行转变为用心的创新，从冷漠的疏远转变为亲切的沟通。这样，才能真正把工作当作责任，把服务当作使命，把创新当作动力，把沟通当作桥梁，用热情、专业、高效、优质的工作态度，赢得学生的信任、尊重、支持和合作。

3. 工作作风要转变

树立教育服务意识，要转变工作作风，从简单的执行转变为全面的策划，从机械的重复转变为灵活的变通，从死板的一致转变为多样的个性，从封闭的孤立转变为开放的协作。这样，才能真正把工作当作艺术，把策划当作前提，把变通当作手段，把个性当作特色，把协作当作资源，用科学、合理、适度、有序的工作作风，满足学生的多元、差异、个性和发展的需求。

4. 服务意识的树立要与坚持制度相结合

树立教育服务意识，要与坚持制度相结合。既要有服务的精神，也要有制度的保障；既要有服务的热情，也要有制度的规范；既要有服务的创新，也要有制度的完善；既要有服务的协作，也要有制度的协调。这样，才能真正把工作当作规范，把制度当作保障，把规范当作尺度，把保障当作动力，用完善、健全、科学、有效的制度，保证学生管理工作的质量、效率、安全和公平。

（六）在学生管理工作中树立服务意识的建议

1. 建立一套科学、规范、完善的学生工作制度

制度是管理的基础和保障，高校学生管理工作需要有一套完整的规章制度，包括学生管理的目标、原则、内容、方法、程序、标准、评估、监督等方面，以明确学生管理的职责、权限、义务、权利、制约、激励等关系，以规范学生管理的行为、流程、结果等方面，以保证学生管理的公正、透明、有效等特点。同时，高校学生管理制度也要随着时代的发展和学生的变化而不断地修订和完善，以适应新的情况和需求，以反映新的理念和要求，以增强新的活力和效率。

2. 发挥学生主体能动性，变被动管理为自我管理

学生是高校学生管理工作的主体和对象，他们有着自己的思想、情感、意志、兴趣、特长、需求、期待等，他们也有着自己的责任、担当、创造、贡献等。高校学生管理工作要尊重学生的个性和差异，要关注学生的需求和期待，要倾听学生的意见和建议，要支持学生的创新和实践，要激发学生的积极性和主动性，要培养学生的自信和自强，要引导学生的自律和自我管理，要促进学生的自我认识和自我完善，要实现学生的自我发展和自我超越。

3. 完善对学生管理者的选拔模式和培训机制

高校学生管理者是高校学生管理工作的执行者和推动者，他们的素质和能力直接影响着学生管理工作的质量和水平。高校学生管理者要有一定的教育理论和实践基础，要有较强的沟通和协调能力，要有良好的职业道德和服务意识，要有开放的思维和创新精神，要有适应的能力和学习能力。为了培养和提高高校学生管理者的素质和能力，高校要建立一套科学、合理、有效的学生管理者的选拔模式和培训机制，包括学生管理者的选拔标准、选拔程序、选拔方法、选拔评价等方面，以及学生管理者的培训目标、培训内容、培训方式、培训效果等方面，以确保学生管理者的专业性、专注性、专长性。

4. 加强学生的德育教育和心理健康教育

德育教育和心理健康教育是高校学生管理工作的重要内容和手段，它们对于培养学生的品德、情感、人格、价值观等方面有着重要的作用和影响。高校学生管理工作要加强对学生的德育教育和心理健康教育，要结合学生的年龄特点、成长阶段、心理需求等，要采用多种形式、多种方法、多种渠道、多种资源，要注重实效性、针对性、个性化、差异化，要营造良好的氛围、环境、条件、机制，要促进学生的道德修养、情感稳定、人格完善、价值取向等方面的提升和发展。

二、创新管理方式

创新是高校学生管理的灵魂，也是高校发展的关键。高校只有大力进行管理的创新，摒弃陈旧、落后的管理方式和方法，创建一种与时代发展相适应的新的管理机制，才能真正提高高校的管理水平，从而实现高校提高办学质量和办学效益，培养大批优秀创新人才的现实目标。尽管全面创新管理是针对企业的创新提出的，但对高校也同样适用。

（一）高校学生管理工作创新的必要性

今日高校的功能已由单一走向多元，从简单趋向复杂，高校与社会的关系日益紧密。21世纪，人类社会正进入一个以智力资源为主要依托的全球化知识经济时代，伴随知识经济社会的到来，高等教育将在社会中发挥空前重要的作用。高校作为法人实体，必须有全面创新思维，否则将落后于历史前进的步伐。全面创新管理特别是其根据环境的变化突破了原有的时空界域和局限于教学管理部门和教师创新的框架，突出强调了新形势下全时创新、全球化创新和全员创新的重要性，使创新的主体、要素与时空范围极大扩展。

1. 管理创新是培养高素质人才的需要

高校的根本任务是培养高素质的人才，而高素质的人才不仅要有扎实的专业知识和技能，还要有良好的思想品德和创新能力。高校学生管理工作要从培养人才的角度出发，创新管理理念和方式，激发学生的学习兴趣和动力，培养学生的自主性和责任感，引导学生树立正确的世界观、人生观和价值观，促进学生的全面发展。

2. 管理工作创新是高等教育大众化的需要

随着社会的进步和经济的发展，高等教育的规模和水平不断提高，高校的办学类型和层次也日趋多样化，高校学生的数量和结构也发生了很大的变化。高校学生管理工作要适应高等教育大众化的趋势，创新管理理念和方式，尊重学生的个性和差异，满足学生的多元化和个性化的需求，实现学生的公平和优质的教育。

3. 管理工作创新是服务学生的需要

高校学生管理工作的宗旨是为学生服务，为学生的成长和发展提供良好的环境和条件。高校学生管理工作要以学生为中心，创新管理理念和方式，关注学生的思想、生活、学习、就业等方面的问题，倾听学生的意见和建议，解决学生的困难和矛盾，保障学生的权益和福利，增强学生的满意度和幸福感。

（二）全要素创新在高校学生管理中的应用

1. 高校创新发展战略的制定为全面创新指明了方向

高校作为知识创新的重要基地，应该树立创新意识，制定创新发展战略，为全面创新提供指导和动力。高校创新发展战略应该符合国家和社会的发展需求，体现高校的特色和优势，明确高校的创新目标、创新重点和创新路径，激发高校的创新潜力和创新活力。高校创新发展战略应该涵盖教学、科研、人才培养、社会服务等各个方面，形成一个创新体系，实现高校的创新转型和创新发展。

2. 创新文化的建设是实现高校全面创新的源泉

创新文化是高校全面创新的精神支撑和价值引领，是高校创新氛围的体现和创新能力的培育。高校应该积极构建创新文化，弘扬创新精神，培养创新人才，激励创新行为，推动创新成果。高校创新文化应该包括创新理念、创新价值、创新规范、创新机制、创新载体等多个层面，形成一个有利于创新的文化环境，促进高校的创新氛围和创新效率。

3. 技术创新是实现高校全面创新的手段

技术创新是高校创新的核心和重点，是高校提升自身竞争力和社会影响力的关键。高校应该加强技术创新，突破技术瓶颈，提高技术水平，增强技术优势，推动技术转化，服务社会发展。高校技术创新应该紧跟时代潮流，把握技术前沿，解决技术难题，创造技术新知，形成技术特色，打造技术品牌，实现技术领先和技术引领。

4. 创新制度设计是高校实现全面创新的保障

创新制度设计是高校全面创新的制度保障和运行规则，是高校创新的动力和约束。高校应该优化创新制度设计，完善创新政策，营造创新制度，保障创新权益，激发创新动力，规范创新行为，评价创新效果，促进创新发展。高校创新制度设计应该符合创新规律，适应创新需求，反映创新特点，体现创新优势，兼顾创新效率和创新质量，实现创新的有序和高效。

5. 学习型组织是高校实施全面创新的必然选择

学习型组织是高校全面创新的组织形式和组织能力，是高校创新的基础和条件。高校应该建设学习型组织，强化学习意识，提高学习能力，拓展学习渠道，丰富学习内容，优化学习方式，促进学习效果，实现学习创新。高校学习型组织应该以学习为目的，以创新为动力，以知识为资源，以能力为核心，以共享为原则，以协作为手段，以改进为目标，实现学习的持续和深入。

6. 全时空创新在高校学生管理中的应用

全时空创新是高校学生管理的时空观念和时空模式，是高校学生管理的时空拓展和时空优化。高校应该实施全时空创新，突破时空限制，拓展时空范围，优化时空结构，提高时空效率，增强时空效果，实现时空协调。高校全时空创新应该以学生为中心，以需求为导向，以资源为支撑，以平台为载体，以网络为工具，以服务为宗旨，以质量为标准，实现时空的灵活和多样。

7. 全员创新在高校学生管理中的应用

全员创新是高校学生管理的人员观念和人员模式，是高校学生管理的人员参与和人员激励。高校应该实施全员创新，充分发挥人员作用，广泛吸纳人员意见，有效调动人员积极性，合理分配人员职责，科学评价人员绩效，充分肯定人员贡献，实现人员满意。高校全员创新应该以能力为基础，以素质为要求，以角色为定位，以目标为导向，以机制为保障，以激励为手段，以成长为目的，实现人员的全面和协同。

8. 全面协同在高校学生管理中的应用

全面协同是高校学生管理的协作观念和协作模式，是高校学生管理的协作机制和协作效果。高校应该实施全面协同，建立协作关系，明确协作目标，制定协作计划，分配协作任务，协调协作行为，监督协作过程，评估协作成果，实现协作优化。高校全面协同应该以共识为基础，以互信为前提，以互补为原则，以互助为方式，以互惠为目标，以互动为手段，以互学为动力，实现协作的和谐和高效。

（三）高校学生管理工作创新的建议

1. 完善学生管理制度

学生管理制度是高校学生管理工作的基础和保障，是规范学生行为，维护学校秩序，促进学生发展的重要手段。高校应该根据国家的法律法规，结合学校的实际情况，制定和完善一套科学合理、公平公正、灵活适用的学生管理制度，包括学生入学、学习、考核、奖惩、毕业等各个环节的规章制度以及学生的权利和义务，学生的申诉和投诉，学生的参与和监督等方面的内容。高校还应该加强学生管理制度的宣传和教育，提高学生的认知和遵守度，同时，也要及时收集学生的反馈和意见，不断地修订和完善学生管理制度，使之更加符合学生的需求和期待。

2. 思想政治教育的地位不可磨灭

思想政治教育是高校学生管理工作的核心和灵魂，是培养学生的社会责任感，爱国主义精神，核心价值观，创新能力，人文素养的重要途径。高校应该把思想政治教育贯穿于学生的全程教育，从课堂教学到课外活动，从学生组织到学生社团，从学生导师到学生辅导员，都要充分利用各种形式和渠道，进行有针对性、有吸引力、有感染力的思想政治教育，使学生在接受专业知识的同时，也能够增强思想觉悟，树立正确的世界观、人生观、价值观。高校还应该关注学生的思想动态，及时发现和解决学生的思想困惑、思想问题、思想危机，防止学生走向极端、走向误区、走向违法。

3. 学生管理队伍专业化

学生管理队伍是高校学生管理工作的主体和执行者，是影响学生管理工作效果的关键因素。高校应该加强学生管理队伍的建设和培养，提高学生管理队伍的专业化水平，包括学生管理的理论知识、实践技能、职业素养、心理素质等方面。高校应该制定和实施一套科学合理、全面系统的学生管理人员的选拔、培训、考核、激励、监督等机制，使学生管理人员能够不断地更新知识、提升能力、完善自我、适应变化。高校还应该关心和关爱学生管理人员的工作和生活，解决他们的困难和问题，保护他们的合法权益，激发他们的工作热情和创造力。

高校全面创新管理体系的建立是一项复杂而艰巨的工程，不仅需要对全面创新管理中的要素理解掌握，还应采取以下策略、

（1）在宏观上政府要明确在高校科技工作上的职能定位，加强对高校科技工作的战略规划，对高校实行分类指导，引领科研方向。

（2）在中观上加强校内、校外，国内、国际的科技交流与合作，建立和完善科教经互动的合作创新体制，构建开放的人才培养体系和多元化、多渠道的科技创新投入体系。

(3)在微观上各高校要实施高校科技管理体制创新工程，建设科技资源共享的创新基础平台，实施科技创新人才选培工程，培育科技创新文化，提高投入资金的使用效率。

第三节　教育生态在新媒体时代的发展

一、高校教育生态概述

高校教育生态是指高校内部和外部的各种教育要素和教育活动所构成的动态系统，它包括高校的教育理念、教育目标、教育内容、教育方法、教育评价、教育管理、教育资源、教育环境等方面。高校教育生态的特点是开放性、多元性、复杂性和动态性，它受到内部和外部的多种因素的影响和制约，同时也对内部和外部产生影响和反馈。

新媒体时代对高校教育生态产生了深刻的影响和挑战，也为高校教育生态的创新和发展提供了新的机遇和条件。具体来说，新媒体时代对高校教育生态的影响主要体现在以下几个方面。

(1)新媒体时代扩大了高校教育生态的开放性和多元性，打破了时间和空间的限制，促进了高校与社会、国内与国际的交流和合作，增加了高校的教育资源和教育渠道，丰富了高校的教育内容和教育形式，提高了高校的教育质量和效率。

(2)新媒体时代增强了高校教育生态的复杂性和动态性，增加了高校教育生态的不确定性和风险性，要求高校适应信息技术的快速变化和社会需求的多样变化，不断更新教育理念和教育目标，不断调整教育方法和教育评价，不断优化教育管理和教育环境。

(3)新媒体时代改变了高校教育生态的互动性和个性化，增加了高校教育生态的参与性和主动性，促进了高校教师和学生的信息共享和知识创造，增强了高校教师和学生的自主学习和自我发展，满足了高校教师和学生的个性化和差异化的教育需求。

(4)新媒体时代影响了高校教育生态的社会化和价值化，增加了高校教育生态的公开性和透明性，促进了高校教育生态的社会责任和社会效益，增强了高校教育生态的价值观和价值判断，提升了高校教育生态的文化品位和道德水准。

二、教育生态环境的关系

教育生态是指教育活动所依赖和影响的自然、社会、文化、技术等多方面的环境，它是教育的外部条件和内在动力。教育生态环境的关系是指教育生态与各种环境因素之间的相互作用和相互影响，它是教育生态的本质特征和运行机制。

在新媒体时代，教育生态环境的关系发生了重大的变化，主要表现在以下几个方面。

（一）教育生态与自然环境的关系

教育生态与自然环境的关系更加密切和紧张。一方面，教育生态需要借助自然环境提供的资源和条件，如能源、空间、设备等，来支持教育活动的开展；另一方面，教育生态也要承担保护自然环境的责任和义务，如节约资源、减少污染、增强生态意识等，以实现教育生态与自然环境的和谐共生。

（二）教育生态与社会环境的关系

教育生态与社会环境的关系更加复杂和多元。一方面，教育生态受到社会环境的影响和制约，如社会需求、社会价值、社会规范等，要适应社会的变化和发展；另一方面，教育生态也要对社会环境产生影响和贡献，如培养人才、传播知识、促进公平等，以实现教育生态与社会环境的互动共进。

（三）教育生态与文化环境的关系

教育生态与文化环境的关系更加开放和多样。一方面，教育生态需要吸收和借鉴文化环境的优秀成果和经验，如文化传统、文化创新、文化交流等，来丰富和提升教育活动的内涵和品质；另一方面，教育生态也要创造和传承文化环境的新的价值和意义，如文化认同、文化批判、文化创造等，以实现教育生态与文化环境的融合共生。

（四）教育生态与技术环境的关系

教育生态与技术环境的关系更加紧密和依赖。一方面，教育生态需要利用和依靠技术环境提供的工具和平台，如网络、设备、软件等，来扩展和优化教育活动的形式和效果；另一方面，教育生态也要指导和规范技术环境的使用和发展，如技术伦理、技术评估、技术创新等，以实现教育生态与技术环境的协调共赢。

三、大学生的人生发展定位与学习的关联

（一）教育选择面临两难困境

在新媒体时代，大学生的教育选择面临着两难困境。一方面，他们需要适应社会的需求和变化，选择有前景和竞争力的专业和课程，以提高自己的就业和创业能力；另一方面，他们也需要追求自己的兴趣和潜能，选择有意义和价值的学习内容，以实现自己的人生目标和理想。这两方面的选择往往难以兼顾，甚至可能存在冲突和矛盾。例如，一些热门的专业和课程可能并不符合大学生的兴趣和特长，而一些有趣的专业和课程可

能并不具有市场的认可和需求。如何在这两方面之间找到平衡和折中，是大学生教育选择的一个重要而困难的问题。

（二）多样化与单一性的矛盾

在新媒体时代，大学生的学习方式和渠道也呈现出多样化与单一性的矛盾。一方面，他们可以利用新媒体的优势，获取和分享各种各样的信息和知识，拓展和丰富自己的视野和思维，参与和体验不同的文化和社会，形成和展示自己的个性和风格；另一方面，他们也可能受到新媒体的影响，陷入和依赖某些信息和知识的过度消费和传播，忽视和缺乏对其他信息和知识的探索和判断，隔绝和排斥不同的观点和声音，形成和固化自己的偏见和误解。如何在这两方面之间找到调节和协调，是大学生学习方式和渠道的一个关键而复杂的问题。

（三）自主性与规范性的冲突

在新媒体时代，大学生的学习态度和行为也存在自主性与规范性的冲突。一方面，他们需要树立和保持自主的学习意识和习惯，根据自己的需求和目标，制定和执行合理的学习计划和策略，评估和改进自己的学习效果和质量，实现和提升自己的学习能力和水平；另一方面，他们也需要遵守和接受规范的学习要求和标准，按照教师和学校的安排和指导，完成和提交规定的学习任务和作业，参加和通过必要的学习考试和评价，达到和满足学习的基本要求和水平。如何在这两方面之间找到兼容和融合，是大学生学习态度和行为的一个挑战而敏感的问题。

第四节　新媒体时代的传媒素养教育

一、传媒素养的定义

传媒素养（Media Literacy）是指个人或群体对传媒信息的理解、分析、评估和创造的能力和态度。传媒素养不仅包括对传统媒体（如报纸、广播、电视等）的认识和运用，也包括对新媒体（如互联网、社交媒体、移动媒体等）的掌握和应用。传媒素养是一种综合性的素养，涉及多个方面，如传媒知识、传媒技能、传媒意识、传媒伦理等。

二、传媒素养对大学生教育的重要性

传媒素养是新媒体时代大学生教育的重要内容和目标，也是大学生适应社会发展和个人成长的必备条件。因此，我们应该重视和加强传媒素养教育，提高大学生的传媒素养水平，培养他们成为新时代的合格公民和有为人才。

（一）提高了大学生的信息获取和处理能力

新媒体时代，信息的来源、形式、内容和传播方式都发生了巨大的变化，大学生需要具备有效地筛选、辨别、整合和利用信息的能力，以应对信息爆炸和信息污染的挑战。传媒素养教育可以帮助大学生提高对信息的质量和可信度的判断，培养他们的批判性思维和创造性思维，增强他们的学习和研究能力。

（二）培养了大学生的传媒参与和表达能力

大学生不仅是传媒信息的接收者，也是传媒信息的生产者和传播者。大学生需要具备有效地使用新媒体工具和平台，表达自己的观点和情感，参与社会和公共事务的能力，以实现自我价值和社会价值的统一。传媒素养教育可以帮助大学生提高对新媒体语言和规范的掌握能力，培养他们的沟通和协作能力，增强他们的公民意识和社会责任感。

（三）增强了大学生的传媒鉴赏和审美能力

传媒信息的形式和内容都呈现出多样化和个性化的特征，大学生需要具备欣赏和评价不同类型和风格的传媒作品的能力，以丰富自己的文化生活和精神世界。传媒素养教育可以帮助大学生提高对传媒作品的美学和文化的理解，培养他们的创新和创造能力，增强他们的文化自信和文化包容。

三、大学生教育中如何培养传媒素养

（一）高校应大力开展传媒素养教育

传媒素养教育应该贯穿于高校的各个层面和环节，包括课程设置、教学方法、教师培训、学生活动、校园媒体、社会实践等。传媒素养教育应该注重理论与实践的结合，既要让大学生了解传媒的历史、发展、规律、功能、影响等基本知识，又要让大学生掌握传媒的分析、评价、使用、生产等基本技能。传媒素养教育应该注重多元化和开放性，既要让大学生接触和了解不同类型、不同风格、不同立场的传媒内容，又要让大学生自由地表达和交流自己的观点和创意。

传媒素养教育的目的是培养大学生成为具有独立思考、批判判断、创新表达、社会责任的传媒公民，能够在新媒体时代积极地参与和影响社会的传媒生活。

（二）充分利用现有的资源和基础

高校要开展传媒素养教育，不一定要从零开始，而是可以充分利用现有的资源和基础，发挥自身的优势和特色。

首先，高校可以利用现有的课程体系，将传媒素养教育融入各个学科和专业的教学中，形成跨学科的交流和互动。例如，文学、艺术、哲学等人文学科可以从文化和审美的角度，分析和评价传媒的内容和形式；社会学、政治学、法学等社会科学可以从社会和政治的角度，探讨和评估传媒的功能和影响；计算机、通信、工程等自然科学和技术可以从技术和创新的角度，介绍和展示传媒的原理和应用。这样，不仅可以丰富和拓展传媒素养教育的内容和视野，也可以提高各个学科和专业的教学质量和水平。

其次，高校可以利用现有的教学手段，将传媒素养教育融入各种教学活动和形式中，形成多样化的教学模式和方法。例如，高校可以利用网络平台，开设在线课程、搭建学习社区、组织在线讨论等，让大学生在互联网上学习和交流传媒素养的知识和技能；高校可以利用实验室、工作室、创客空间等，开展实践教学、项目学习、创新创业等，让大学生在实际的环境中体验和实践传媒素养的应用和创造；高校可以利用图书馆、博物馆、展览馆等，组织参观学习、主题讲座、文化活动等，让大学生在丰富的资源中感受和欣赏传媒素养的文化和艺术。这样，不仅可以激发和培养大学生的学习兴趣和动力，也可以提高和检验大学生的学习效果和水平。

最后，高校可以利用现有的校园媒体，将传媒素养教育融入校园媒体的运营和管理中，形成自主化的教育实践和平台。例如，高校可以支持和鼓励大学生参与校园报纸、杂志、广播、电视、网站等各种媒体的制作和发布，让大学生在实际的媒体工作中锻炼和提升自己的传媒素养；高校可以监督和指导大学生遵守传媒的规范和道德，让大学生在实际的媒体环境中学习和践行自己的传媒责任；高校可以评价和奖励大学生的传媒成果和贡献，让大学生在实际的媒体市场中展示和竞争自己的传媒能力。这样，不仅可以丰富校园媒体的内容和形式，也可以培养和塑造校园媒体的氛围和品牌。

（三）加强媒介素养教育的理论研究

高校要开展传媒素养教育，不仅要注重教育的实践和应用，也要注重教育的理论和研究，以便不断完善和发展传媒素养教育的理念和方法。

传媒素养教育的理论研究应该紧跟传媒的发展和变化，及时更新和调整传媒素养教育的内容和标准。例如，随着新媒体的出现和普及，传媒素养教育应该包括对新媒体的认识和使用，如何在新媒体中获取、筛选、评估、分享、参与、创造信息等；随着传媒的全球化和多元化，传媒素养教育应该包括对不同文化和价值的理解和尊重，如何在传媒中跨越语言、地域、民族、宗教、性别等差异障碍和冲突，如何在传媒中促进文化的交流和融合等；随着传媒的数字化和智能化，传媒素养教育应该包括对人工智能和大数据的认识和应用，如何在传媒中保护自己的隐私和安全，如何在传媒中与人工智能进行合作和竞争等。这样，可以使传媒素养教育与时俱进，适应新媒体时代的需求和挑战。

传媒素养教育的理论研究应该紧密结合传媒的实践和案例，及时总结和提炼传媒素养教育的经验和教训。例如，高校可以通过对传媒事件的分析和评价，提高大学生的传媒批判能力，让大学生学会从多个角度和层面，对传媒的内容、形式、功能、影响等进行深入的思考和判断；高校可以通过对传媒创作的展示和赏析，提高大学生的传媒创造能力，让大学生学会运用各种媒介和技术，表达自己的观点和情感，创造自己的作品和风格；高校可以通过对传媒问题的探讨和解决，提高大学生的传媒责任感，让大学生学会在传媒中遵守法律和道德，维护自己和他人的权益，解决传媒中的冲突和危机。这样，可以使传媒素养教育更加实用和有效，培养大学生的传媒实践能力。

（四）学校应加强与家庭、社会的沟通，建立传媒素养教育的网络

学校是教育单位，媒介素养教育是当代学校教育工作应有的题中之义。与此同时，家庭和社会对媒介素养教育也有着重大的影响。只有学校、社会、家庭三者紧密结合，才能做好大学生的媒介素养教育工作。总的来说，在整个传媒素养教育当中，应以活动为主，教材为辅，可以从以下三个方面来引导教学活动。

1. 有效设计课堂讨论

课堂讨论是传媒素养教育的重要方式，可以激发大学生的思考和表达能力，培养他们的批判性思维和创造性思维。学校应该有效设计课堂讨论的主题、形式、时间和评价，使之与新媒体的发展和大学生的实际需求相结合，引导大学生积极参与，发挥他们的主体性和创造性。课堂讨论的主题应该涵盖新媒体的各个方面，如新媒体的特征、功能、影响、利弊、规范、伦理等，既要关注新媒体的理论知识，也要关注新媒体的实践应用。课堂讨论的形式应该多样化，如小组讨论、辩论、案例分析、角色扮演、模拟新闻等，既要注重新媒体的技术操作，也要注重新媒体的内容分析。课堂讨论的时间应该合理安排，既要保证讨论的深度和广度，也要保证讨论的效率和质量。课堂讨论的评价应该公正客观，既要考核大学生的知识掌握，也要考核大学生的能力表现，既要给予正面的肯定，也要给予合理的建议。

2. 学生自主探索实践

学生自主探索实践是传媒素养教育的有效补充，可以增强大学生的主动性和实践性，培养他们的创新能力和解决问题的能力。学校应该鼓励和支持大学生自主探索实践，提

供必要的资源和指导，促进大学生的个性化和多元化的传媒素养教育。学生自主探索实践的内容应该与新媒体的发展和大学生的兴趣相结合，如新媒体的历史、现状、趋势、案例、创意、创业等，既要拓宽大学生的视野，也要满足大学生的需求。学生自主探索实践的方式应该灵活多变，如阅读、观察、访谈、调查、实验、制作、展示等，既要培养大学生的信息获取和处理能力，也要培养大学生的信息表达和传播能力。学生自主探索实践的过程应该自我管理，既要制定合理的计划和目标，也要实施有效的监督和评估，既要注重过程的体验，也要注重结果的反馈。

3. 以电子学习日志辅助教学

电子学习日志是传媒素养教育的有力工具，可以记录和反思大学生的学习过程和成果，培养他们的自我监督和自我评价能力。学校应该利用电子学习日志辅助教学，提高传媒素养教育的效果和质量，促进大学生的持续性和深入性的传媒素养教育。电子学习日志的内容应该涉及传媒素养教育的各个方面，如新媒体的认识、使用、评价、创造等，既要反映大学生的学习情况，也要反映大学生的学习感受。电子学习日志的形式应该简洁明了，如文字、图片、音频、视频等，既要体现大学生的个性化和多样化，也要体现大学生的规范化和统一化。电子学习日志的时间应该定期更新，如每周、每月、每学期等，既要保持大学生的学习动力，也要保持大学生的学习连贯性。电子学习日志的评价应该互动交流，如教师、同学、专家等，既要给予大学生学习反馈，也要给予大学生学习建议。

第五节 网络资源在学生管理中的应用

一、网络时代高校学生管理工作特点

（一）管理层次多元化

网络时代，高校学生管理工作不再是单一的、自上而下的、集中的，而是多元的、自下而上的、分散的。高校学生管理工作不仅涉及学校的行政部门、教师、辅导员等，还涉及学生自身、学生组织、社会机构、网络平台等。这些不同的主体，有着不同的角色、职责、权力、利益，相互影响、相互协作、相互制衡。高校学生管理工作需要建立一个多元的、开放的、协调的管理体系，充分发挥各方的作用，实现管理的有效性和民主性。

（二）管理手段多样化

高校学生管理工作不仅需要运用传统的法规、制度、奖惩等手段，还需要运用现代的信息技术、心理学、社会学等手段。这些不同的手段，有着不同的功能、效果、适用性，相互补充、相互促进、相互调节。高校学生管理工作需要建立一个多样的、灵活的、创新的管理模式，充分利用各种资源，实现管理的科学性和人性化。

（三）管理复杂化

高校学生管理工作不仅面临着学生的多样性、个性化、自主化等特点，还面临着网络的无边界性、虚拟性、多变性等特点。这些不同的特点，造成了管理的不确定性、不可预测性、不可控制性，相互作用、相互影响、相互变化。高校学生管理工作需要建立一个复杂的、适应的、学习的管理思维，充分认识各种因素，实现管理的敏捷性和智能化。

二、学生管理网络信息化平台建设的必要性

（一）提高工作效率与管理水平

学生管理工作涉及学生的学习、生活、思想、心理、就业、安全等多方面的内容，需要大量的信息收集、处理、分析、反馈和沟通。传统的学生管理工作方式，往往依赖于纸质的文件、表格、档案等，不仅占用了大量的空间和资源，而且效率低下，容易出现信息的遗漏、错误、延误等问题。而学生管理网络信息化平台，可以实现学生信息的数字化、网络化、智能化，通过互联网、云计算、大数据、人工智能等技术，实现信息的快速收集、存储、传输、共享、分析和应用，提高工作效率，减少工作负担，提升工作质量。同时，学生管理网络信息化平台，还可以实现学生管理工作的标准化、规范化、透明化，通过制定统一的规则、流程、指标、评价等，规范学生管理工作的行为和结果，提高管理水平，促进管理公平和公正。

（二）优化学生工作事务管理流程

学生工作事务，是指学生在学习、生活、思想、心理、就业、安全等方面遇到的各种问题和需求，需要高校的帮助和支持。学生工作事务的管理流程，是指学生提出申请或反馈，高校进行审核或处理，给予回复或解决的一系列步骤。传统的学生工作事务管理流程，往往需要学生到指定的地点或窗口，填写或提交相关的材料，等待或催促审核或处理，再到指定的地点或窗口，领取或查看结果等一系列烦琐的操作。这种方式，不仅给学生带来了不便和困扰，而且容易出现信息的丢失、混乱、滞后等问题，影响学生的满意度和信任度。而学生管理网络信息化平台，可以实现学生工作事务管理流程的线上化、简单化、智能化，通过建立一个统一的网络平台，让学生可以随时随地，通过手机、电脑

等设备，进行申请、反馈、查询、评价等操作，实现信息的实时更新、同步推送、自动处理、智能匹配等功能，优化学生工作事务管理流程，提高学生的便利性和满意度。

三、利用网络平台强化对学生的管理

在对学生进行管理的过程中，网络平台的构建对于强化学生的管理工作带来了巨大的帮助，其中主要应用在以下几个层面。

（一）强化学生思想管理工作

网络平台可以为学生思想管理工作提供多样化的形式和内容，增强学生的思想觉悟和价值取向。例如，网络平台可以通过开展主题教育活动，发布正能量的信息，展示优秀的典型和榜样，引导学生树立正确的世界观、人生观和价值观。网络平台也可以通过设置反馈机制，及时了解学生的思想动态，发现并解决学生的思想问题，防止学生受到不良信息的影响，培养学生的批判性思维和创新能力。

（二）强化学生心理健康教育

网络平台可以为学生心理健康教育提供便捷的途径和方法，增强学生的心理素质和适应能力。例如，网络平台可以通过提供专业的心理咨询和辅导，帮助学生解决心理困惑和压力，提高学生的自信和自尊。网络平台也可以通过开展丰富的心理测评和训练，帮助学生了解自己的心理特点和需求，提高学生的自我管理和自我调节能力。

（三）强化对学生学习上的管理

网络平台可以为学生学习上的管理提供有效的工具和平台，增强学生的学习效率和质量。例如，网络平台可以通过提供个性化的学习计划和指导，帮助学生制定合理的学习目标和策略，提高学生的学习主动性和自主性。网络平台也可以通过提供多媒体的学习资源和互动的学习方式，帮助学生拓宽学习视野和深化学习理解，提高学生的学习兴趣和能力。

（四）增强学生的凝聚力

网络平台可以为学生的凝聚力提供有利的条件和环境，增强学生的团队精神和协作能力。例如，网络平台可以通过组织多样的网络社团和活动，帮助学生结识志同道合的朋友，拓展学生的社交圈和人际关系。网络平台也可以通过促进学生之间的信息共享和经验交流，帮助学生互相学习和互相帮助，增进学生之间的理解和信任。

四、网络时代高校学生管理工作的新举措

（一）利用校园网络，加强对大学生的心理健康教育

网络时代的高校学生面临着多元化的信息、竞争和压力，容易产生心理问题和困惑。高校学生管理工作应该利用校园网络，建立和完善心理健康教育的网络平台，提供多样化的心理健康教育内容和服务，如心理测试、心理咨询、心理讲座、心理案例、心理社区等，帮助学生认识自我、调节情绪、解决困难、增强自信，促进学生的心理健康和成长。

（二）增强学生网络法治意识，加大网络文明建设力度

网络时代的高校学生享受着网络带来的便利和乐趣，也面临着网络带来的风险和危害，如网络诈骗、网络侵权、网络暴力、网络色情、网络成瘾等。高校学生管理工作应该增强学生的网络法治意识，教育学生遵守网络法律法规，维护网络安全和秩序，尊重网络版权和隐私，抵制网络不良信息和行为，培养学生的网络道德和责任，推动网络文明建设。

（三）建立一支具有网络时代意识与过硬网络技能的学工队伍

网络时代的高校学生管理工作需要一支具有网络时代意识与过硬网络技能的学工队伍，能够熟练运用网络技术和工具，有效开展网络学生管理工作。高校学生管理工作应该加强学工队伍的网络培训和学习，提高学工队伍的网络素养和能力，如网络信息搜集、网络数据分析、网络舆情监测、网络危机应对、网络宣传推广等，提升学工队伍的网络服务水平和管理效果。

（四）充分利用网络资源，加强对学生的服务工作

网络时代的高校学生管理工作应该充分利用网络资源，加强对学生的服务工作，满足学生的多元化需求和期待。高校学生管理工作应该建立和完善学生服务的网络平台，提供便捷的网络服务，如学籍管理、奖助贷管理、就业指导、活动报名、投诉建议等，方便学生在线办理相关事务，提高学生服务的效率和质量。高校学生管理工作也应该利用网络资源，丰富学生的网络活动，如网络学习、网络竞赛、网络社团、网络志愿、网络创新等，拓展学生的网络空间，激发学生的网络兴趣，促进学生的网络发展。

（五）注重“网上管理”与“网下管理”的结合

网络时代的高校学生管理工作不能忽视“网上管理”与“网下管理”的结合，要实现网络与现实的互动和互补，形成网络与现实的双向管理。高校学生管理工作应该利用网络平台，加强与学生的网络沟通和交流，了解学生的网络需求和问题，反馈学生的网络

意见和建议，增进学生的网络参与和满意，提升学生的网络认同和归属。高校学生管理工作也应该利用现实场所，加强对学生的现实关注和关怀，引导学生的现实行为和习惯，培养学生的现实技能和素质，促进学生的现实适应和成就，提高学生的现实幸福和品质。

第三章　新媒体时代高校学生事务管理与优化

第一节　高校学生事务管理的理论与模式

一、高校学生事务管理人本理论

（一）高校学生事务管理的目标

在我国，高校学生事务管理的基本目标是通过非学术性事务和课外活动的组织指导和管理，对学生施加教育影响，以规范、指导和服务学生，丰富学生校园文化生活，促进学生健康成长成才。

（二）高校学生事务管理的任务

高校学生事务管理受诸多因素的影响，如学校的传统、历史、文化、办学目的、地理位置、师生构成等。尽管如此，对于我国大多数高校来说，学生事务管理的任务是相似的，一般分为针对学生、学校、社会的三类任务。

1. 学生

对于学生来说，高校学生事务管理的任务主要包括以下几个方面。

（1）要帮助学生学会选择，并且在对正确的事务进行选择之后还要对其进行相应的判断。

（2）要在学生学习的过程中帮助学生，当学生需要一些有助于学习的学习资料时，教师要善于发现和解决这些问题；当发现有学生因为家庭贫困而在生活、学习中遇到困难时，可以向学生推荐申请奖助学金，以帮助学生顺利完成学业。

（3）要帮助学生在其求学的道路中确立人生奋斗的目标，促使学生在学校努力完成学业，获得进一步发展的机会。

（4）要帮助学生成功地适应大学生活，鼓励学生养成健康的生活习惯。

（5）要帮助学生在生活与学习中处理好人际关系，这对于学生日后工作中的交际十分重要，帮助学生学会在遇到困难时冷静思考解决问题的办法，而不是抱怨为什么问题会出现在自己身上。

（6）要为学生的全面发展提供各种平台和机会。

2. 学校

对于学校这个系统来说，高校学生事务管理的任务主要包括以下几个方面。

（1）要对学生的受教育情况和社会实践进行评价，以改善学校的工作。学生事务管理部门应当经常向高校其他主管部门反映学生的学习、生活和课外活动等与学生培养质量、管理服务水平有关的情况，旨在更好地培养人才。

（2）要通过执行和完善学生行为准则来体现学校的价值观念。要求学生做什么和不能做什么，反映学校的价值观念。学生事务管理部门在执行和修订学生守则时，也就把学校的办学指导思想和价值观念具体化了。

（3）要对学校的一些相关的事务进行管理，当然在这个过程中，学校会根据相关的政策做出一些决定，学校需要对这些已经形成条文的决定承担相应的责任。

（4）要通过相应的措施加强对学生的管理，同时要加强对学校财力资源的管理。

（5）应及时解决任何可能发生的突发事件，为学校排忧解难。

（6）既要做到对学校办学目的的维护，又要向外界宣传学校的办学理念及相关政策。

（7）要鼓励教师和学生加强相互联系，帮助教师处理好师生间关系。

（8）要制定有助于校园安全和稳定的政策和方案，维护学校的稳定。

（9）要积极从事学术和专业活动。这里的学术和专业活动主要指学生工作的学术和专业活动，目的是让学生管理工作人员在自己的工作领域成为专家。

（10）要鼓励和协助学生参与学校管理。在校园里，凡是涉及学生切身利益的方针政策的制定，都应当有学生参与讨论。

（11）应在学校制定或修改方针、政策时，提供有关学生情况的信息。

3. 社会

对于整个社会来说，高校学生事务管理的任务主要包括以下几个方面。

（1）树立法治观念。

我们现在的社会是法治社会，在这样的社会条件下，我们每个人都必须树立法治观念，从而保证社会秩序的正常进行。

我们都知道《中华人民共和国宪法》是我国的根本法，其他法律条例的制定、颁布和实行都是在《中华人民共和国宪法》的基础上的，因此，学校有必要让学生了解国家法律的重要性，增强学生的法治观念，培养学生较强的道德判断和选择能力。

（2）了解中国国情。

学校有必要让学生了解中国国情，以使学生更具民族使命感。更多地了解国情还能使学生将个人利益与民族利益联系在一起，心怀国家利益投入到社会工作中，能促使学生为社会多做贡献，促进社会的全面发展。

（3）学习马克思列宁主义。

马克思列宁主义在中国传播时间已久，我国历代领导人都是在马克思列宁主义的思想领导下进行决策的，它是我国发展的根本理论依据和指导思想。

（4）理解党的基本路线。

帮助学生正确理解和坚持党的基本路线，坚持以经济建设为中心，坚持四项基本原则，坚持改革开放。学会识别和抵制各种背离党的基本路线的错误倾向，拥护中国共产党的领导，走中国特色社会主义道路，增强“四个意识”，坚定“四个自信”，做到“两个维护”。

二、高校学生事务管理组织模式

（一）外部事务型模式

外部事务型模式是指高校将学生事务管理作为一种外部的、辅助的、服务性的职能，由专门的部门或机构负责，与学生的教学、科研等主要活动相分离，形成一种垂直的、单一的、层级的组织结构。这种模式的优点是可以集中力量，专业化程度高，便于统一规划和协调，提高工作效率和质量。这种模式的缺点是可能导致学生事务管理与学生的实际需求和发展相脱节，缺乏针对性和灵活性，难以形成学生的主体意识和参与感，也不利于学生事务管理与教学、科研等其他活动的互动和协同。

（二）内部事务型模式

内部事务型模式是指高校将学生事务管理作为一种内部的、基础的、教育性的职能，由学生所在的院系或班级负责，与学生的教学、科研等主要活动相结合，形成一种水平的、多元的、网络的组织结构。这种模式的优点是可以贴近学生的实际情况，个性化程度高，便于因材施教和动态调整，提高工作的针对性和灵活性。这种模式的缺点是可能导致学生事务管理的分散化和碎片化，专业化程度低，难以形成统一的标准和规范，也不利于学生事务管理的资源整合和优化。

（三）内外事务综合型模式

可以将上述两种类型的组织模式理解成两个极端，一个是极力推崇内部型的，另一个是极力推崇外部型的，两者各有各的优势，但是从某种程度上来说也有其限制发展的一面。因此，另一种较为中和的组织模式即内外事务综合型模式应运而生。这种类型的模式既综合了第一种类型的优点，又吸取了第二种模式的长处，可以说是一种更为合理的组织模式。

第二节 高校学生事务管理的优化路径

一、全面质量管理视角下高校学生事务管理模式的构建

（一）将全面质量管理引入高校学生事务管理的必要性

全面质量管理（Total Quality Management，TQM）的基本方法可以概括为“一个过程”和“四个阶段”。“一个过程”即企业管理的过程。美国的质量管理专家戴明把“管理是一个过程的理念”运用到质量管理中，总结出了“计划（Plan）—实施（Do）—检查（Cheek）—处置（Action）”的四阶段循环方式，简称PDCA循环。[①]其中“质量”的含义是多方面的，不仅包括产品服务质量，还包括工作质量，要用工作质量来保障产品服务质量。TQM是全过程的质量管理，不仅要管理生产制造过程，还要管理采购、设计、储存、销售、售后服务的全过程。

将全面质量管理引入高校学生事务管理的必要性，有以下几点。

1. 有利于落实学生为本的服务理念

全面质量管理强调以顾客为中心，满足和超越顾客的需求和期望。在高校学生事务管理中，学生是最重要的顾客，也是最终的受益者。将全面质量管理引入高校学生事务管理，可以帮助高校更加关注学生的需求和期望，更加尊重学生的主体地位，更加重视

① 孙连京．高校教学管理理论与实践［M］．南昌：江西高校出版社，2019．

学生的参与和反馈，更加注重学生的个性化和差异化的服务，从而实现以学生为本的服务理念，提高学生的满意度和忠诚度。

2. 有利于优化资源配置、降低沟通成本

全面质量管理强调以过程为重点，优化各个环节的流程和标准，消除浪费和重复，提高效率和效果。在高校学生事务管理中，存在着多个部门、多个层级、多个角色、多个程序的复杂情况，容易导致资源的分散和浪费，沟通的障碍和成本，协调的困难和延误。将全面质量管理引入高校学生事务管理，可以帮助高校建立和完善学生事务管理的组织结构、职责分工、流程规范、信息系统、评估机制等，实现资源的集中和合理配置，沟通的顺畅和高效，协调的及时和有效，从而提高学生事务管理的质量和水平。

3. 有利于提高学生事务管理的工作成效

全面质量管理强调以结果为导向，以数据为依据，以持续改进为目标，不断检查和评价工作的过程和结果，不断发现和解决问题，不断学习和创新。在高校学生事务管理中，存在着工作的复杂性和不确定性，需要不断适应和应对外部和内部的变化和挑战，需要不断提升和完善工作的质量和效果。将全面质量管理引入高校学生事务管理，可以帮助高校建立和运用科学的方法和工具，收集和分析学生事务管理的相关数据，制定和实施学生事务管理的改进计划，监督和评估学生事务管理的改进效果，从而实现学生事务管理的持续改进和创新，提高学生事务管理的工作成效。

（二）将全面质量管理引入高校学生事务管理的可行性

1. 高校学生事务管理与企业经营管理存在共性

首先，高校学生事务管理的对象是学生，而企业经营管理的对象是顾客。学生和顾客都是组织的利益相关者，都有自己的需求和期望，都对组织的服务和产品的质量有一定的标准和评价。其次，高校学生事务管理的过程是一个服务的过程，而企业经营管理的过程也是一个服务的过程。服务的过程是指组织通过人员、设施、技术、信息等资源，为顾客或学生提供有价值的活动或结果的过程。服务的过程涉及多个环节和部门，需要协调和整合，以保证服务的质量和效率。最后，高校学生事务管理的目标是提高学生的满意度和忠诚度，而企业经营管理的目标是提高顾客的满意度和忠诚度。满意度是指顾客或学生对组织的服务或产品的感受和评价，忠诚度是指顾客或学生对组织的信任和支持以及愿意继续使用或推荐组织的服务或产品的倾向。提高满意度和忠诚度有利于增强组织的竞争优势和可持续发展。

2. 全面质量管理原理具有普适性

全面质量管理的原理是指指导和支撑全面质量管理实施的基本思想和方法，包括以下八个方面。

（1）以顾客为中心。顾客是组织存在的根本原因，顾客的需求和期望是组织的工作的出发点和归宿，组织应该不断了解和满足顾客的需求和期望，创造顾客的价值，赢得顾客的信任和忠诚。

（2）以质量为核心。质量是组织的生命线，质量是组织的竞争力，质量是组织的社会责任。组织应该建立质量的标准和目标，实施质量的规划、控制、保证和改进，提高质量的水平和效益，防止质量的问题和损失。

（3）以持续改进为动力。改进是组织的动力，改进是组织的创新，改进是组织的发展。组织应该建立改进的文化和机制，鼓励和支持改进的思想和行为，采用改进的方法和工具，实施改进的项目和活动，提高改进的效果和效率。

（4）以全员参与为基础。全员参与是组织的基础，全员参与是组织的力量，全员参与是组织的保障。组织应该建立全员参与的环境和条件，培养和激发全员参与的意识和能力，提供和保障全员参与的机会和权利，表彰和奖励全员参与的贡献和成果。

（5）以过程控制为手段。过程控制是组织的手段，过程控制是组织的方法，过程控制是组织的保证。组织应该建立过程控制的体系和流程，明确和分析过程控制的输入和输出，确定和监测过程控制的指标和参数，评价和优化过程控制的性能和效果。

（6）以数据分析为工具。数据分析是组织的工具，数据分析是组织的依据，数据分析是组织的支持。组织应该建立数据分析的平台和渠道，收集和整理数据分析的信息和资料，运用和掌握数据分析的技术和方法，得出和应用数据分析的结论和建议。

（7）以满足和超越顾客需求为目标。满足和超越顾客需求是组织的目标，满足和超越顾客需求是组织的追求，满足和超越顾客需求是组织的成就。组织应该建立满足和超越顾客需求的策略和计划，实施和检验满足和超越顾客需求的措施和方法，评估和提升满足和超越顾客需求的水平和程度。

（8）以领导者为榜样。领导者是组织的榜样，领导者是组织的引领，领导者是组织的核心。领导者应该建立和传播全面质量管理的愿景和使命，制定和推动全面质量管理的方针和目标，组织和协调全面质量管理的资源和活动，监督和评价全面质量管理的实施和效果。

将全面质量管理引入高校学生事务管理，需要遵循以下具体步骤。

第一步：确立全面质量管理的目标和策略。高校学生事务管理的目标是提高学生的满意度和忠诚度，为学生的全面发展和成长提供优质的服务和支持。高校学生事务管理的策略是以学生为中心，以质量为核心，以持续改进为动力，以全员参与为基础，以过程控制为手段，以数据分析为工具，以满足和超越学生需求为目标，实施全面质量管理的理念和方法。

第二步：建立全面质量管理的组织和机制。高校学生事务管理的组织是指负责学生事务管理的部门和人员，包括学生工作部、学生处、学生会、辅导员、班主任、社团指导教师等。高校学生事务管理的机制是指保障学生事务管理顺利进行的规章制度、流程程序、沟通协作、考核评价、奖惩激励等。高校应该根据全面质量管理的原则，优化学生事务管理的组织结构和职责分工，完善学生事务管理的机制制度和运行方式，形成一个高效、协调、灵活、创新的学生事务管理体系。

第三步：实施全面质量管理的项目和活动。高校学生事务管理的项目和活动是指为学生提供的各种服务和支持，包括学习、生活、就业、心理、社团、活动等方面。高校应该根据全面质量管理的方法，规划、执行、检查、改进学生事务管理的项目和活动，确保每一个项目和活动都能达到预期的质量和效果，满足和超越学生的需求和期望。

第四步：监测和评价全面质量管理的效果和效益。高校学生事务管理的效果和效益是指全面质量管理对学生事务管理的质量和水平、学生的满意度和忠诚度、高校的声誉和竞争力、社会的认可和支持等方面的影响和贡献。高校应该根据全面质量管理的工具，收集和分析学生事务管理的相关数据和信息，运用和掌握数据分析的技术和方法，得出和应用数据分析的结论和建议，评价和提升全面质量管理的效果和效益。

（三）将全面质量管理引入高校学生事务管理模式的策略

1. 树立“以学生为中心”的教育服务理念

高校学生事务管理的核心是学生，学生是高校教育的主体和客户，高校学生事务管理的目标是为学生提供优质的教育服务，满足学生的个性化、差异化、多样化的需求，促进学生的全面发展。因此，高校学生事务管理应该树立“以学生为中心”的教育服务理念，把学生的利益和需求放在首位，尊重学生的主体地位和选择权，关注学生的感受和反馈，保障学生的权益和福利，激发学生的主动性和创造性，培养学生的责任感和合作精神，提升学生的满意度和忠诚度。

2. 构建“全员参与”的服务育人过程

高校学生事务管理是一个涉及多方面、多层次、多环节的复杂过程，需要高校各部门、各岗位、各人员的协同配合和共同努力，形成一个高效的服务育人团队。因此，高校学生事务管理应该构建“全员参与”的服务育人过程，实现高校领导、教师、职工、学生、家长、社会等各方的广泛参与和有效沟通，建立一种平等、开放、互信、互助的合作关系，形成一种共识、共建、共享、共赢的服务育人文化，提高高校学生事务管理的协调性和一致性。

3. 推行“全过程参与”的学生事务运行、考核政策

高校学生事务管理是一个动态的、循环的、持续的过程，需要根据学生的变化、环境的变化、目标的变化，不断地调整、改进、创新，以达到最佳的效果。因此，高校学生事务管理应该推行“全过程参与”的学生事务运行、考核政策，实现学生事务的规划、实施、监控、评估、改进等各个环节的全面覆盖和有效衔接，充分发挥学生的主体作用和参与意识，充分利用学生的智慧和资源，充分考虑学生的需求和反馈，充分尊重学生的意见和建议，充分体现学生的价值和贡献，提高高校学生事务管理的灵活性和适应性。

4. 引入 PDCA 循环，优化创新事务管理模式

高校学生事务管理是一个不断追求卓越的过程，需要借鉴国内外的先进理念和成功经验，结合自身的实际情况和特点，不断地优化、创新、突破，以提升高校学生事务管理的水平和质量。因此，高校学生事务管理应该引入 PDCA 循环，即计划（Plan）、执行（Do）、检查（Check）、改进（Action）的循环，建立一种科学的、系统的、规范的、持续的事务管理模式，实现高校学生事务管理的目标的明确、过程的控制、结果的评价、问题的解决、改进的实施，提高高校学生事务管理的效果和效率。

5. 采用“持续改进质量”的质量管理观

高校学生事务管理的最终目的是提高高校学生事务管理的质量，满足或超越学生的期望，实现学生的满意和快乐，促进学生的成长和成功。因此，高校学生事务管理应该采用“持续改进质量”的质量管理观，建立一套完善的、有效的、可靠的、可持续的质量管理体系，包括质量管理的组织、质量管理的标准、质量管理的方法、质量管理的工具、质量管理的指标、质量管理的激励等，实现高校学生事务管理的质量的定义、质量的测量、质量的分析、质量的改进、质量的保证、质量的提升，提高高校学生事务管理的竞争力和影响力。

二、协同治理视角下高校学生事务管理模式的构建

（一）以协同治理理论为指导，更新管理理念

以协同治理理论为指导，更新管理理念，是高校学生事务管理模式构建的重要前提和基础。只有在这样的理念指导下，高校学生事务管理才能适应社会变革和教育创新的要求，更好地服务于学生的全面发展，更好地促进高校的教育质量和社会效益。

1. 由管理到治理的理念

传统的高校学生事务管理模式往往以行政管理为主，强调政府或高校的主导作用，

采用自上而下的指令、规范、监督等手段，对学生进行单向的管理和控制。这种模式虽然有利于维护高校的秩序和效率，但也容易忽视学生的主体性、多样性和创造性，导致学生的参与度、满意度和归属感降低，甚至引发学生的反抗和抵触。因此，高校学生事务管理需要从管理向治理转变，即从单一的行政管理向多元的协同治理转变，从强调权威和规范向强调合作和协商转变，从以高校为中心向以学生为中心转变，从对学生的控制和约束向对学生的激励和引导转变，从对学生的简单服务向对学生的全面发展转变。

2. 以学生为本的理念

高校学生事务管理的根本目的是促进学生的全面发展，提高学生的综合素质，培养学生的社会责任感和创新能力。因此，高校学生事务管理需要以学生为本，即以学生的需求、利益、意愿和价值为出发点和归宿，尊重学生的主体地位，关注学生的个性差异，满足学生的多元需求，保障学生的合法权益，激发学生的主动性和创造性，促进学生的自我实现。以学生为本的理念要求高校学生事务管理不仅要为学生提供优质的服务和资源，还要为学生提供广阔的平台和空间，让学生参与到学生事务的决策、实施、评估和改进中，让学生成为学生事务的主导者、参与者和受益者。

3. 多中心协同的理念

高校学生事务管理是一个复杂的系统工程，它涉及高校内部的各个部门和层级，以及高校外部的社会组织、企业机构、政府部门等多方利益相关者。在这样一个复杂的环境中，高校学生事务管理需要多中心协同的理念，即认识到高校学生事务管理的多元主体、多元目标、多元路径和多元结果，建立高校学生事务管理的多元治理结构，形成高校学生事务管理的多元治理机制，实现高校学生事务管理的多元治理效果。多中心协同的理念要求高校学生事务管理要打破部门壁垒，搭建沟通桥梁，建立合作伙伴关系，形成共识和共赢，实现资源共享和优势互补，提高协调和整合能力，增强协同和创新效能。

（二）以专业规范为基础，健全保障制度

凡事预则立，高等学校学生事务管理模式也需要有权威的制度保障，这就要求健全当前高校学生管理制度，并且配备完善的制度监督和评估机制，保证规章制度的贯彻落实。

1. 管理组织制度保障

管理组织制度是高校学生事务管理的基础和核心，它决定了管理的主体、职能、流程和机制。高校应该根据学生事务管理的特点和需求，建立一支专业化、职业化、团队化的管理队伍，明确各级各部门的职责和权限，建立有效的沟通和协作机制，形成统一的管理理念和标准，提高管理的专业性和规范性。同时，高校应该加强对学生事务管理

的监督和评估，建立完善的考核和激励机制，促进管理的持续改进和创新。

2. 学生参与制度保障

学生参与制度是高校学生事务管理的重要内容和手段，它体现了学生的主体地位和权利，也是提高管理效果和满意度的关键。高校应该充分尊重和保障学生的知情权、参与权、表达权和监督权，建立多层次、多形式的学生参与机制，如学生代表大会、学生会、学生社团、学生咨询委员会等，让学生参与到学生事务管理的各个环节和层面，如规划、决策、执行、评估等，增强学生的归属感和责任感，促进学生的自我管理和发展。

（三）以协调高效为中心，优化模式构建原则

1. 专业化原则

高校学生事务管理涉及多个领域和层面，需要有专业的知识、技能和经验，以提供高质量的服务和指导。因此，高校学生事务管理模式应该注重培养和引进专业的人才，建立和完善专业的标准和规范，提高管理的效率和水平。同时，高校学生事务管理也应该借鉴和参考国内外的先进理念和经验，不断地更新和创新，以适应变化的环境和需求。

2. 学生主体原则

高校学生事务管理的核心是学生，学生是管理的对象，也是管理的主体。因此，高校学生事务管理模式应该充分尊重和保障学生的权利和利益，激发和培养学生的主动性和责任感，鼓励和支持学生参与和决策，反馈和评价。同时，高校学生事务管理也应该关注和关心学生的个性和差异，尊重和满足学生的多样化需求和期待，提供和推广学生的多元化选择和机会。

3. 个性化原则

高校学生事务管理的目的是促进学生的全面发展和素质提升，而每个学生都有自己的特点和优势，也有自己的需求和困难。因此，高校学生事务管理模式应该注重个性化的服务和指导，根据学生的不同特征和阶段，提供不同的内容和形式，以适应学生的不同程度和速度。同时，高校学生事务管理也应该注重个性化的评价和激励，根据学生的不同表现和成果，给予不同的反馈和奖励，以激发学生的不同潜能和动力。

4. 协同性原则

高校学生事务管理的范围是广泛的，涉及多个部门和单位，也需要多方的支持和配合。因此，高校学生事务管理模式应该注重协同性的协作和沟通，建立和完善协同治理的机制和平台，实现管理的协调和一致。同时，高校学生事务管理也应该注重协同性的共享和创新，充分利用和整合各方的资源和优势，实现管理的优化和提升。

第三节 新媒体在高校学生事务管理中的运用策略

一、应用新媒体开展学生事务管理的必要性

（一）学生事务管理对象的要求

学生事务管理的对象是学生，而学生是新媒体的主要使用者和参与者。《2023年中国大学生新媒体使用状况调查报告》显示，大学生每天使用新媒体的时间平均为4.5小时，其中微信、微博、抖音、快手等社交媒体和短视频平台是最受欢迎的应用。大学生通过新媒体获取学习、生活、娱乐等方面的信息，也通过新媒体表达自己的想法、情感、价值观，与他人进行互动和交流。因此，学生事务管理要适应学生的需求和习惯，利用新媒体的优势，建立与学生的有效沟通和联系，提高学生事务管理的针对性和有效性。

（二）学生事务管理发展的需要

学生事务管理是高校教育的重要组成部分，涉及学生的思想教育、学习指导、心理健康、就业服务、社团活动、安全保障等多个方面。随着社会的变化和学生的多样化，学生事务管理面临着更多的挑战和困难，如学生思想观念的多元化、学生心理问题的增多、学生就业压力的加大、学生安全风险的提高等。为了应对这些问题，学生事务管理需要不断创新和完善，利用新媒体的特点，拓展学生事务管理的内容和形式，提高学生事务管理的水平和质量。例如，通过新媒体发布学生事务管理的政策和规定，提高学生的知晓度和参与度；通过新媒体开展学生思想教育和心理辅导，增强学生的自我认知和自我调节能力；通过新媒体提供学生就业信息和服务，增强学生的就业竞争力和适应力；通过新媒体监测和预警学生安全风险，增强学生的安全意识和防范能力等。

二、应用新媒体开展学生事务管理存在的问题及其原因

目前，高校学生事务管理中应用新媒体已较为普遍，新媒体形式较多，主要涵盖博客、网站、微博、微信、QQ；涉及的内容也越来越广泛，目前，已经覆盖了大部分学生事务管理的内容。在取得丰硕成果的同时，也存在一些问题。

（一）应用新媒体开展学生事务管理存在的问题

应用新媒体开展学生事务管理，可以提高学生的参与度和满意度，增强学生的归属感和认同感，促进学生的个性化和多元化发展，提升学生事务管理的效率和质量。然而，目前，应用新媒体开展学生事务管理还存在一些问题，主要有以下两个方面。

1. 利用率不高

利用率不高是指新媒体在学生事务管理中的应用程度和覆盖面不够深入和广泛，没有充分发挥新媒体的优势和潜力。一方面，一些高校对新媒体的重视程度不够，没有制订相应的策略和规划，没有投入足够的资源和人力，没有建立完善的机制和制度，导致新媒体在学生事务管理中的应用缺乏统一的指导和协调，存在一定的盲目性和随意性；另一方面，一些学生对新媒体的认识和使用还不够成熟和理性，没有形成良好的新媒体素养和习惯，没有养成主动和积极的参与和反馈的意识和行为，导致新媒体在学生事务管理中的应用缺乏有效的需求和支持，存在一定的浪费和滥用。

2. 实效性不足

实效性不足是指新媒体在学生事务管理中的应用效果和价值不够显著和明确，没有达到预期的目标和要求，没有满足学生的期待和需求。一方面，一些高校对新媒体的运用和管理还不够科学和规范，没有建立健全的监测和评估体系，没有及时收集和分析新媒体的数据和反馈，没有及时调整和改进新媒体的内容和形式，导致新媒体在学生事务管理中的应用缺乏有效的跟踪和优化，存在一定的滞后和失效；另一方面，一些学生对新媒体的接受和利用还不够全面和深入，没有充分利用新媒体的资源和功能，没有有效地与新媒体的信息和服务进行互动和沟通，没有有效地将新媒体的学习和生活进行融合和转化，导致新媒体在学生事务管理中的应用缺乏有效的吸收和应用，存在一定的浮于表面和走过场。

（二）原因分析

1. 对新媒体地位的重视不足

新媒体是当代学生的主要信息来源和交流方式，它已经成为影响学生思想、行为和价值观的重要因素。然而，一些高校的学生事务管理者对新媒体的地位和作用认识不足，还沿用传统的管理模式和方法，忽视了新媒体的优势和特点，没有充分利用新媒体的资源和渠道，导致学生事务管理的效果不佳，甚至引发一些负面的影响和后果。例如，一些高校的学生事务管理者没有及时更新和完善自己的新媒体账号和内容，没有积极回应和处理学生的反馈和诉求，没有有效地传播和宣传学校的政策和活动，没有主动地引导和教育学生的网络素养和公民意识，使得学生对学校的信任和认同度降低，对学生事务管理的参与和支持度减少，甚至出现一些网络舆情和危机。

2. 对新媒体应用的投入不足

新媒体的应用需要一定的人力、物力和财力的支持，如专业的技术人员、设备和平台、经费和培训等。然而，一些高校的学生事务管理者对新媒体应用的投入不足，没有制定合理的预算和计划，没有配备足够的人员和设施，没有提供充分的培训和指导，导致新媒体应用的质量和效率不高，不能满足学生的需求和期待。例如，一些高校的学生事务管理者没有建立和完善自己的新媒体团队和机制，没有明确和分配好各个新媒体平台的职责和任务，没有定期和系统地对新媒体的运营和维护进行监督和评估，没有及时和有效地对新媒体的数据和反馈进行分析和改进，使得新媒体的内容和服务缺乏专业性和针对性，不能适应学生的多元化和个性化的需求。

3. 对新媒体平台的建设不足

新媒体平台是新媒体应用的载体和基础，如官方网站、微信公众号、微博账号、抖音号等，它们决定了新媒体的覆盖面和影响力，也反映了新媒体的形象和水平。然而，一些高校的学生事务管理者对新媒体平台的建设不足，没有根据学生的特点和喜好，选择和开发适合的新媒体平台，没有根据新媒体的特性和规律，设计和优化合理的新媒体平台，没有根据新媒体的变化和发展，更新和升级及时的新媒体平台，导致新媒体平台的数量和质量不够，不能吸引和留住学生的关注和参与。例如，一些高校的学生事务管理者没有充分调查和了解学生的新媒体使用习惯和偏好，没有根据学生的年龄和兴趣，选择和开发适合的新媒体平台，如视频、音频、直播、社交等，没有根据新媒体的互动性和创新性，设计和优化合理的新媒体平台，如界面、功能、内容、风格等，没有根据新媒体的快速性和多变性，更新和升级及时的新媒体平台，如版本、模式、话题、活动等，使得新媒体平台的形式和内容单一和落后，不能满足学生的新鲜感和好奇心。

4. 对新媒体实践的研究不足

新媒体实践是新媒体应用的过程和结果，如新媒体的策划、制作、发布、推广、评估等，它们体现了新媒体的效果和价值，也促进了新媒体的改进和创新。然而，一些高校的学生事务管理者对新媒体实践的研究不足，没有建立和完善新媒体实践的理论和方法，没有开展和参与新媒体实践的案例和经验，没有总结和分享新媒体实践的成果和启示，导致新媒体实践的水平和质量不高，不能有效地解决学生事务管理的问题和挑战。例如，一些高校的学生事务管理者没有结合学生事务管理的目标和任务，建立和完善新媒体实践的理论和方法，没有结合新媒体的发展和趋势，开展和参与新媒体实践的案例和经验，没有结合新媒体的反馈和效果，总结和分享新媒体实践的成果和启示，使得新媒体实践的策略和技巧缺乏科学性和实效性，不能适应学生事务管理的复杂性和多样性。

5. 对新媒体环境的营造不足

新媒体环境是新媒体应用的背景和条件，如新媒体的文化、氛围、规范、价值等，它们影响了新媒体的认同和信任，也保障了新媒体的安全和健康。然而，一些高校的学生事务管理者对新媒体环境的营造不足，没有建立和弘扬新媒体的文化和氛围，没有制定和执行新媒体的规范和制度，没有培养和强化新媒体的价值和理念，导致新媒体环境的混乱和失序，不能有效地保护和服务学生的利益和权益。例如，一些高校的学生事务管理者没有建立和弘扬新媒体的文化和氛围，没有树立和传播新媒体的正面和积极的形象和信息，没有鼓励和支持新媒体的创新和优秀的作品和人才，没有营造和维护新媒体的和谐和友好的关系和氛围，使得新媒体的文化和氛围缺乏活力和吸引力，不能激发和满足学生的自豪感和归属感。一些高校的学生事务管理者没有制定和执行新媒体的规范和制度，没有明确和规范新媒体的使用和管理的原则和要求，没有监督和约束新媒体的内容和行为的合法性和合理性，没有处理和解决新媒体的纠纷和问题的途径和机制，使得新媒体的规范和制度缺乏权威和效力，不能保障和维护学生的安全和秩序。一些高校的学生事务管理者没有培养和强化新媒体的价值和理念，没有教育和引导学生树立和遵守新媒体的道德和责任，没有培养和提升学生的新媒体的素养和能力，没有倡导和实践新媒体的公益和贡献，使得新媒体的价值和理念缺乏共识和认同，不能促进和提高学生的品德和素质。

三、应用新媒体开展学生事务管理的优化策略

（一）创造良好的应用环境

要想有效地应用新媒体开展学生事务管理，要创造一个良好的应用环境，包括硬件设施、软件平台和人员培训等方面。硬件设施方面，要保证学校和学生都有足够的网络接入和终端设备，提高网络的速度和稳定性，避免出现断网或卡顿的情况，影响信息的传递和交流。软件平台方面，要选择适合学生事务管理的新媒体工具，如微信、微博、QQ、钉钉等，根据不同的管理目的和对象，建立相应的公众号、群组、小程序等，提供便捷的功能和服务，如通知、咨询、报名、投票、反馈等。人员培训方面，要加强学生事务管理人员和学生的新媒体素养和能力的培养，教授他们如何正确、合理、高效地使用新媒体，如何遵守网络礼仪和法律法规，如何防范网络风险和危害，如何处理网络纠纷和危机等。

（二）构建科学合理的平台

在创造了良好的应用环境后，要进一步构建一个科学合理的平台，实现学生事务管理的信息化、智能化和人性化。信息化方面，要充分利用新媒体的广泛覆盖和快速传播的特点，及时发布和更新学生事务管理的相关信息，如政策、规定、活动、通知等，提高信息的透明度和可信度，增强学生的知情权和参与感。智能化方面，要充分利用新媒体的数据分析和人工智能的功能，收集和处理学生事务管理的相关数据，如学生的基本信息、需求、意见、满意度等，分析和评估学生事务管理的现状和效果，提出改进和优化的建议和措施，提高管理的精准度和有效性。人性化方面，要充分利用新媒体的互动和沟通的优势，建立和维护学生事务管理的良好关系，如尊重、信任、理解、支持等，关注和关心学生的思想、情感、成长、发展等，倾听和回应学生的诉求和期待，提高管理的温度和质量。

（三）充分发挥载体功能

在构建了科学合理的平台后，要进一步充分发挥新媒体的载体功能，实现学生事务管理的多元化、创新化和协同化。多元化方面，要充分利用新媒体的多样性和灵活性特点，根据不同的管理内容和形式，选择合适的新媒体工具和方式，如文字、图片、音频、视频、直播、短视频、动态、表情等，丰富和优化学生事务管理的表达和呈现，提高学生的兴趣和参与度。创新化方面，要充分利用新媒体的开放性和创造性，根据学生的特点和需求，设计和开发新的新媒体产品和服务，如游戏、竞赛、问卷、调查、测试、评价等，探索和实践新的学生事务管理的理念和方法，提高管理的新颖度和吸引力。协同化方面，要充分利用新媒体的网络性和协作性，建立和发展新的新媒体合作伙伴和团队，如学校、学院、社团、专家、媒体等，共享和交流学生事务管理的资源和经验，协调和整合学生事务管理的力量和效能，提高管理的广度和深度。

综上所述，应用新媒体开展学生事务管理既是学生事务管理对象的要求，也是学生事务管理发展的需要。要创造良好的应用环境、构建科学合理的平台、充分发挥载体功能，推进高校学生事务管理的创新发展。

第四节 新媒体时代高校学生事务管理机制构建路径

一、明确新媒体时代背景下高校学生事务管理创新的目标和任务

在新媒体时代，高校学生事务管理创新的目标和任务，主要有以下几点。

1. 适应新媒体时代的信息传播特征，利用新媒体的优势，提高高校学生事务管理的效率和效果

例如，利用新媒体的多元化特征，拓展高校学生事务管理的信息来源和发布渠道，增加信息的丰富性和多样性；利用新媒体的互动性特征，加强高校学生事务管理的信息反馈和沟通机制，增强信息的及时性和有效性；利用新媒体的个性化特征，优化高校学生事务管理的信息内容和形式，增加信息的针对性和吸引力。

2. 适应新媒体时代的学生特点和需求，利用新媒体的功能，提高高校学生事务管理的服务水平和质量

例如，利用新媒体的数据分析功能，深入了解学生的特点和需求，制定更加科学和合理的学生事务管理政策和措施；利用新媒体的资源整合功能，充分利用社会资源，建立更加广泛和有效的学生事务管理合作网络；利用新媒体的创新平台功能，鼓励和支持学生的创新实践，培养学生的创新能力和创新精神。

3. 适应新媒体时代的社会变化和影响，利用新媒体的影响力，提高高校学生事务管理的社会责任和影响力

例如，利用新媒体的舆论引导功能，加强高校学生事务管理的宣传和教育，树立高校学生事务管理的良好形象和声誉；利用新媒体的社会监督功能，加强高校学生事务管理的自律和规范，提高高校学生事务管理的透明度和公信力；利用新媒体的社会服务功能，加强高校学生事务管理的社会参与和贡献，提高高校学生事务管理的社会价值和意义。

二、培育适应信息化的高校学生事务管理新理念

高校学生事务管理创新的前提是理念创新，但是，管理理念的创新不仅要有形式创新，也应有内容创新。所谓理念创新，是一种高度凝缩的集体智慧，它以提高自主创新

能力为核心，不仅注重人们外在的显性理念，更注重潜移默化的隐性理念。管理理念创新的目标就是要使学生事务管理者能够在信息化的大潮中及时更新个人观念，融合集体的智慧，创造出优化学生事务管理、提高事务管理效率的新观念。

（一）重视教育培训，学习事务管理新理念

高校应该定期组织学生事务管理人员参加相关的培训课程和研讨会，学习和交流国内外的先进理念和经验，借鉴和创新适合本校的管理模式和实践。同时，高校应该鼓励和支持学生事务管理人员自主学习和探索，利用网络资源和社交媒体，拓宽知识视野和信息渠道，提升自身的创新能力和应变能力。此外，高校应该建立和完善学生事务管理人员的考核和激励机制，评价和奖励他们在新媒体环境下的管理业绩和贡献，促进他们的成长和发展。

（二）通过校园文化，加大对管理新理念的宣传力度

高校应该利用校园媒体，如校报、校网、校微信、校微博等，定期发布和推送学生事务管理的新理念、新政策、新举措、新成果等，展示和弘扬学生事务管理的新风貌和新气象，引导和激励学生积极参与和配合学生事务管理的工作。同时，高校应该利用校园活动，如主题讲座、座谈会、论坛、展览等，邀请和聘请学生事务管理的专家和领导以及优秀的管理人员和学生代表，分享和交流学生事务管理的新理念和新经验，增进和深化学生事务管理的理解和认同。此外，高校应该利用校园环境，如校园标语、校园海报、校园雕塑等，创造和营造学生事务管理的新氛围和新文化，传递和强化学生事务管理的新价值和新理念。

三、建立和完善新媒体技术发展要求的高校学生事务管理新机制

“高校学生事务管理体制包括高校学生工作管理行政体制和高校内部学生工作管理体制。其中，高校学生工作管理行政体制是指高校组织领导高校学生工作的机构设置和权限划分。高校内部学生工作管理体制是指国家组织、领导学生工作管理的机构设置和权限划分。”[①] 目前，高校组织机构庞大、重叠，信息不灵通、管理回路不封闭，在信息化浪潮的冲击下，现行的学生事务管理体制已经不能够满足事务管理的要求，在新媒体时代背景下迫切需要创新。

（一）建立高校学生事务管理新机制

高校学生事务管理新机制，是指在新媒体技术的支撑和引导下，高校学生事务管理工作的目标、内容、方式、方法、评价等方面发生的变化和创新，以适应新媒体技术的发

① 蔡国春．中美两国高校学生事务管理体制和机制之比较［J］．比较教育研究，2001(7)：37-40.

展和高校学生的需求。建立高校学生事务管理新机制，有利于实现以下目的。

1. 提升高校学生事务管理的服务水平和满意度

新媒体技术可以提供多样化、个性化、互动化、实时化的服务方式，满足高校学生的不同需求和偏好，增强高校学生的参与感和获得感，提高高校学生事务管理的服务水平和满意度。

2. 优化高校学生事务管理的工作流程和效率

新媒体技术可以实现高校学生事务管理的信息化、智能化、网络化、平台化，简化和优化高校学生事务管理的工作流程，提高高校学生事务管理的工作效率和质量，节约高校学生事务管理的人力和物力。

3. 促进高校学生事务管理的创新和发展

新媒体技术可以为高校学生事务管理提供丰富的数据和分析，支持高校学生事务管理的决策和评估，激发高校学生事务管理的创新思维和创新能力，推动高校学生事务管理的改革和发展。

（二）建立高校学生事务管理新机制的途径

1. 加强新媒体技术的引入和应用

高校学生事务管理工作者应该积极关注和掌握新媒体技术的发展动态和趋势，选择和使用适合高校学生事务管理的新媒体技术，如微信、微博、抖音、直播、VR、AR、AI 等，将新媒体技术融入高校学生事务管理的各个环节，如宣传、咨询、服务、教育、管理、监督等，提高新媒体技术的覆盖率和利用率。

2. 建设新媒体技术的支撑平台和系统

高校学生事务管理工作者应该加强新媒体技术的基础建设和维护，构建和完善高校学生事务管理的新媒体技术支撑平台和系统，如高校学生事务管理网站、App、微信公众号、微信小程序、智能客服、智能分析等，提高新媒体技术的稳定性和安全性。

3. 培养新媒体技术的人才和团队

高校学生事务管理工作者应该加强新媒体技术的培训和学习，提高自身的新媒体技术的知识和技能，如新媒体技术的操作、设计、开发、运营、维护等，形成高校学生事务管理的新媒体技术的人才和团队，提高新媒体技术的专业性和创造性。

4. 规范新媒体技术的使用和管理

高校学生事务管理工作者应该加强新媒体技术的规范和监督，制定和执行高校学生事务管理的新媒体技术的使用和管理的规则和制度，如新媒体技术的内容审核、版权保护、隐私保护、数据安全、责任追究等，提高新媒体技术的合法性和合理性。

5. 建立和完善新媒体技术发展要求的高校学生事务管理新机制，是高校学生事务管理工作的必然选择和必要条件

高校学生事务管理工作者应该抓住新媒体技术的机遇，应对新媒体技术的挑战，积极探索和实践高校学生事务管理新机制，为高校学生事务管理工作的创新和发展做出贡献。

四、丰富高校学生事务管理的内容、方式和手段

（一）增加高校学生事务信息化管理的内容

1. 学生权益信息

通过新媒体平台，及时发布和更新学生的各项权益政策和规定，如学费、奖学金、助学金、贷款、补助、保险、住宿、餐饮、医疗、安全、就业、创业等，让学生了解自己的权利和义务，保障学生的合法权益，维护学生的正当利益。

2. 学生活动信息

通过新媒体平台，广泛宣传和推介学生的各类活动，如学术、文化、体育、艺术、志愿、社团、实践、交流等，让学生了解自己的学习和生活的多样化和丰富化，激发学生的兴趣和热情，培养学生的综合素质和创新能力。

3. 学生服务信息

通过新媒体平台，提供和完善学生的各项服务，如咨询、辅导、培训、指导、支持、协助、调解、纠纷处理等，让学生了解自己的学习和生活的便利化和人性化，满足学生的不同需求和期望，帮助学生解决各种困难和问题。

4. 学生评价信息

通过新媒体平台，开展和改进学生的各项评价，如考试、成绩、评优、评奖、评级、评估、认证等，让学生了解自己的学习和生活的规范化和公正化，反映学生的真实水平和表现，激励学生的进步和提高。

5. 学生反馈信息

通过新媒体平台，收集和处理学生的各种反馈，如意见、建议、投诉、举报、评价、满意度等，让学生了解自己的学习和生活的参与化和民主化，尊重学生的声音和选择，改进学生事务管理的工作和效果。

（二）丰富高校学生事务管理信息化方式和手段

1. 网络平台

利用网络平台，建立和完善高校学生事务管理的信息化系统，如网站、微信、微博、

QQ、App 等，提供和整合高校学生事务管理的各项信息和服务，实现高校学生事务管理的信息化集成和一体化。

2. 多媒体技术

利用多媒体技术，丰富和优化高校学生事务管理的信息化表达，如图文、音频、视频、动画、直播、VR 等，提高高校学生事务管理的信息化质量和效果，实现高校学生事务管理的信息化、多样化和个性化。

3. 数据分析

利用数据分析，支持和改进高校学生事务管理的信息化决策，如数据采集、数据处理、数据挖掘、数据可视化、数据智能等，提升高校学生事务管理的信息化水平和能力，实现高校学生事务管理的信息化、科学化和智能化。

4. 互动交流

利用互动交流，增加和加强高校学生事务管理的信息化沟通，如问答、评论、点赞、分享、投票、调查、论坛、社区等，提高高校学生事务管理的信息化参与度和满意度，实现高校学生事务管理的信息化、互动化和民主化。

第四章　新媒体时代高校学生制度管理及创新

第一节　高校学生管理的社区化管理

一、高校学生社区的内涵及社区化管理产生的背景

（一）高校学生社区的概念

高校学生社区是指高校中由学生自发组织或参与的，以共同的兴趣、爱好、目标、价值观等为纽带，以交流、互助、合作、创新等为活动方式，以提升个人和集体的能力、素质、情感等为目的的社会群体。高校学生社区可以是学生社团、学生组织、学生项目团队、学生兴趣小组、学生志愿者团体等各种形式，它们具有一定的规模、结构、文化、氛围等特征，构成了高校学生的重要的社会生活空间。

（二）高校学生社区的内涵

1. 高校学生社区是学生的自我实现的平台

高校学生社区为学生提供了展示自我、发挥才能、实现梦想的机会和条件，使学生能够根据自己的兴趣和特长，选择和参与适合自己的社区活动，从而实现自我价值的提升和认同。

2. 高校学生社区是学生的互动交流的场所

高校学生社区为学生提供了与同龄人、师长、社会等各方面的沟通和交流的渠道和平台，使学生能够在社区中分享自己的经验、感受、观点、想法等，也能够倾听和了解他

人的想法和需求，从而增进相互的理解和信任，建立良好的人际关系。

3. 高校学生社区是学生的学习成长的空间

高校学生社区为学生提供了与课堂教学相辅相成的学习资源和方式，使学生能够在社区中获取和掌握更多的知识、技能、方法等，也能够在社区中遇到和解决各种问题与挑战，从而提高自己的学习能力和创新能力，促进自己的全面发展。

4. 高校学生社区是学生的社会责任的体现

高校学生社区为学生提供了参与社会公益和服务的途径和平台，使学生能够在社区中关注和关心社会的现状和问题，也能够在社区中发挥自己的作用和影响，为社会的进步和发展做出自己的贡献，从而培养自己的社会责任感和公民意识。

（三）高校学生社区化管理产生的背景

1. 中国高等教育现代化和国际化发展趋势需要一种符合高校学生教育管理的新模式

为了克服高校持续扩招带来的后勤设施不足，中国高校借助国外发达国家高校后勤社会化的管理体制，或引进社会资金，或集资联建，或贷款与集资相结合，大力兴建学生公寓，并推行了后勤社会化管理，较稳定快速地解决了学生的住宿餐饮娱乐等一系列学习、生活、文化活动设施存在的经费短缺的问题。但后勤社会化却带来了高校管理的“二元化”问题，即对学生的学习实行的是与西方高校不同的传统教学行政管理，面对大学生的生活却推行了类似西方大学的社会化管理，在教学计划行政管理与社会化管理事实上存在着“两个体系”。高校学生工作面临的挑战是：怎样将“行政管理”与“社会化管理”两个体系合二为一，从而达到对学生人格的教育的统一。在这种新情况下，高校实行社区化管理势在必行。

2. 中国高等教育改革和发展不断深化需要改革传统管理模式

面对高等教育的改革和发展的现实情况，尤其是高校学分制改革的逐步深化，传统的班级概念趋于淡化，以班级作为思想政治教育基本组织形式和主要工作渠道的情况正在改变，社区越来越成为大学生学习、生活的重要场所。同时，随着高校后勤服务社会化步伐加快，学生社区的环境氛围、社区的文化设施和社区管理服务的质量如何以及社区管理模式怎样，这些对传统的高校学生工作提出了新问题。因此，高校社区化管理被提上了议事日程。高校学生社区化管理是适应高等教育改革与发展的时代要求。

3. 适应学生群体特征，加强和深化高校思想政治工作，需要一种更切合实际、具有实效的教育管理新模式

高校学生思想政治工作者，必须根据变化的情况，及时调整工作思路，做出应对之策。

面对高等教育的日趋现代化和国际化，特别是教育教学改革的不断深化，高校改革向纵深发展的新形势，高校学生社区管理如何坚持社会主义办学方向，如何坚持姓“教”的宗旨不动摇，是一个值得认真研究和探索的重大实践课题。近年来，很多高校在开展党建与思想政治工作以及日常教育管理工作方面，与时俱进，不断创新，探索出了一条符合形势发展要求和高校实际的学生教育管理新路子，即高校学生社区化管理。高校学生社区化管理是加强和深化新时期高校学生思想政治工作的需要。

二、高校学生社区化管理的理性思考

（一）高校学生社区化管理面临着机遇和挑战

全面实施学生社区化管理已经迈出了我国高校学生思想政治工作中具有代表意义的一步，在国内各高校先后进行的各种形式的理论研讨和实践探索，解决了部分理论和操作问题。但是全国高校地域分布广，地域和办学特色不一，教育环境和教育条件参差不齐等因素决定了任何一种管理模式的完善都要经历一定的过程。社区化管理在实践探索过程中仍存在许多具体挑战，表现在以下几个方面。

第一，内部机构关系和运作方式尚欠科学和完善，构建并处理好教育、教学、招生就业三大平台之间的关系，需要进一步处理好教学管理与教育管理、社会化服务管理与教育教学管理之间的关系，科学分析和分配学生教育管理平台内部机构间的权重等。

第二，对实施学生社区化管理的后继问题重视程度和研究不够，前瞻性理论探索较少。例如，随着改革的进一步深化，政治、经济、社会、文化、教育等诸多方面将会出现许多新的变化，学生社区的管理如何适应这些变化？对这样的问题就缺乏研究。

第三，亟须提升学生社区的价值，即使学生社区在学校机构设置、运行体制、社会效益、育人过程中体现出更大的效度和影响力。

第四，在跨省（市）大学城和同省（市）多所大学集聚的大学城，存在着学生社区管理不统一的问题。由此可能导致一些不稳定因素从管理的薄弱环节滋生，有可能酝酿成影响全局稳定的因素。

（二）优化高校学生社区化管理的对策

高校学生社区化管理无论是作为高校适应社会发展还是内部区域管理，抑或是对学生进行方向性教育的过程之一，都有着十分重要的现实意义，应如何在现有的基础之上展开这方面的建设呢？

1. 借鉴国内外高校学生教育管理模式，不断加强实践探索和理论创新

高校学生社区化管理并不是一种完全新颖的概念，而是在借鉴国内外高校学生教育

管理的基础上，结合我国的国情和高校的特点，进行的一种创新和改革。因此，我们应该积极学习和借鉴国内外高校学生教育管理的经验和做法，如美国的住宿学院制、英国的导师制、日本的学生自治会制等，看看它们有哪些优点和不足，有哪些适用和不适用的地方，有哪些可以借鉴和改进的地方。同时，我们也应该根据我国高校学生社区化管理的实际情况，不断进行实践探索和理论创新，形成一套符合我国高校特色和学生需求的学生社区化管理模式，不断完善和发展。

2. 完善运行体系、解决机制问题是社区化管理的关键所在

高校学生社区化管理的实施，需要有一个完善的运行体系和解决机制，以保证其有效性和可持续性。运行体系主要包括以下几个方面：一是明确学生社区的组织结构和职能分工，如学生社区的领导机构、管理机构、服务机构、监督机构等以及它们之间的关系和协调方式；二是制定学生社区的规章制度和工作流程，如学生社区的章程、管理办法、服务标准、考核评价等以及它们的制定、修改、执行、监督等过程；三是建立学生社区的资源保障和激励机制，如学生社区的经费、设施、人员、培训、奖惩等以及它们的分配、使用、管理、考核等方式。解决机制主要指在学生社区化管理中可能出现的各种问题和冲突的处理方式，如学生社区内部的沟通协商、民主决策、互助协作、自我管理等以及学生社区与高校其他部门、社会组织、外部资源等的对接协调、合作共赢、互惠互利等。只有建立了一个完善的运行体系和解决机制，高校学生社区化管理才能顺利进行，才能发挥其应有的作用。

3. 教育管理结构和“管”“教”关系的调整和平衡

学生社区建设是一项系统工程，必然需要对原有学生社区管理结构进行调整，科学处理教育和管理的职责权关系。首先必须结合高校实际对原有学生工作进行结构性调整，并建立健全相应的规章制度，要从根本上解决这些问题，还需要处理好管理载体、教育平台、育人方式等全方位的问题，头绪纷繁芜杂，加之无成型的经验可借鉴，面临的问题和难度都比较大。但以结构调整作为切入点，是一个比较可行的思路。要处理好以下几个关系。

（1）各级学生社区与社区总管理委员会之间的纵向关系。

高校学生社区化管理的核心是实现学生自治，即学生在社区内拥有自我管理、自我教育、自我服务的权利和义务。为了保证学生自治的有效性和规范性，需要建立一个合理的纵向管理结构，即各级学生社区与社区总管理委员会之间的关系。具体而言，可以采取以下几个方面的措施。

①建立学生社区的代表制度，即每个学生社区选举出一定比例的代表，组成社区代

表大会，作为社区的最高权力机构，负责制定和监督社区的规章制度，审议和决定社区的重大事项，选举和监督社区的管理委员会。

②建立社区总管理委员会，即由各级学生社区的代表或管理委员会的代表组成的最高管理机构，负责协调和指导各级学生社区的工作，制定和执行社区的总体规划和发展战略，处理社区内部的重大问题和纠纷，与校方和社会沟通和协作。

③建立社区的上下级互动机制，即各级学生社区与社区总管理委员会之间要保持密切的沟通和协作，定期召开工作会议，交流工作经验和问题，共同研究和解决社区面临的困难和挑战，形成一个有序的管理网络。

（2）校学工部门、团委与学生社区总管委的关系。

高校学生社区化管理的目的是实现学生的全面发展，即学生在社区内不仅能够满足自己的生活和学习的需要，还能够培养自己的思想品德、社会责任和创新能力。为了实现这一目的，需要校学工部门、团委与学生社区总管委之间建立一个良好的“管”“教”关系，即校方要在尊重和支持学生自治的前提下，对学生社区进行必要的指导和监督，同时，学生社区要在自主和自律的基础上，积极配合和响应校方的要求和期望。具体而言，可以采取以下几个方面的措施。

①校学工部门、团委要明确自己的角色定位，即作为学生社区的指导者和服务者，而不是管理者和控制者，要尊重学生社区的自主权和自治权，不干预和干涉社区的内部事务，不削弱和破坏社区的自主性和自治性。

②校学工部门、团委要加强自己的职能建设，即作为学生社区的支持者和保障者，要为学生社区提供必要的人力、物质、财力和政策的支持和保障，为学生社区的建设和发展创造良好的条件和环境。

③校学工部门、团委要优化自己的工作方式，即作为学生社区的引导者和监督者，要通过开展各种形式的教育活动，引导学生社区树立正确的价值观和理念，培养学生社区的责任感和使命感，同时，要通过建立健全的考核评价和奖惩机制，监督学生社区的规范运行和有效管理，及时发现和纠正社区的问题和不足。

④学生社区总管委要明确自己的责任担当，即作为学生社区的代表和领导者，要积极响应和执行校方的方针政策，与校学工部门、团委保持密切的联系和沟通，及时反馈和汇报社区的情况和需求，争取和维护社区的合法权益。

（3）校学工部门与社区的关系。

高校学生社区化管理的本质是实现学生的主体性，即学生在社区内能够充分发挥自己的主观能动性，参与和影响社区的建设和发展，实现自己的个性化和多元化的成长。

为了实现这一本质，需要校学工部门与社区之间建立一个平等的互动关系，即校方要在尊重和信任学生的前提下，与学生社区进行有效的对话和协商，同时，学生社区要在尊重和理解校方的前提下，与校方进行积极的合作和创新。具体而言，可以采取以下几个方面的措施。

①校学工部门要改变自己的思维方式，即从以往的“上级”和“下属”的关系，转变为“合作伙伴”和“共同主体”的关系，从以往的“一言堂”和“命令式”的方式，转变为“民主协商”和“协作式”的方式，从以往的“一刀切”和“强制执行”的方法，转变为“因地制宜”和“灵活适应”的方法。

②校学工部门要增加自己的参与度，即不仅要在制定和实施社区相关的政策和规划时，充分听取和吸收学生社区的意见和建议，还要在社区的日常管理和活动中，积极参与和体验学生社区的生活和学习，了解和关注学生社区的实际情况和需求，增进和促进校方与社区的互信和互助。

③校学工部门要提高自己的创新能力，即要根据社会的变化和发展，不断更新和完善社区相关的理论和实践，探索和推广适合社区的管理模式和教育方法，鼓励和支持学生社区的创新和探索，为学生社区的建设和发展提供新的思路和动力。

(4)根据学生社区职能，设立相应的管理机构。

学生社区是高校学生社区化管理的基本单元，它具有一定的自我管理、自我教育、自我服务、自我监督的功能，同时也需要接受高校的指导和支持。因此，高校应根据学生社区的职能，设立相应的管理机构，如学生社区委员会、学生社区工作站、学生社区辅导员等，明确各自的职责和权限，协调好上下级、内外部的关系，形成一个有效的管理网络。

(5)制度和机构设置要同步。

高校学生社区化管理的制度和机构设置，要与高校的总体发展战略、教育理念、管理模式等保持一致，避免出现制度和机构的错位、冲突、重复等问题。高校应根据学生社区化管理的特点和需求，制定相应的规章制度，如学生社区章程、学生社区评价体系、学生社区奖惩制度等，明确学生社区的目标、原则、标准、程序、责任等，为学生社区化管理提供制度保障。同时，高校应根据制度的要求，合理配置管理机构的人力、物资、财力等资源，为学生社区化管理提供物质保障。

(6)细化管理规章，解决管理的薄弱环节。

高校学生社区化管理的规章制度，要具有可操作性、针对性、灵活性等特点，能够适应学生社区的多样性、动态性、复杂性等特征。高校应根据学生社区的实际情况，细化管理规章，解决管理的薄弱环节，如学生社区的组织建设、活动开展、资源利用、效果评估等，制定具体的操作细则、工作流程、考核指标等，提高管理的效率和效果。

三、准确把握高校学生社区化管理的发展方向

随着高校社会化改革的不断深入，高校学生社区化管理应该向哪些方面发展是目前需要讨论的重点问题。学生社区应该成为培养德、智、体、美、劳全面发展的“四有”人才及“管理育人、服务育人”的重要阵地，应该是影响大学生成长、成才的重要环境和学校精神文明建设的窗口。因此，高校学生社区化管理应该成为高校改革的重点，有些传统的管理模式已不能适应高校的发展，学生社区化管理势在必行。从高校社区化管理的发展方向看，不断完善学生社区的教育管理机制，积极探索学生社区管理的新思路、新办法，建立与传统的班级管理模式差距较大的新型大学生社区管理模式是今后发展的方向。

（一）智能化管理方向

智能化管理是指利用人工智能、物联网、大数据、云计算等技术，实现对学生社区的智能化监测、分析、评估、服务、引导等。智能化管理的优势在于可以提高管理的效率、精准度、便捷度、灵活度、人性化程度等。

具体来说，高校学生社区化管理的智能化方向可以包括以下几个方面。

1. 智能化监测

通过安装智能设备，如摄像头、传感器、门禁系统等，可以实时监测学生社区的安全、卫生、秩序、能耗等情况，及时发现和处理异常情况，保障学生社区的正常运行。

2. 智能化分析

通过收集和处理学生社区的各种数据，如学生的行为、学习、生活、心理等数据，可以利用人工智能、大数据等技术，对学生社区的特点、需求、问题、趋势等进行深入分析，为管理决策提供科学依据。

3. 智能化评估

通过建立学生社区的评估体系，如学生社区的满意度、参与度、活跃度、影响力等指标，可以利用人工智能、云计算等技术，对学生社区的各项工作进行智能化评估，及时反馈管理效果，促进管理改进。

4. 智能化服务

通过提供智能化的服务平台，如学生社区的网站、App、微信公众号等，可以实现对学生社区的信息发布、咨询回答、活动报名、资源共享、意见征集等服务，提高学生社区

的服务水平和服务质量。

5. 智能化引导

通过运用智能化的引导手段，如学生社区的智能推荐、智能匹配、智能激励、智能辅导等，可以根据学生的个性、兴趣、需求、能力等，为学生提供个性化的学习、生活、成长、发展等引导，促进学生的全面发展。

高校学生社区化管理的智能化方向是未来的发展趋势，也是高校学生社区化管理的创新之举。高校应该积极探索和实践智能化管理的方法和模式，为学生社区的建设和发展提供有力的支撑和保障。

（二）人性化管理趋势

人性化管理源自企业管理范畴，指以情服人来提高管理效率。通俗地讲，人性化管理的实质就在于充分尊重被管理者的自由和创造才能，从而使得被管理者愿意怀着满意或者是满足的心态以最佳的精神状态全身心地投入到工作中去，进而直接提高管理效率。人性化的管理是情、理、法并重的管理，而不是放任管理。这种管理精神对高校的学生社区化管理同样适用。

人性化管理的核心是以人为本，充分相信学生的自我管理能力，尊重学生的权益，鼓励学生的自主和创新，不能把学生当作没有思想甚至没有自主能力的群体。高校学生社区化管理要实现人性化，管理者首先要看到每位学生身上的闪光点和个性，以亲和的态度去了解他们，关心他们，教育他们，进而管理他们。比如，可以推进高校政工干部进入学生社区，与学生同吃、同住、同生活，社区老师经常深入寝室，了解学生的生活状况和思想动态，帮助学生解决实际困难，把解决学生的思想问题与解决实际问题密切结合起来。政工干部进社区，对转变政工干部的观念和学生的认识，加强学生与辅导员之间的沟通，拉近与学生的距离具有实效，能够真正做到使思想政治教育工作贴近学生学习、贴近学生生活、贴近学生心里，确保思想政治工作的有效开展。同时，社区管理者以身作则，也可以强化管理者的人格魅力。

人性化管理将对教育管理者提出更高的要求。要求放下管理者以上令下的特权，抛弃先入为主的视角，重新审视师生关系，科学处理制度与人的作用间的关系。人性化管理拒绝以制度和惩罚措施“吓人”，而是以管理者自身的人格魅力去教育人、去说服人，构建更深层次的管理者与被管理者间的和谐关系。具体来说，学生工作部门和具体执行者要首先严格要求自己，做到制度制定的合理性、科学性和可操作性，制度执行的一致性和公平性以及针对特定情况的灵活性；在接触到具体管理对象的时候要以人性的关怀和理解为管理动力，寻求二者间的良性互动，从而达到思想政治工作需要的效果。

（三）转变服务观念，构建服务型社区

首先，我们要树立以人为本的服务理念，关注学生的需求和期待，提供个性化和多元化的服务。我们要尊重学生的主体地位，倾听学生的声音，满足学生的合理要求，保障学生的合法权益。我们要关心学生的成长和发展，提供适时的指导和帮助，激励学生的潜能和优势，培养学生的责任和担当。

其次，我们要建立以效果为导向的服务机制，优化服务的流程和方式，提高服务的质量和效率。我们要简化服务的程序和环节，减少服务的障碍和成本，提升服务的便捷和舒适。我们要规范服务的标准和规范，强化服务的监督和评估，保证服务的公正和透明。我们要创新服务的内容和形式，丰富服务的资源和手段，增强服务的吸引力和影响。

最后，我们要营造以共享为基础的服务氛围，鼓励服务的参与和互动，增进服务的共识和共赢。我们要推动服务的民主和协商，广泛征求服务的意见和建议，充分反映服务的需求和诉求。我们要促进服务的协作和协同，形成服务的合力和协力，实现服务的优化和升级。我们要弘扬服务的文化和精神，培育服务的习惯和风尚，提升服务的价值和品质。

转变服务观念，构建服务型社区，是高校学生社区化管理的重要方向和关键环节。我们要以服务为纽带，以服务为动力，以服务为保障，推动高校学生社区化管理的深化和发展，为培养高素质的社会主义建设者和接班人提供有力的支撑和保障。

第二节 高校学生社会实践的管理创新

一、大学生社会实践的内涵

（一）大学生社会实践的含义

高等学校对人才的培养途径是多种多样的，正确引导学生参加社会实践就是其中重要的一种。在早期的大学里，人才的培养主要是通过在课堂上系统地传授理论知识来达到目的的。随着社会生产力的不断提高，对教育和人才培养也提出了新的目标，这种仅仅靠传授理论知识的方式已渐渐显得不适应。因为现代化的生产过程不仅要求所培养的人才掌握大量的理论知识，而且应该具有较强的动手能力和创造能力，具有科学的社会观和责任感，具有较高的道德素质和心理素质，这些方面仅仅靠课堂教学是难以完成的。

所以，现代工业产生后，社会实践就作为一种重要的教育方式被引进大学的教育过程，其重要作用日益引起人们尤其是教育工作者的重视。

大学生社会实践是一种以实践的方式实现高等教育目标的教育形式，是高等学校学生有目的有计划地深入现实社会，参与具体的生产劳动和社会生活，以了解社会、增长知识技能、养成正确的社会意识和人生观的活动过程。大学生社会实践是高等学校教育活动的重要环节，它与课堂教育相辅相成，共同完成高校的人才培养任务，实现学生的全面发展。

（二）大学生社会实践的重要意义

1. 是大学生树立科学世界观的需要

世界观是人们对世界的一般看法和根本观点。任何正常的人在其生活的过程中都会形成自己的世界观，但由于个人生活环境、所受的教育和影响不同，人的世界观也有很大差异。总的来说，世界观有正确和错误之分，而将正确的世界观理论化、系统化就成为科学的世界观。怎样保证大学生形成正确的世界观并使之科学化？主要靠两个方面的努力：一是大学生要经常与社会接触，不断突破事物的表面现象，深入事物的本质，从而不断校正原来从现象上获得的肤浅的或错误的认识，使自己的认识符合事物的本质及规律：二是要对大学生进行系统的思维训练，通过学习前人正确的世界观理论，了解人们在世界观上容易走上歧途的种种可能，让大学生对自己的世界观经常进行反思，并不断地充实新的科学的内容。因而社会实践对大学生建立科学世界观很有必要。

（1）参加社会实践活动是大学生确立唯物主义历史观的需要。

大学生正处于青年时代，可塑性很强，是世界观、社会历史观形成的关键阶段。大学生系统的专业知识学习和思维训练，对于形成唯物主义历史观固然是大有帮助的。但就目前情况看，在校大学生年龄普遍较小，接触社会的机会不多，社会经验不足，大部分同学对社会的看法简单化、片面化、理想化，这对大学生形成正确的历史观十分不利。克服这一不利的途径就是让大学生走出校门，深入社会生活，在社会实践中了解社会，从实践中发现真理，在实践中发展真理。这样，才能使他们的历史观与现实生活相符合。

当然，社会实践中接触的都是具体的社会事物，不可能通过一两次实践就改变了对社会历史的看法。不过，处在形成过程中的大学生的历史观是容易发生变化的，一旦接触了较多的社会事物，加之正确的引导，就会使他们的历史观发生转变。我们知道，只从政治理论课上学习历史唯物论只能学到“知识”，而要使知识转化为信念，使所学的理论真正转化为学生的历史观，必须通过社会实践。

（2）参加社会实践活动是建立科学的人生价值观的需要。

正如马克思主义哲学原理教科书中所指出的，“共产主义世界观和人生观又不是仅仅在书斋里、课堂上所能完全树立起来的，还要在生活实践中经受各种锤炼”。通过开展大学生社会实践活动，我们发现社会实践活动对大学生形成科学人生观至少有如下的作用：首先，它可以帮助大学生摒除理想中不符合实际的因素，使他们正确对待个人与社会的关系，培养踏踏实实的工作作风；其次，它可以帮助大学生树立坚强的意志，培养无私奉献的精神；最后，它可以帮助大学生接近群众，深入群众，为走与群众相结合的道路打下良好的基础。

（3）参加社会实践活动是培养社会主义信仰的需要。

大学生在不久的将来，就会踏上工作岗位，成为祖国的栋梁之材，肩负起实现中华民族伟大复兴的历史使命。因此，在当今西方敌对势力加紧实施“和平演变”的新形势下，培养大学生的社会主义信仰是大学生思想政治教育的首要任务。而对社会主义的感情仅靠读书是培养不起来的，必须通过对社会主义给中国带来的巨大变化、给广大人民带来的实惠中亲身感受和体验来获得。

2. 是提高大学生能力的需要

当代大学生在一定程度上存在着眼高手低、忽视社会实践、脱离群众、动手能力弱等方面的不足，而积极踊跃地参加社会实践活动，有利于弥补大学生的这些不足。当代大学生绝大多数是在学校的围墙中长大的，大都走的是从小学到中学再跨入大学的升学之路，从而造成他们的社会阅历浅、社会经验少、实践经验匮乏等弱点。受片面追求升学率的思想影响，许多学生只注意书本，不注意社会实践，“高分低能”的状况比较严重。这严重影响了他们在各项建设事业中作用发挥，延缓了他们成才的进程。怎样才能缩短这一距离呢？实践是唯一桥梁。只有通过实践活动，才能使书本知识与实践操作合二为一。事实证明，通过开展社会调查、科技咨询、信息服务、义务劳动等社会实践活动，不仅可以使学生的智力资源得到直接的、有效的开发，达到分数与能力的统一，书本知识与实践的结合，还可以使个性不同的学生通过实践活动各获所求，各取所需，“缺什么，补什么”，从而有效地完善现行的教学方法，弥补大学生自身的弱点和不足。

3. 是知识分子与工农群众相结合的需要

回顾历史，凡是有所作为，有所创造的青年和知识分子无不投入到轰轰烈烈的社会实践中。许多的政治家、经济学家、教育家、军事家、文学家等都是在社会实践活动中茁壮成长起来的。他们在实践中身体力行，为我们提供了光辉的典范。只有广泛、深入参加社会实践活动，和广大工农群众相结合，才是大学生健康成长之路。

4. 是大学生社会化的需要

社会化是指个人与社会生活不断调适，使个人由“自然人”发展为“社会人”的过程。大学生正处于社会化的最后阶段，显然，在许多方面已趋向成熟，但为了适应社会生活，仍需进一步学习。社会实践可以增强大学生的社会责任感。很多高校组织学生到基层开展社会实践活动，使同学们提高了对改革的复杂性、艰巨性的认识，增强了他们的社会责任感。在社会实践中，越来越多的大学生认识到，社会需要的不是冷漠的旁观者，也不是抱有同情心的捧场者，而需要的是热情的、直接参加这项伟大建设工程的人。通过社会实践，许多大学生克服了原来自视清高的习气，自觉并充满激情地投入到学习、生活和工作中。社会实践可以推进大学生实现社会角色转变。社会实践活动能够帮助大学生找到自己和社会要求之间的差距，看到自身知识和素质上的缺陷，启发他们对自己进行重新认识和正确估价，促使他们从过去的“唯我独尊”回到现实，重新确立自我价值实现的基点，在纷繁复杂的社会中找到个人和社会的最佳结合点。社会实践可以促使大学生与长辈们沟通代际关系。由于当前一些大学生图安逸怕吃苦，自视清高；反过来，却认为他们的父辈过于保守、正统。两代人之间形成了一层无形的隔膜，究其原因，主要在于有些大学生缺少对他们父辈的了解，他们看不起父辈们那种思维方法和生活方式。在社会实践中，大学生以普通劳动者的身份，直接参加社会财富的创造活动，培养了他们尊重劳动成果、尊重父辈们的思想感情。总之，在社会实践中，两代人之间可以相互沟通和相互理解，消除对对方的偏见，进而有效地促进两代人之间的有机结合。

二、大学生社会实践的实施

（一）大学生社会实践的形式

1. 参观型社会实践活动

这种社会实践活动通常是组织学生到风景名胜、工厂参观考察、座谈了解，对学生起到一定的教育作用，增进学生之间的友谊，加深学生对祖国大好河山的了解，真正达到受教育的目的。缺点是这类实践活动往往只是少数学生干部参加，取得的实际效果有限。

2. 活动型社会实践活动

这种社会实践以文化、科技、卫生三下乡为主，通常做法是学校与某地联合，在某地以学校为主，组织一台甚至几台文艺演出，动员群众前来观看，或组织大型的科技咨询、文化宣传、医疗服务活动，场面宏大，气氛热烈，影响也较大，但投入多，组织复杂，参与学生也不是很多。目前，这种社会实践活动已成为学生社会实践活动的主要形式，但个别细节值得改进。

3. 生产型社会实践活动

这种社会实践以高年级学生、研究生、博士生参加为主，他们参加生产活动的某一环节，成为其中的一员。一方面，既利用自己已有的知识促进生产的发展；另一方面，又在实践中学到了书本上没有的知识，相得益彰。这种社会实践活动支出不多，但效果实在，达到了帮忙不添乱的目的，有较强的生命力和发展前景。

4. 课题型社会实践活动

学校以老师牵头，各相关年级学生参加，组成课题小组，承担政府或企业的课题，通过广泛深入的调查宣传活动，对课题进行攻关。对于这种社会实践活动，学生参加的积极性比较高，而且能得到一定的社会资金支持，也能长期开展下去。

5. 挂职型社会实践活动

这种社会实践活动主要是以组织的形式到机关、社区、乡村挂任各种职务的助理，做一些社会工作。这种社会实践活动受到机关、社区、乡村的欢迎，但目前发展的规模较小，参加的人数较少。

6. 学生自发型社会实践活动

学生在假期，通过参加社会招聘活动、上门自荐活动等形式，参与到各种社会生产活动中去，除体验社会生活活动的酸甜苦辣外，还能利用自己所长，在为社会服务的同时取得一定的报酬，补贴学习或生活所需。这种社会实践活动除参加的学生较多外，学校支出也不是很大，应该进行鼓励。

7. 互动型社会实践活动

这类实践活动的参与者既有大学生（大学生党员），又有城乡基层的市民、农民（党员）。在活动中，他们互为参照对象，通过相互学习、相互帮助，不仅双方共同获得进步，同时也促进了社会主义物质文明、精神文明、政治文明建设。

（二）大学生社会实践的内容与方法

1. 社会调查

深入城乡各地、部队、科研院所、企事业单位开展社会考察和社会调查活动，从而引导学生了解社会、了解国情，同时对社会和企业的发展献计献策。社会调查和考察的直接目的是了解社会的实际情况，认识社会现象的本质及其发展的客观规律，是一种搜集和处理社会信息的方法，在现代社会具有越来越重要的作用。当前，大学生、社会调查逐渐向专题化、重效益、重应用方向转化。社会调查的内容很多，例如，可通过走访工农群众、干部、军人、知识分子等，开展对社会现状的调查；也可通过了解城乡经济发展现状，开展国情民情考察；也可通过了解科技对经济和社会发展的影响，开展依靠科技进步及科学管理发展经济的专题调查等。社会调查方式比较灵活，有文献调查法、访问调查法、问卷调查法等。

2. 科技服务活动

科技服务活动面向经济建设主战场，面向城镇社区、县乡的中小型企业、乡镇企业，结合所学专业，发挥技术特长，在教师的指导下开展科技攻关、工程设计、科技成果推广、科技咨询和技术服务等活动，使科学技术为现实生产服务。

3. 文化服务活动

深入城镇社区和贫困乡村，开展文化培训科普讲座、法律宣传和咨询活动，服务社区和乡村的两个文明建设。

4. 公益劳动和文明共建活动

包括校内公益劳动，校外社区服务活动，与企事业单位、部队、科研院所、乡村、居民委员会等单位开展其他形式的文明共建活动。

5. 互动活动

大学生党员与城市社区党员、农村基层党员、企事业单位党员在建立党的先进性教育长效机制中的互动活动。

6. 信息服务

信息服务是指通过一定的途径把人才、工农业科学技术及社会生活等方面的信息资源的开发利用情况提供给被服务单位，并把被服务单位的信息传递出去，以期取得一定的人才效益、社会效益和经济效益。大学生通过在校的学习，掌握了一定的专业知识，可以通过开展信息服务把信息资源的开发过程及成果传播到各个领域，进一步加以利用，在信息资源的开发利用之间架起了一座桥梁。

7. 勤工助学

勤工助学对学生个人和国家都有重要的意义：对个人，它有助于学生个人的成长和成才；对国家，它有助于国家高科技人才的培养，有助于国家教育制度的改革和教育的不断发展。在假期，通过做兼职教师、推销员、打字员、秘书、酒店服务员等工作，一方面，可以在一定程度上解决贫困生的经济问题；另一方面，也是高校开展社会实践活动、培养学生自立自强精神的有机组成部分。

8. 教学实习

教学实习是教学计划内的社会实践，是在教学计划规定的时间内进行的，要求每个学生必须参加并取得学分，是实现专业培养目标、保证人才规格质量的必修课。教学实习，包括认识实习、生产实习、毕业实习等，是理、工、农、医等专业大学生社会实践的主要形式，是把生产劳动引入教学，对大学生进行思想政治教育、职业道德教育、专业学习和职业训练的教育。

三、大学生社会实践的制度建设与创新探索

（一）大学生社会实践的制度化建设

高校把大学生社会实践活动纳入整体教育计划，通过制定短期规划、长远规划和配套文件，形成一套完善的大学生社会实践制度。它对实践活动的指导思想、方针原则、目标要求、形式内容、方法途径、时间要求、成绩考评、工作量计算、奖励办法、组织领导以及有关政策都做了明确规定，并随着学校体制改革不断加以修订，使活动贴近学校发展实际，使活动有章可循。一个成功的实践制度，应包含以下内容。

1. 社会实践活动领导小组制度

学校应成立由分管学生工作的党政领导和教务、科研、总务，学生处、团委等部分单位组成的学生社会实践活动领导小组，负责对全校社会实践活动统筹安排、制定计划、组织落实，各院、系、部成立由分管学生工作的党总支副书记、副主任、团总支书记与辅导室、班主任等参加的社会实践领导小组，负责本系学生社会实践活动计划的制定与实施。同时，也可吸收校外人士，如地方政府负责同志，地市团委同志及企业负责同志共同组成社会实践活动领导小组，建立友好关系，以便高校社会实践在地方、企业的顺利开展。

2. 完善两种不同类型的社会实践基地建设制度

随着大学生社会实践活动不断走向成熟，社会实践基地建设制度也成为一种趋势，相对于实践初期的分散、随机活动，基地活动可以有长远的计划，为培养人才制定完备的方案，同时，也有利于地方与校方建立长期互惠关系，使社会实践在双方自愿的基础上健康发展。社会实践基地制度建设包括两方面的内容。一是为教学研究服务的社会实践基地的制度建设。这类基地建设包括城市工商企业、农业生产单位等。二是思想政治教育和党建社会实践基地的制度建设。这类基地包括城市社区、农村基层组织、各类爱国主义教育基地（包括革命纪念馆、革命博物馆烈士陵园等）。

3. 实行两种不同类型社会实践的指导教师队伍建设制度

开展大学生社会实践活动的经验证明，实践活动要取得成效离不开教师的积极参与，因此，必须建立社会实践指导教师制度。两种不同的社会实践需要不同的指导教师，为教学研究服务的社会实践，由专业教师或相关专业的技术人员做指导教师；思想政治教

育类的社会实践，由政治辅导员、政治理论教师或校外政工干部做指导教师。借助指导教师在人格、理论、知识、专业上的优势，增强社会实践的生命力，完成在实践过程中全方位育人的功能。制定社会实践指导教师制度一般要考虑以下几种因素：一是基地的性质（教学研究服务的社会实践基地与思想政治教育的社会实践基地，两种不同的社会实践基地对教师的要求有所不同），二是学校的有关政策，三是教师的地位和作用，四是实践过程中的组织领导，五是纪律要求，六是地点的选择和安排，七是职称评审和职务晋升，八是工作量的计算。当然要注意与由学校相关职能部门及分管学校领导组成的领导小组协调进行。

4. 社会实践考核与激励制度

考核激励是提高社会实践活动成效的有效方式之一。对大学生参加社会实践活动定内容、计学分；对教师定任务、计工作量；对院、系、部、教研室制定规划和考核措施。对社会实践活动情况要做到“八个挂钩”：与学生德、智、体、美、劳综合测评成绩挂钩，与奖学金挂钩，与评选先进个人和集体挂钩，与团员民主评议、推优入党和推荐免试研究生挂钩，与评选优秀党团员挂钩，与大学生的学分挂钩，与单位和个人经济利益挂钩，与教师工作量和干部业绩的奖惩挂钩。这样，才能调动大学生、广大教师干部以及社会各界、各单位参与社会实践人员的积极性、主动性，使社会实践形成有机运作、自我驱动、有效发展的动力机制。

（二）大学生社会实践的新探索

新时代不仅对大学生有了新的要求，同时赋予了大学生社会实践的新形式，要适应时代，就必须实现大学生社会实践理念上的更新。

1. 将大学生社会实践与建设社会主义新农村的需要结合起来

一方面，大学生是掌握着一定基础知识和专业技能的青年知识分子，他们的参与，无疑会有效地促进社会主义新农村的建设。另一方面，大学生加入社会主义新农村的建设中，又会给他们的专业知识提供用武之地，使他们的实际能力得到提高。将大学生的社会实践与建设社会主义新农村的需要结合起来，意味着我们对大学生的社会实践在观念上要有一个更新或变革，即要从过去单方面地将大学生作为社会实践的受动者，通过社会实践提高工作能力，培养良好的思想品德，转变为大学生既是社会实践的受动者，又是社会实践的“授动者”，大学生作为科技知识和精神文明的载体，在实践中去建设社会主义新农村。

2. 将大学生社会实践与城市社区精神文明与政治文明建设的需要结合起来

当我们将大学生既看作社会实践的受动者又视为社会实践的“授动者”时，就应充分利用大学生这一科技知识和精神文明的载体，将其运用到变革社会的活动中去，将大学生的社会实践与城市社区的精神文明和政治文明建设的需要结合起来，持久、稳定而有效地开展社会实践教育活动，使大学生在促进城市社区精神文明与政治文明的社会实践中，自身也得到提高和锻炼。在这类社会实践活动中，大学生可以将高校思想政治理论课中所学习到的内容应用于实践活动中，既能将知识活用，又能深化理论认识，同时还可以通过自身努力，促使社会变革，成为推动社会文明进步的重要力量。

第三节 高校学生管理的宿舍管理

一、大学生宿舍的地位和作用

大学生宿舍是大学生日常生活与学习的重要场所，是培养和锻炼大学生自我管理、自我教育、自我服务能力，有效地开展大学生的思想教育工作的重要阵地。因此，大学生宿舍的管理是高校管理中的重要组成部分，是观察学校整体管理水平的一个窗口，务必高度重视。

（一）大学生宿舍在学生生活中的地位

学生宿舍是学生日常活动的主要场所，在大学生活中具有重要地位。扩招后，高校的办学资源改善步伐相对滞后，教室、阅览室比较紧张，其他文化体育、娱乐活动相对不足。学生的课余时间很大一部分是在学生宿舍度过的，学生宿舍的设施是否完备、安全，环境是否整洁、优雅、舒适，服务是否周到，生活氛围是否和谐，社区文化活动是否丰富多彩，管理是否科学、规范，将直接关系学生的日常生活质量，影响学生生理、心理的健康成长和良好行为习惯的养成。因而，加强宿舍建设对学生的日常生活至关重要。

（二）学生宿舍在学生教育管理中的重要作用

1. 学生宿舍对学生树立正确的世界观、人生观、价值观具有重要影响，学生宿舍不只是单纯意义上的休息场所，而且还是一个重要的育人园地。来自不同地区有着不同家庭背景和生活习惯的学生，构成了宿舍的人文环境，这是学生情感和思想比较自然、真实流露的地方。学生在宿舍里交往必将对各自的思想情感产生影响。在他们的交往中，或探讨人生、憧憬未来，或交流学习、谈古论今，必会有各式各样的社会思潮、信息观点等方面的交汇，并由此产生相互影响。所以，必须正确地把握学生宿舍里的思想动态，及时地给予正确启迪和引导，并通过多种方式和渠道，积极开展教育活动，引导学生明确方向、明辨是非，树立科学的世界观、人生观和价值观。

2. 学生宿舍是思想政治教育和科学管理的结合点

学生宿舍作为学生在校生活的集中场所，在学生的基本道德修养、学校的教育培养目标完成方面起着重要的作用。学生在宿舍中的表现，往往与社会对人才培养的要求，与学校教育管理目标相联系。

3. 学生宿舍是展示校风学风建设的窗口

一所高校的校风学风如何，不仅反映在教室、图书馆、实验室里，同时也反映在学生宿舍里。因为学生的学习态度、劳动观念、组织纪律观念、集体观念在许多情况下都反映在占他生活时间三分之一以上的寝室里面。正因为如此，学校要协调学生思想教育与管理、后勤服务、安全保卫等各方面的力量，积极探索学生宿舍中学校教育管理、服务工作的结合点，加强学生宿舍的管理服务和思想疏导工作，既为学生创造一个宁静整齐、文明清洁的环境，也是消除学生因受其他不良影响而产生的抵触情绪的一项有力措施。针对此特点，宿舍管理必须从管理育人、服务育人出发，努力挖掘潜力，积极改善住宿生活条件，把学生视为服务的对象，让学生得到应有的尊重和关心，这是维护学校稳定的重要举措，也是创建良好校风、学风的前提，对学生的全面发展、成长成才起着关键作用。

二、大学生宿舍管理的体制及模式

（一）大学生宿舍管理体制概念

管理“就是在特定的环境下，对组织所拥有的资源进行有效的计划、组织、领导和控制，以便达成既定的组织目标过程”。管理不仅为实现组织目标服务，还要运用组织中的各种资源来实现目标。管理工作的过程是由一系列相互关联、连续进行的活动所构成的，也是在一定环境与条件下进行的，所以，管理工作离不开特定的政治、经济、文化环境和条件，离开了特定的物质和政治文化条件来空谈管理，是不可能产生管理效果的。所谓体制，是指“国家机关、企业、事业单位等的组织制度”。

我国的大学生宿舍管理体制，是指在中国特色社会主义市场经济体制的现行教育体制和办学模式下，为了实现高校学生宿舍的科学管理，为学生提供良好的生活学习环境，通过对学生实施教育管理、服务，实现育人目的而设立的学生宿舍管理机构。在宿舍管理过程中，明确学生工作部门、后勤服务（物业管理）部门、安全保卫部门、学生政治辅导员、宿舍管理人员之间的职责和权限的划分以及学生宿舍管理的有关规章制度、管理决策程序等。

（二）大学生宿舍管理体制的类型

随着我国改革逐步深化，尤其是高校后勤社会化的推进，学生宿舍管理体制也在不断地发展变化。就目前而言，高校学生宿舍的管理体制主要有以下几种类型。

1. 行政管理体制

这种学生宿舍管理体制由后勤部门为学生提供住宿条件，学校用行政方法集权领导，分散管理，管理方式、收费标准等都由学校统一决定。在管理过程中，学生工作部门、安全保卫部门、后勤服务部门按具体的分工各负其责。行政管理体制虽是行政集权，管理有力度，但由于分散管理口多，往往出现各自为政、互相脱节的现象，管理人员与学生之间容易产生对立情绪。诚然，这种管理体制在一定的时期内曾起到积极作用，但在提倡民主、和谐的时代，存在不少弊端，有待进一步探讨、完善。

2. 学生自我管理体制

学生自我管理体制是人本化管理在高校学生管理体制中的具体化。人本管理思想是针对20世纪初泰勒的科学管理，过于强调对一切作业活动的计量定额，强调严格的操作程序，而忽视了对人的管理而提出的一种人性化管理。“人本管理在知识经济时代的立足点与核心是人的知识、能力的提高和创造力的培养，它要求管理者始终坚持以人为本的观念，建立起让每一位成员都有机会施展才能的激励机制，努力营造尊重、和谐愉快、进取的气氛”，激发人们参与管理的热情、想象力和创造力。具化到学生管理体制上，就是学生自我管理体制。学生自我管理体制通过从住宿学生中公开选聘学生宿舍管理机构的工作人员，从事管理、服务工作，从而制定相应的学生宿舍管理制度、条例、工作程序、考核及奖励办法。同时，成立学生宿舍民主管理委员会，制定民主管理制度，使民主管理委员会的民主职权与学生宿舍管理机构履行的管理职能同步，相互制约，以提高学生宿舍管理水平。学校为学生住宿提供必要条件，配备相应的设施、设备，为有效地开展学生宿舍管理工作创造条件，授予职权，给予指导，积极理顺关系，做好服务工作。学生自我管理的形式有两种：一是学生宿舍完全由学生负责经营，自我管理、自我教育、自我服务，学校给予支持指导，深圳大学、华侨大学就是这种形式；二是学生宿舍管理由学校提供支持帮助，保证学生宿舍管理服务正常运行的同时，学生实行自我管理、自我服务。

3. “主辅”管理体制

此种管理体制以行政管理为主、学生参与管理为辅。其形式主要有两种：一是选聘或有关部门推荐学生直接担任学生宿舍管理机构的副职或助理，协助中心主任（或科长）

做好学生宿舍管理工作并由他们负责学生宿舍楼楼委会有关工作；二是由学生代表参加组成学生宿舍管委会，协助学校做好学生宿舍管理工作。“主辅”管理体制既可充分听取学生的意见和建议，锻炼学生的组织能力，又利于管理人员与学生之间沟通信息，交流感情，承认并支持学校采取的管理决定和措施。

（三）大学生宿舍的管理模式

1. 学生宿舍管理模式的含义

学生宿舍管理模式，是指在高等学校中，对学生宿舍的管理和服务所采取的组织形式、管理方式和服务手段的总称。学生宿舍管理模式的选择，关系到学生的生活质量、安全保障、学习效果和思想教育，也影响到学校的管理效率、教育质量和社会形象。因此，学生宿舍管理模式是高等教育管理的一个重要内容，也是学校管理创新的一个重要方面。

2. 我国的学生宿舍管理模式

我国的学生宿舍管理模式，根据管理主体的不同，可以分为以下几种。

（1）行政分工管理模式。

行政分工管理模式，是指学校将学生宿舍的管理和服务分配给不同的行政部门，如后勤部门、保卫部门、教务部门、学生工作部门等，各部门各司其职，负责各自的职能范围。这种模式的优点是，可以充分利用各部门的专业优势，提高管理和服务的专业化水平；缺点是，容易造成管理和服务的分割和脱节，导致学生宿舍的管理和服务缺乏统一的协调和规划，影响学生宿舍的整体效果。

（2）学生工作系统主管模式。

学生工作系统主管模式，是指学校将学生宿舍的管理和服务交由学生工作部门或学生工作系统统一负责，其他部门只提供必要的支持和协助。这种模式的优点是，可以实现学生宿舍的管理和服务的整合和统一，强化学生宿舍的教育功能，促进学生的全面发展；缺点是，可能导致学生宿舍的管理和服务的单一化和简单化，忽视学生宿舍的多元化需求，降低学生宿舍的服务质量。

（3）学生自主管理模式。

学生自主管理模式，是指学校将学生宿舍的管理和服务交由学生自己或学生组织负责，学校只提供必要的指导和监督。这种模式的优点是，可以充分发挥学生的主体性和创造性，培养学生的自我管理和团队协作能力，增强学生的责任感和归属感；缺点是，可能导致学生宿舍的管理和服务的混乱和无序，出现学生的不负责和不规范行为，损害学生宿舍的安全和秩序。

（4）综合管理模式。

所谓综合管理，就是以后勤服务总公司或学生工作部（处）为主管单位，学生宿舍管理科或学生宿舍管理中心为主要责任方，后勤部门、安全保卫部门、思想品德教育和学生工作部门，相关院（系、部）及参加学生宿舍管理工作的学生工作干部、管理员、保安人员等，按职责分工，相互配合，共同做好学生宿舍的管理工作。在宿舍管理过程中，行政管理、思想政治教育、经济、咨询疏导等方法和手段应交错使用，以提高学生宿舍管理的整体效能。管理的内容包括学生宿舍的卫生、治安、秩序、日常维修等，使学生宿舍内整洁美观，公共场所清洁卫生，房屋、设施、水电供应始终保持正常状况，宿舍秩序井然、舒适、文明，管理人员、服务人员、治安保卫人员积极治理宿舍环境，主动做好防火、防盗工作，及时预防和妥善处置突发事件，实现教育、管理、服务一体化。目前学生综合管理模式在我国高校学生宿舍管理中较为普遍。在新形势下，伴随着高校后勤社会化的逐步完善，学生宿舍如何更有效地发挥好教育、管理、服务三项功能，不少高校进行了有益的探索。重庆交通大学的学生社区管理模式就是其中的典型，在全国产生了较大的影响，形成了学生教育管理、物业管理、安全保卫、饮食服务“四位一体”的管理模式。

三、大学生宿舍管理的内容与方法

（一）大学生宿舍管理的内容

高校学生宿舍管理具有服务、管理、育人等三个主要功能。从宿舍管理的功能就可以明白学生宿舍管理应包括宿舍内务及卫生管理、宿舍区的治安管理、宿舍纪律与秩序、宿舍设施管理、宿舍水电气管理、宿舍电视及网络的管理等方面的内容。

（二）大学生宿舍管理的方法

学生宿舍不只是单纯意义上的休息场所，而是一个重要的育人园地。良好的宿舍环境是高校实施学生素质教育，促进学生德、智、体、美、劳全面发展的物质保障。科学合理的规章制度会对学生起到良好的导向、规范、协调和激励作用，因此，对学生宿舍实施科学有效的管理十分重要。就目前而言，大学生宿舍管理大致有以下几种方法。

1. 行政方法

行政方法是学校根据学生宿舍管理工作需要，设立专门的管理机构配备相应的管理人员，根据学校的校规校纪和学生宿舍管理制度、条例等，通过学生宿舍管理人员，用强制性行政命令、规定，直接对住宿学生进行宣传教育，增强住宿学生执行规章、制度、规范的自觉性，使宿舍管理有章可循，依法办事。行政方法是高校学生宿舍管理普遍采用的方法。为了提高学生宿舍管理行政方法的有效性，应科学运用相应的管理方式。

（1）行政命令管理方式。

行政命令管理方式是凭借行政职权与权威，通过口头或书面等方式，发布必须执行的规定、决定、指示，它具有明显的强制性、权威性、直接性。对贯彻执行制度、条例、规则的职责范围、处罚规定要明确具体；对不服从管理的要有相应的纪律、制度、惩处规定与执行程序作保障，以保证管理规章制度能贯彻执行，实现有效管理；对违反条例的处理要一视同仁，对管理条例的执行做到公开、民主、公平、合理。学生宿舍管理，制度、条例、规则、规范的制定要科学，既要符合国家法规、条例，又要让学生认同，这就要求规章制度的制定，不仅应有管理人员、法律专家、主管领导，还应有规章制度的针对人—学生或学生代表参与，这样的规章制度才会有牢固的群众基础，才能得到更好的执行。在具体实施行政管理方法时，要做到制度化、规范化、程序化管理。根据高等教育规律以及高校管理目标、基本原则、管理程序和学生宿舍自身规律，应制定一套包括《学生宿舍管理办法》《学生社区管理委员会工作条例》《学生宿舍公约》《各级工作人员岗位职责》《文明宿舍建设实施细则》等完整、系统的规章制度，管理服务规范和学生宿舍日常工作处理程序，并采用多种方式向学生进行宣传教育，使学生一进宿舍，就知道应当做什么、不该做什么，明确做好了按何规定受到何种奖励、违反了按何种程序哪条规定接受何种处罚，使管理服务人员和学生都有纪可守、有章可循，建立和谐的人际关系，提高工作效率。

（2）激励方式。

激励是教育的一种方式。激励的直接着眼点在于激励学生的感情，产生良好的行为。公寓管理人员应掌握激励的艺术，不断创造条件，变换激励方式。同时，在激励过程中，开展思想品德教育活动，以对学生起到感化作用，解决思想认识问题，巩固激励成果。在学生宿舍管理工作中，其激励方法可以采用五种类型。一是参与管理激励。吸收学生参与管理，成立宿舍管委会，对学生宿舍实行民主管理，以激励住宿学生共同管理好宿舍的积极性和主动性。二是目标激励。每学期公布学期、学年评选文明寝室，个人标兵的数量、条件、奖励方法，以激发学生达到某一目标的驱动力。三是荣誉激励。对积极主动配合宿舍管理工作，并做出贡献的个人或集体，授予相应的荣誉，出光荣册、光荣榜，记入学生档案，为其他学生树立榜样，明确方向。四是物质激励。对建立良好宿舍环境做出贡献的个人、集体，在运用上述几种激励方式的同时，要辅以物质激励。如按原定并已公布于众的标准、比例发给奖金、奖品等，激发学生参与和配合做好宿舍管理的工作。五是情感激励。宿舍管理人员、学生社区辅导员要注意观察住宿学生的情感变化，对学生生活中的实际问题要帮助解决。如对经济困难的学生提供勤工俭学机会，对有病的学生在医疗、饮食方面给予关怀，对某些有错误思想行为或失误行为的学生有针对性地给予关心、爱护、帮助，使其树立信心。

(3)疏导教育方式。

疏导教育是指通过对学生的心理、情感、行为等方面的引导和帮助，使学生能够解决或减轻自身的困扰和压力，提高自身的适应能力和心理素质，促进学生的健康成长和全面发展的一种教育方式。疏导教育的方式，可以从以下几个方面进行探讨。

①个别疏导。个别疏导是指针对个别学生的具体问题和困难，采用一对一的沟通和交流，通过倾听、理解、支持、建议等方式，帮助学生认识和分析自己的情况，找到合适的解决办法，增强自信和自尊，改善自己的心理状态和行为方式的一种疏导教育方式。个别疏导的优点是针对性强，保护学生的隐私，建立亲密的信任关系，提高疏导的效果。个别疏导的缺点是耗时耗力，范围有限，难以覆盖所有需要疏导的学生。

②集体疏导。集体疏导是指针对一定数量的学生的共同问题和困难，采用小组或班级的形式，通过讨论、分享、游戏、角色扮演等方式，帮助学生互相了解和支持，形成正向的群体氛围，提升自己的社会技能和人际关系，调整自己的心理状态和行为方式的一种疏导教育方式。集体疏导的优点是能够节省时间和资源，扩大影响范围，增加学生的参与感和归属感，促进学生的互动和合作。集体疏导的缺点是难以深入个体，可能忽视个别学生的特殊需求，可能引发负面的群体效应。

③环境疏导。环境疏导是指通过改善和优化学生的生活和学习的环境，创造一个舒适、安全、和谐、积极的环境氛围，影响和激发学生的心理、情感、行为等方面的变化，帮助学生适应和享受自己的环境，提高自己的生活质量和学习效率的一种疏导教育方式。环境疏导的优点是能够持续和稳定，涉及和影响所有学生，培养学生的环境意识和责任感，促进学生的全面发展。环境疏导的缺点是难以控制和评估，可能受到外部因素的干扰，可能存在个体差异和不适应。

(4)学生参与管理方式。

学生参与管理是指学生在学校的管理和决策中发挥主体作用，参与学校的规划、制度、活动、评价等方面，表达自己的意见和诉求，维护自己的权益和责任，促进学校的民主化和现代化的一种管理方式。学生参与管理的方式，可以从以下几个方面进行探讨。

①学生代表会议。学生代表会议是指由各班级选举产生的学生代表组成的会议，是学生参与管理的基本形式，是学生的最高权力机构。学生代表会议的职能是讨论和决定学生的重大事务，制定和修改学生的章程和规则，监督和评价学生的工作和活动，选举和罢免学生的领导机构，反映和沟通学生的意见和建议，维护和促进学生的利益和发展。

②学生自治机构。学生自治机构是指由学生代表会议选举产生的学生的领导机构，是学生参与管理的核心形式，是学生的执行机构。学生自治机构的职能是执行和落实学生代表会议的学生社团。学生社团是指由学生自发组织的，以兴趣、爱好、专业等为主题的，开展各种活动和服务的，具有一定的组织结构和管理规则的，是学生参与管理的重要形式，是学生的自我教育和自我管理的平台。学生社团的职能是丰富和拓展学生的课外生活，培养和展示学生的特长和才华，增进和促进学生的交流和合作，提高和锻炼学生的组织能力和领导能力，反映和满足学生的多元化和个性化的需求和发展。

③学生评议。学生评议是指由学生对学校的教学、管理、服务等方面进行评价和建议，是学生参与管理的有效形式，是学生的监督和反馈的机制。学生评议的职能是促进和改进学校的教育质量和管理水平，增强和保障学生的参与权和话语权，激发和调动学生的学习积极性和主动性，培养和提高学生的评价能力和判断能力，建立和完善学校的评价体系和评价文化。

2. 经济方法

经济方法是经济组织利用物质利益来影响所属人员行为并使之与组织目标相一致的一种管理方法。随着教育体制改革的深化，学生宿舍管理应加强经济核算，提高教育投资效益，对学生适当采用经济方法进行管理，如对学生收取学杂费、住宿管理费等，同时变助学金为奖学金、贷学金。入学时学生先交费后注册，不交费或严重违反宿舍管理规定的，学校不准其在学生宿舍住宿；将住宿学生在公寓的表现作为道德操行，实施考评德育分与评奖学金挂钩;在宿舍日常管理中，核定水、电用量，超指标加价收费，减少水、电浪费；为防止损坏公物，学生住宿时每人交一定数额的押金，损坏公物扣款赔偿等都是宿舍的经济管理方法。

总之，适当运用经济方法有利于完善学校及学生宿舍管理职能。但经济方法不是万能的，作为国家主办的高等学校，不能过分强调以经济制裁为手段进行宿舍管理。对学生的收费要适度，对损坏公物要酌情赔偿，对违反规定的处理要合情合理，严格控制，避免处理过当。

（三）大学生宿舍管理的心理咨询方法

大学生正处于青年时期，存在着青年和青年知识分子的特点。学习竞争的激烈，就业形势的严峻，爱情问题上的不如意，因与同学交往产生隔阂而导致的焦虑，部分同学经济上存在的压力和家庭教育的不当等，都导致了当前高等院校部分学生存在心理上的问题。有的导致精神分裂症，有的甚至因绝望而自杀轻生，如此等等，不一一赘述。对学生管理工作者而言，这类问题是决不可轻视或忽略的。对此，校方有必要选聘有经验的、学生信得过的中老年教师、心理医生在学生宿舍开设心理咨询室，用社会学、心理学及医学知识包括生活经验开展心理咨询、健康咨询服务等，帮助学生解除困惑，培养积极的心态，使他们适应环境变化、树立信心，这对搞好学生宿舍管理是一个有效的辅助方法，也是学生宿舍管理人员参加教育过程的有效措施。

学生宿舍心理咨询方法的特点是学生由被管理的被动地位转为主动地位，而管理者（教师、医生、管理人员）由主动地位变为被动地位。学生心甘情愿地向管理者诉说自己的“遭遇”“苦衷”，以求得对方的同情、理解和指导，从而使焦虑郁闷、孤独、压抑得到某种释放和宣泄，保持心理平衡。心理咨询方法对帮助心理有障碍、行为受挫折的学生消除消极的心态，树立信心有重要的作用。学生认为对方是自己的师长、父辈，“救命”的医生，是信得过的，心理上消除了“防卫”和“戒心”。对他们阐述的道理、行为规范、健康知识能听得进，又能双向交流感情，商讨问题，有较强的针对性，利于师生建立友谊，激发学生的潜能和消除自卑、自弃心态。

学生宿舍管理中运用心理咨询方法有各种不同的方式。一般讲，单独面谈，或约几个知心朋友一起谈，或采取书信、网上交流等方式回答问题、交换意见都是可行的。也可以针对学生中普遍感兴趣，或带倾向性的问题，举办研讨会，或开设咨询课，或请有名望的专家、教授、医生做专题讲座，并当场回答学生的问题，引导学生健康成长。

第四节 高校学生管理的奖惩制度及创新

一、奖惩的基本概念

（一）关于奖惩的不同释义

关于奖惩，在不同的背景和用处下有不同的解释。“高校学生奖惩制度”所指的“奖惩”，主要包括两个方面的内容：一是奖励，二是惩处。关于“惩”的解释有不同的观点，有学者认为解释为“惩戒”更具人本精神。高校学生奖惩制度制定的依据是《中华人民共和国高等教育法》，以及普通高等院校学生管理规定等一系列法律、法规。它们不同于一般意义上的企事业单位根据自身发展需要制定的内部管理规定，“惩戒”作为行政术语，不适合用于解释法律行为；“惩处”作为法律术语，用于解释高校依法规制定的管理规定更严谨、更具科学性。

（二）奖励与惩处

奖励，就是通过利用外部诱因，从正面肯定人的思想行为中的积极因素，以达到调动人的积极性和创造性的目的。惩处，则是从反面否定人的思想行为中的消极因素，根据不良行为的情节轻重和纪律规定给予教育或处理，以达到明辨是非，纠正错误，促进转化的目的。

（三）奖惩激励

所谓奖惩激励，就是通过奖励和惩处的手段来调动人的积极性或限制其错误行为。从管理学的角度看，奖励与惩处的目的均在于激励被管理者在特定群体、特定组织系统中发挥积极作用，为完成群体所在组织的共同目标做出良好的成绩。通过正激励与负激励，影响人们的内在需要与动机，从而强化、引导或改变人们行为的反复过程。

高校学生奖惩激励，是指通过奖励和惩处这两个外部条件来调节、规范和促进大学生在思想、言论和行为上，按照党的教育方针、高校学生管理规定和大学生行为准则等去实践。

（四）奖惩制度

高校学生奖惩制度，是指为实施奖惩激励，由教育管理部门或高等学校通过一定的程序而制定的一系列规章、条例等。从高校学生奖惩制度调节的范畴看，高校学生奖惩制度所调节的是高校这一特定法人与作为受教育者的公民之间的关系。在这个意义上，用“惩处”这一法律术语比用“惩戒”这一行政术语来解释“高校学生奖惩制度”中的“惩”更为合适。

二、高校学生奖惩制度实施的原则

高校学生奖惩制度的实施，应体现公开平等、准确适度、适时适境、管理与教育相结合、民主合法、反馈发展等六个基本原则。

（一）公开平等原则

高校学生奖惩制度的制定和执行应公开透明，保障学生的知情权和参与权，接受学生和社会的监督和评价。高校学生奖惩制度应对所有学生一视同仁，不得歧视或偏袒任何学生。高校学生奖惩制度应尊重学生的人格和尊严，不得侵犯学生的合法权益和人身自由。

（二）准确适度原则

高校学生奖惩制度的实施应根据学生的具体行为和情节以及其对学校和社会的影

响，做出准确的判断和评估，给予适当的奖励或惩罚。高校学生奖惩制度应避免一刀切或过于宽松的做法，既要体现公平正义，又要考虑教育效果。高校学生奖惩制度应注重激励和引导，奖励优秀的学生，鼓励改进的学生，帮助困难的学生，惩罚违纪的学生，但不得过分夸大或贬低学生的成绩或错误。

（三）适时适境原则

高校学生奖惩制度的实施应根据学生的年龄特点以及社会和学校的发展变化，灵活调整和更新，适应时代的要求和学生的需求。高校学生奖惩制度应及时发现和处理学生的优点和缺点，不拖延不遗漏，以免影响学生的心理和情绪，或造成不良的后果和影响。高校学生奖惩制度应根据不同的场合和情况，采取不同的方式和方法，不拘泥于形式，不走过场，以增强学生的认同感和参与感。

（四）管理与教育相结合原则

高校学生奖惩制度的实施应以教育为目的，以管理为手段，既要规范学生的行为，又要培养学生的品德。高校学生奖惩制度应注重对学生的思想引导和价值塑造，不仅要让学生知道什么是对的、什么是错的，更要让学生明白为什么是对的、为什么是错的，从而提高学生的自律和自我管理能力。高校学生奖惩制度应充分利用学校的教学、科研、社团、志愿、实践等活动，为学生提供展示自我、锻炼自我、完善自我的平台和机会，促进学生的全面发展。

（五）民主合法原则

高校学生奖惩制度的制定和执行应遵循国家的法律法规，符合社会的道德规范，反映学生的合理诉求，维护学生的合法权益。高校学生奖惩制度应充分听取和尊重学生的意见和建议，广泛征求和吸收学校的教职工、家长、校友、社会等各方面的意见和建议，形成广泛的共识和支持。高校学生奖惩制度应建立健全的申诉和复议机制，保障学生的申诉权和复议权，及时纠正和改正可能存在的错误和不公。

（六）反馈发展原则

高校学生奖惩制度的实施应建立有效的监督和评估机制，定期收集和分析学生的反馈和意见，及时总结和评价奖惩制度的效果和问题，不断完善和改进奖惩制度的内容和方法。高校学生奖惩制度应注重对学生的长期跟踪和关注，不断调整和优化奖惩措施和标准，以适应学生的成长和发展的需要。高校学生奖惩制度应积极借鉴和学习国内外的先进经验和做法，不断创新和提升奖惩制度的水平和质量。

三、高校学生奖励制度的优化、完善

奖励制度的优化升级，最重要的还是体现在奖励工作的运行过程中。认清奖励制度的合理地位，改善奖励工作的方式方法，全面奖励工作的内容，细致深入地体察整个奖励制度系统的细枝末节，抓住奖励制度的激励效能，使之贯穿于奖励工作的始末，不断层，不割裂，以使整个奖励制度运行更流畅、更持续。

（一）确立奖励制度在大学生教育管理中的合理地位

高校学生奖励制度是高校教育管理的重要组成部分，它旨在通过对大学生的学习、科研、社会实践、文体活动、思想品德等方面的优秀表现给予表彰和奖励，激发大学生的积极性和创造性，培养大学生的综合素质和能力，促进大学生的全面发展。奖励制度在大学生教育管理中的合理地位体现在以下几个方面。

1. 奖励制度是激励大学生的有效手段

奖励制度可以通过正向的反馈，增强大学生的自信心和自尊心，鼓励大学生不断追求卓越，提高大学生的学习和生活的满意度和幸福感，从而形成良好的学习和成长的动力。

2. 奖励制度是培养大学生的重要途径

奖励制度可以通过对大学生的多元化和个性化的评价，引导大学生树立正确的价值观和目标观，激发大学生的主动性和创新性，促进大学生的知识、技能、情感、态度、价值等方面的全面提升，从而塑造优秀的人才和公民。

3. 奖励制度是规范大学生的必要条件

奖励制度可以通过对大学生的明确的要求和规范，约束大学生的行为和言论，教育大学生遵守法律和校规，尊重师长和同学，积极参与社会服务，从而营造良好的校园文化和社会风气。

（二）建立、健全高校学生奖励制度

为了发挥奖励制度在大学生教育管理中的积极作用，高校需要在以下几个方面建立、健全大学生奖励制度。

1. 制定科学的奖励标准和程序

高校应根据大学生的特点和需求，制定符合教育规律和社会发展的奖励标准，涵盖大学生的各个方面，体现奖励的公平性和适度性，避免奖励的滥用和失效。高校还应建立严格的奖励程序，明确奖励的申请、审核、评审、公示、颁发等环节，保证奖励的公开性和公正性，防止奖励的随意性和不规范性。

2. 建立多元的奖励形式和内容

高校应根据大学生的多样性和个性化，建立多元的奖励形式，包括荣誉证书、奖学金、奖品、实习机会、出国交流、优先推荐等，体现奖励的意义和吸引力，满足大学生的不同需求和期望。高校还应建立多元的奖励内容，包括学业成绩、科研成果、社会贡献、文体活动、思想品德等，体现奖励的全面性和均衡性，促进大学生的多方面发展。

3. 建立有效的奖励监督和反馈机制

高校应建立有效的奖励监督机制，加强对奖励制度的执行和管理，及时发现和纠正奖励制度的问题和不足，保证奖励制度的合理性和有效性。高校还应建立有效的奖励反馈机制，及时收集和分析奖励制度的效果和影响，听取和反映大学生的意见和建议，不断完善和优化奖励制度，提高奖励制度的适应性和改进性。

（三）科学地建立奖励制度的标准完善评定系统

“制定好，准备好，不如做得好”，奖励制度亦是如此。要建立科学的大学生奖励制度，就需要较为完善的评价系统做保证，坚持以促进大学生的全面发展为根本，通过综合运用各种方法，激发和调动学生学习的积极性、主动性和创造性。大学生奖励制度建立完善评定系统应从以下几个方面进行。

1. 民主选评公平，公正

奖励制度的标准应该体现学生的需求和期望，反映学生的实际水平和贡献，符合学校的教育目标和社会的发展趋势。为了做到这一点，需要广泛征求学生的意见和建议，建立学生参与的奖励制度制定和修订机制，充分尊重学生的主体地位和选择权。同时，需要建立公开、透明、规范的奖励制度执行和监督机制，确保奖励的程序和结果公平、公正，避免任何形式的偏袒、歧视、腐败等现象，保障学生的合法权益。

2. 及时奖励，充分发挥奖励效能

奖励制度的目的是激励学生的积极性和主动性，提高学生的成就感和自信心，促进学生的成长和发展。为了做到这一点，需要及时地对学生的优秀表现和突出贡献进行奖励，不要让学生的努力和付出白费，也不要让学生的期待和动力消失。同时，需要合理地设置奖励的种类和数量，不要过多或过少，不要过高或过低，要根据学生的不同特点和需求，给予适当的物质和精神奖励，激发学生的内在和外在动机，形成正向的循环和良性的竞争。

3. 把握好奖励的度，不过不缺

奖励制度的效果取决于奖励的适度，过多或过少都会导致奖励的失效或反效果。过多的奖励会使学生产生麻木、依赖、满足等心理，降低学生的自我要求和自我管理，削弱学生的自主学习和创新能力，甚至引发学生的傲慢、自私、贪婪等不良品质。过少的奖励会使学生产生失望、沮丧、怨恨等情绪，降低学生的学习兴趣和学习效果，削弱学生的团队合作和社会责任，甚至引发学生的消极、逃避、叛逆等不良行为。因此，需要根据学生的实际情况和奖励的目的，把握好奖励的度，不过不缺，达到激励的最佳效果。

4. 重视奖励的争创过程

奖励制度的意义不仅在于奖励的结果，更在于奖励的过程。奖励的过程是学生展示自己、锻炼自己、超越自己的过程，是学生学习知识、技能、方法的过程，是学生培养品德、情感、价值的过程，是学生实现自我价值和社会价值的过程。因此，需要重视奖励的争创过程，不要只关注奖励的结果，要关注学生的参与度、投入度、成长度，要关注学生的思想觉悟、道德修养、人文素养，要关注学生的创新思维、创造能力、创业精神，要关注学生的社会责任、社会贡献、社会影响，要全面评价学生的综合素质和发展潜力。

5. 重视舆论氛围的营造

奖励制度的实施需要一个良好的舆论氛围的支持，否则会遭到学生的抵制或反对，影响奖励制度的效果和声誉。为了营造一个良好的舆论氛围，需要做好三项工作：一是加强宣传和教育，让学生了解和认同奖励制度的目的和意义，增强学生的参与感和归属感，形成一种积极向上、互相鼓励、互相学习的氛围；二是加强沟通和交流，让学生表达和反馈对奖励制度的看法和建议，及时解决学生的疑问和困惑，消除学生的误解和不满，形成一种平等对话、相互尊重、相互理解的氛围；三是加强监督和评估，让学生参与和监督奖励制度的执行和改进，及时发现和纠正奖励制度的问题和不足，提高奖励制度的公信力和透明度，形成一种自我监督、互相监督、共同进步的氛围。

6. 兼顾个性，向多元化奖励发展

多元化奖励的含义是，不仅要奖励学生的学习成绩，还要奖励学生的科研创新、社会实践、文体活动、志愿服务、思想品德等方面的表现；不仅要奖励学生的个人成就，还要奖励学生的团队协作、领导能力、社会责任等方面的贡献；不仅要奖励学生的优秀表现，还要奖励学生的进步和努力；不仅要奖励学生的智力水平，还要奖励学生的情感态度、人格品质、道德修养等方面的素养。

多元化奖励的目的是，让每位学生都能找到自己的优势和特色，树立自信和自尊，实现自我价值和自我实现；让每位学生都能感受到学校的关心和支持，增强归属感和认同感，培养爱校情怀和荣誉感；让每位学生都能享受到学习的乐趣和成就感，激发探索精神和创新意识，提高学习效率和质量。

多元化奖励的方法是，建立一个科学合理、公平公正、灵活多样的奖励制度，制定一个具体明确、透明公开、动态更新的奖励标准，建立一个专业权威、民主参与、及时反馈的奖励评定系统，形成一个横向比较、纵向借鉴、互相促进的奖励文化，构建一个奖励与激励、奖励与评价、奖励与教育相互协调、相互促进的奖励机制。

7. 双重奖励灵活运用

双重奖励是指在高校学生奖励制度中，同时运用物质奖励和精神奖励，以达到更好的效果。物质奖励是指通过给予学生金钱、物品、证书、荣誉等有形的奖励，以表彰学生的优异表现，满足学生的物质需求，增加学生的收入和财富。精神奖励是指通过给予学生赞扬、鼓励、肯定、关怀等无形的奖励，以激发学生的内在动机，满足学生的精神需求，提升学生的自我感觉和自我评价。

双重奖励的优势是，可以充分发挥物质奖励和精神奖励的作用，相互补充，相互增强，形成一个有机的整体，从而更有效地激励学生的学习行为，提高学生的学习效果。物质奖励可以直接刺激学生的外在动机，增加学生的学习动力，促进学生的学习行为，提高学生的学习成绩。精神奖励可以间接影响学生的内在动机，增强学生的学习兴趣，培养学生的学习习惯，提高学生的学习品质。

双重奖励的原则是，要根据学生的不同特点、需求、水平、情况，灵活运用物质奖励和精神奖励，合理确定奖励的种类、数量、频率、时机、方式、对象等，避免过多、过少、过频、过滥、过分等问题，保持奖励的适度、适时、适当、适人、适宜等特点，使奖励能够达到预期的目的，产生积极的效果。

双重奖励的实践是，要结合学校的实际情况，充分利用学校的资源，创新奖励的形式，丰富奖励的内容，完善奖励的制度，建立奖励的平台，扩大奖励的影响，形成奖励的氛围，提高奖励的水平，使双重奖励真正发挥其应有的作用，为高校学生的成长和发展提供有力的支持和保障。

第五节 新媒体在高校教育管理制度中的运用

一、积极应用信息手段创新管理方法

（一）利用新媒体建立高效的信息沟通机制

信息沟通是高校教育管理的基础和核心，也是高校教育管理的难点和痛点。传统的信息沟通方式，如会议、文件、电话、电子邮件等，存在着效率低、成本高、时效性差、覆盖面小、反馈慢等问题，不适应高校教育管理的现代化需求。利用新媒体，如微信、微博、QQ、钉钉、学习通等，可以实现高校教育管理的信息沟通的快速、便捷、实时、广泛、互动等特点，提高高校教育管理的信息沟通的效率和质量。例如，高校可以通过新媒体发布教育管理的政策、规定、通知、动态等，及时向师生传递信息，收集师生的意见和建议，及时回应师生的关切和诉求，增强师生的信息获得感和参与感。高校也可以通过新媒体建立教育管理的工作群、项目群、专家群等，实现教育管理的协同、协作、协商，提高教育管理的决策和执行的效果。高校还可以通过新媒体开展教育管理的培训、考核、评估、督导等，实现教育管理的规范和优化，提高教育管理的水平和能力。

（二）利用新媒体数据分析优化教育管理决策

新媒体数据，如用户行为、评论、点赞、转发、收藏等，是高校教育管理的宝贵资源。高校可以利用新媒体数据，分析师生的需求、满意度、意见、建议等，及时调整和改进教育管理的内容和方式。高校也可以利用新媒体数据，评估教育管理的效果、问题、风险等，科学制定和执行教育管理的目标和措施。高校还可以利用新媒体数据，预测教育管理的趋势、机遇、挑战等，创新教育管理的理念和模式。

（三）利用新媒体互动促进教育管理的参与和共建

新媒体互动，如聊天、直播、问答、投票、互动游戏等，是高校教育管理的有效途径。高校可以利用新媒体互动，增加师生之间的沟通、交流、协作、互助等，形成良好的教育管理氛围和关系。高校也可以利用新媒体互动，激发师生的兴趣、热情、创意、批判等，提升教育管理的吸引力和影响力。高校还可以利用新媒体互动，鼓励师生参与教育管理的规划、实施、监督、评价等，实现教育管理的民主化和共建化。

二、加强校园管理与服务

（一）提升校园安全与防疫水平

新媒体可以有效地提升校园的安全与防疫水平，为学生和教职工提供一个安全、健康的学习和工作环境。例如，通过新媒体平台，高校可以及时发布校园的安全预警和防疫指南，提醒学生和教职工注意防范各种风险和疾病。通过新媒体应用，高校可以实现校园的智能化监控和管理，如使用人脸识别、二维码扫描等技术，实现校园的出入口管理、人员定位等功能，有效地防止校园的非法入侵和疫情的扩散。通过新媒体平台，高校可以建立校园的安全与防疫网络，如利用微信、微博等社交媒体，建立校园的安全与防疫志愿者团队，加强校园的安全与防疫宣传和教育，增强校园的安全与防疫意识和能力。

（二）优化校园服务与资源配置

新媒体可以有效地优化校园的服务与资源配置，为学生和教职工提供一个便捷、高效的学习和工作条件。例如，通过新媒体平台，高校可以提供更多的在线服务和资源，如使用网上报名、网上缴费、网上选课、网上考试、网上评教等系统，实现校园的教务管理的数字化和网络化，减少学生和教职工的时间和成本。通过新媒体应用，高校可以提供更多的智能化服务和资源，如使用智能机器人、智能导航、智能问答等技术，实现校园的图书馆、博物馆、体育馆、食堂等场所的智能化服务和管理，提高学生和教职工的满意度和体验。通过新媒体平台，高校可以提供更多的共享服务和资源，如利用云计算、大数据、区块链等技术，实现校园的教学资源、科研资源、文化资源等的共享和交流，促进学生和教职工的学习和创新。

（三）增强校园文化与品牌建设

新媒体可以有效地增强校园的文化与品牌建设，为学生和教职工提供一个富有特色、有影响力的学习和工作氛围。例如，通过新媒体平台，高校可以展示校园的文化与品牌，如使用官方网站、官方微信、官方微博等媒体，发布校园的新闻动态、学术成果、荣誉奖项、校友风采等内容，树立校园的形象和声誉。通过新媒体应用，高校可以丰富校园的文化与品牌，如使用视频、音频、图文、直播等形式，展示校园的教学活动、科研项目、文化活动、体育赛事等场景，营造校园的氛围和情感。通过新媒体平台，高校可以传播校园的文化与品牌，如利用社交网络、自媒体、网络社区等渠道，分享校园的故事和经验，增加校园的知名度和影响力。

三、拓展教育资源与渠道

（一）虚拟现实（VR）与增强现实（AR）在教学中的应用

虚拟现实（VR）是指利用计算机技术生成一个与真实世界相似的三维虚拟环境，让用户通过特殊的设备（如头盔、手套等）可以沉浸式地感受和交互。增强现实（AR）是指利用计算机技术将虚拟信息（如图像、声音、文字等）叠加到真实世界的场景中，让用户通过特殊的设备（如手机、眼镜等）可以增强式地感受和交互。

VR 和 AR 技术在教学中的应用，可以为学生提供更丰富、更生动、更真实的学习体验，增强学习的趣味性和效果。例如，VR 和 AR 技术可以模拟各种自然现象、历史事件、文化景观、科学实验等，让学生可以亲身参与和体验，而不仅仅是通过书本或视频了解。VR 和 AR 技术也可以突破时间和空间的限制，让学生可以跨越地域和国界，与不同的人和文化进行交流和学习。VR 和 AR 技术还可以实现多人协作和互动，让学生可以在虚拟环境中与同学和老师进行讨论和分享，提高学习的互动性和社会性。

VR 和 AR 技术在教学中的应用，还需要解决一些技术和教育的问题，如设备的成本和普及，内容的质量和安全，教学的设计和评估以及学生的心理和生理的适应与保护等。这些问题需要高校教育管理制度与相关的技术和教育机构进行合作与创新，以促进 VR 和 AR 技术在教学中的健康和有效的发展。

（二）区块链技术在教育证书管理中的应用

区块链技术是指利用密码学和分布式网络技术，将数据以块的形式按照时间顺序链接起来，形成一个不可篡改和可追溯的数据链，实现数据的去中心化和共识化的存储和传输。

区块链技术在教育证书管理中的应用，可以为高校教育提供更安全、更便捷、更透明的服务，解决教育证书的伪造和验证的问题。例如，区块链技术可以将学生的学历、成绩、证书等信息，以加密和数字签名的形式，存储在区块链上，形成一个不可篡改和可追溯的教育档案。这样，学生可以随时随地通过区块链访问和管理自己的教育档案，而不需要依赖于高校或第三方机构的提供和认证。同时，学校、雇主、政府等相关方，也可以通过区块链快速和准确地验证学生的教育档案，而不需要进行烦琐和耗时的人工审核和核实。

区块链技术在教育证书管理中的应用，还需要考虑一些法律和伦理的问题，如数据的所有权和隐私，内容的真实性和合法性以及责任的界定和分担等。这些问题需要高校教育管理制度与相关的法律和社会机构进行协商和规范，以保障区块链技术在教育证书管理中的合理和合规的使用。

（三）人工智能（AI）辅助的个性化学习平台

人工智能（AI）是指利用计算机技术模拟和扩展人类的智能，实现数据的感知、理解、分析和决策等功能。

人工智能辅助的个性化学习平台，是指利用 AI 技术，根据学生的个性、兴趣、能力、进度等特点，为学生提供定制化的学习内容、路径、方法和反馈等服务，实现学习的个性化和优化。

人工智能辅助的个性化学习平台，在教学中的应用，可以为学生提供更灵活、更高效、更有效的学习支持，提升学习的质量和成效。例如，人工智能辅助的个性化学习平台，可以通过智能诊断和推荐，为学生提供适合自己的学习资源和任务，避免学习的盲目性和浪费。人工智能辅助的个性化学习平台，也可以通过智能辅导和评估，为学生提供及时和有针对性的学习指导和反馈，促进学习的深入和巩固。人工智能辅助的个性化学习平台，还可以通过智能互动和激励，为学生提供多样和有趣的学习方式和场景，激发学习的兴趣和动力。

人工智能辅助的个性化学习平台，在教学中的应用，还需要注意一些教育和人文的问题，如教师的角色和能力，学生的自主和责任以及教育的公平和价值等。这些问题需要高校教育管理制度与相关的教育和人文机构进行沟通和协调，以确保人工智能辅助的个性化学习平台，在教学中的人性化和教育化的实施。

四、创新应用于教育管理

（一）大数据分析在学生表现跟踪中的应用

随着新媒体技术的发展，高校可以利用大数据分析，对学生的学习行为、成绩、兴趣、能力等方面进行全面和深入的了解，从而提供更个性化和精准的教育服务。例如，高校可以通过分析学生在在线课程、作业、考试、问卷等环节中产生的数据，发现学生的学习特点、优势、困难、需求等，进而制定更合适的教学计划、方法、资源、评估等，提高教学效果和学生满意度。同时，高校也可以通过大数据分析，时刻关注学生的心理状态、情感变化、压力因素等，为学生提供更及时和有效的心理辅导和支持，促进学生的身心健康和成长。

（二）云计算服务支持的远程学习平台

云计算服务是指通过互联网，将计算资源（如服务器、存储、软件等）按需提供给用户，实现资源的共享和优化。高校可以利用云计算服务，构建远程学习平台，为学生提供更灵活和便捷的学习方式。例如，高校可以通过云计算服务，将课程内容、教学视频、实验模拟、在线测试等上传到云端，让学生可以随时随地通过网络设备访问和学习，打破时间和空间的限制。同时，高校也可以通过云计算服务，实现教师和学生之间的实时互动和协作，如视频会议、在线讨论、群组作业等，增强教学的互动性和参与度。

（三）智能物联网（IoT）在校园安全与设施管理中的应用

智能物联网（IoT）是指通过网络技术，将各种物理设备（如传感器、摄像头、门禁、灯光等）连接起来，实现设备之间的信息交换和智能控制。高校可以利用智能物联网，提升校园的安全与设施管理水平。例如，高校可以通过智能物联网，实现校园的实时监控、预警、应急等功能，如火灾、盗窃、交通、医疗等，保障校园的安全和秩序。同时，高校也可以通过智能物联网，实现校园的节能、环保、智慧等功能，如空调、照明、水电、垃圾等，提高校园的资源利用率和环境质量。

（四）虚拟助手与机器人在行政服务中的应用

虚拟助手与机器人是指通过人工智能技术，模拟人类的语言、行为、情感等，为用户提供各种服务的软件或硬件。高校可以利用虚拟助手与机器人，优化和创新校园的行政服务。例如，高校可以通过虚拟助手，为学生提供更便捷和智能的信息查询、咨询、预约、反馈等服务，如学籍、成绩、奖助、就业等，提升学生的服务体验和满意度。同时，高校也可以通过机器人，为学生提供更多元和有趣的服务，如导览、接待、送餐、娱乐等，增加学生的服务选择和乐趣。

第五章　新媒体时代高校学生管理的创新途径

第一节　新环境中的高校寝室与学风文化构建

一、新形势下高校学生寝室文化建设

（一）高校学生寝室文化的内涵

高校学生寝室文化是指寝室内部形成的一种特有的生活方式、价值观念、行为规范和精神风貌，它是学生个性、兴趣、爱好、情感、思想等多方面的综合体现，也是学生与社会、学校、同学等多方面的互动结果。高校学生寝室文化具有以下几个特点。

1. 多元性

高校学生寝室文化是由不同的学生共同创造和维护的，反映了学生的多样化需求和个性化特征，也包含了不同的文化元素和风格，如学习文化、娱乐文化、网络文化、民族文化等。

2. 动态性

高校学生寝室文化是随着时代的变化和学生的成长而不断发展和变化的，既受到外部环境的影响，如社会变革、科技进步、教育改革等，也受到内部因素的调节，如学生的认知、情感、行为等。

3. 教育性

高校学生寝室文化是学生在寝室生活中接受和实施的一种教育，对学生的思想、品德、能力、人际关系等方面都有着重要的影响和作用，它可以培养学生的自主性、责任感、

团结协作、创新精神等素质，也可以提升学生的生活品质和幸福感。

（二）高校学生寝室文化建设的重要作用

高校学生寝室文化建设是高校教育的重要内容和手段，它对学生的全面发展和学校的和谐发展都有着积极的促进作用，具体表现在以下几个方面。

1. 促进学生的个人成长

高校学生寝室文化建设可以为学生提供一个良好的生活环境和学习氛围，可以激发学生的学习兴趣和动力，可以增强学生的自信心和自我管理能力，可以丰富学生的知识，扩大学生的视野，可以培养学生的道德情操和审美情趣，可以帮助学生解决生活中的困难和问题，可以促进学生的身心健康和平衡发展。

2. 促进学生的集体融入

高校学生寝室文化建设可以为学生提供一个和谐的人际关系和社会关系，可以增进学生之间的相互了解和尊重，可以加强学生之间的沟通和协作，可以形成学生之间的友谊和信任，可以培养学生的团队精神和公民意识，可以帮助学生适应社会的规则和要求，可以促进学生的社会责任和社会参与。

3. 促进学校的文化建设

高校学生寝室文化建设可以为学校提供一个有特色的文化形象和文化氛围，可以反映学校的教育理念和教育目标，可以展示学校的教育成果和教育特色，可以增强学校的凝聚力和向心力，可以提升学校的声誉和影响力，可以推动学校的改革和发展，可以促进学校的文明和进步。

（三）高校学生寝室文化建设中的主要问题

1. 寝室卫生状况不佳

寝室卫生状况是衡量寝室文化水平的一个重要指标，也是影响学生健康和学习的一个重要因素。然而，目前许多高校学生寝室的卫生状况不佳，表现为寝室内外环境脏乱差，寝室内物品堆积杂乱，寝室内空气不流通，寝室内卫生设施不完善，寝室内垃圾不及时清理，寝室内存在异味和细菌等。这些不仅影响学生的生活品质和心情，也会增加学生生病和感染的风险，降低了学生的学习效率和兴趣，损害了学生的形象和自尊。

2. 人际关系不和谐

寝室是学生交流和互动的重要场所，也是学生培养和锻炼人际关系能力的重要途径。然而，目前许多高校学生寝室的人际关系不和谐，表现为寝室内缺乏沟通和理解，寝室内存在冲突和矛盾，寝室内缺乏团结和协作，寝室内存在排斥和歧视，寝室内缺乏尊重和信任，寝室内存在隐私和安全的侵犯等。这些不仅影响了学生的心理健康和情感稳定，也阻碍了学生的人格和品德的形成，降低了学生的社会适应和团队合作的能力，损害了学生的友谊和信誉。

3. 寝室安全意识不足

寝室是学生生活的重要保障，也是学生安全的重要保障。然而，目前许多高校学生寝室的安全意识不足，表现为寝室内存在违规用电和用火的现象，寝室内存在非法存放和使用的危险物品，寝室内存在未经许可的外来人员和物品，寝室内存在不遵守寝室管理规定和制度的行为，寝室内存在不注意防火和防盗的措施，寝室内存在不关注和应对突发事件的能力等。这些不仅增加了学生的生命和财产的危险，也造成了学校的安全隐患和责任风险，降低了学校的管理水平和社会信誉，损害了学校的教育效果和社会责任。

4. 思想政治意识弱化

寝室是学生学习和思考的重要空间，也是学生接受和传播思想政治教育的重要渠道。然而，目前许多高校学生寝室的思想政治意识弱化，表现为寝室内缺乏正确的世界观、人生观、价值观，寝室内存在错误的思想和言论，寝室内缺乏爱国和奉献的精神，寝室内存在违法和反社会的行为，寝室内缺乏对国家和社会的关心和参与，寝室内存在对学校和教师的不尊重和不信任等。这些不仅影响学生的思想和道德的发展，也会削弱学生对国家和民族的认同和归属，降低了学生的社会责任感和历史使命感，损害了学生的公民和人才素质。

（四）高校学生寝室文化建设策略

1. 美化寝室环境，打造品牌寝室

寝室环境的美化，不仅能提升学生的生活品质，增强学生的归属感，还能激发学生的创造力，培养学生的审美能力。为此，学校可以鼓励和支持学生根据自己的喜好，对寝室进行合理装饰、布置，创造出具有个性和特色的寝室空间。学校还可以定期举办寝室美化大赛，评选出优秀的品牌寝室，给予表彰和奖励，激发学生的积极性和参与度。

2. 树立学生榜样，建设和谐寝室

寝室是学生相互学习，相互影响，相互支持的地方。寝室内的学生榜样，不仅能带动其他学生的学习进步，还能促进寝室内的团结协作，和谐氛围。为此，学校可以通过各种渠道，宣传和推广寝室内的学习优秀者、品德典范、志愿服务者、文体活动者等，让他们成为寝室内的明星，引领和带动其他学生。学校还可以开展寝室内的互助互学、互评互教、互动互乐等活动，增进寝室内的交流和沟通，培养寝室内的友谊和情感。

3. 健全规章制度，增强安全意识

寝室的安全，不仅关乎学生的人身安全、财产安全，还关乎学校的稳定、社会的安宁。

因此，寝室的规章制度，是寝室文化建设的重要保障，需要学校、学生、社会共同遵守和维护。为此，学校可以制定和完善寝室的管理规定，明确寝室的使用权利和义务，规范寝室的秩序和纪律，加强寝室的安全检查和防范措施，及时处理寝室的安全隐患和突发事件。学校还可以开展寝室的安全教育和培训，提高学生的安全意识和能力，培养学生的自我保护和互相照顾的习惯。

4. 强化寝室内的思想政治教育，提升学生思想水平

寝室是学生思想政治教育的重要阵地，也是学生思想政治素质的重要体现。寝室内的思想政治教育，不仅能增强学生的爱国主义、社会主义、国际主义等意识，还能提升学生的道德修养、法律素养、公民责任等水平。为此，学校可以利用寝室的优势，开展寝室内的思想政治教育活动，如寝室内的主题党日、主题团课、主题讲座、主题辩论、主题电影等，让学生在寝室内接受思想政治教育的熏陶和影响。学校还可以鼓励和引导学生在寝室内进行思想政治交流和讨论，增进寝室内的思想认同和共识，形成寝室内的良好风气和氛围。

二、新媒体时代高校学风文化建设

对于今天的大学生，新媒体的重要性不言而喻，但“新媒体作为一种新生事物，本身就是一个矛盾的结合体。在它的身上既有国际的、前沿的、新颖的、精华的内容，又有消极的、腐朽的、低靡的、淫秽的信息”①。必须做到因事而化、因时而进、因势而新。

（一）新媒体时代高校学风现状

1. 新媒体资源成为学习交流的重要载体

新媒体时代，互联网、智能手机、平板电脑等设备和应用，为高校学生提供了丰富多样的学习资源和交流平台。学生可以通过新媒体获取最新的学术信息，参与在线课程，浏览各种电子书籍，观看视频讲座，甚至与国内外的专家学者进行实时互动。新媒体也促进了学生之间的沟通和合作，学生可以通过社交网络、微信、QQ 等工具，分享学习心得，讨论课题问题，组织学习小组，扩大学习圈子。新媒体资源为高校学生的学习提供了便利和机遇，也激发了学生的学习兴趣和创新能力。

2. 新媒体成为课堂低头族的“良师益友”

然而，新媒体的发展也给高校学风带来了一些负面影响。一方面，新媒体的过度使用，导致一些学生在课堂上分心，沉溺于手机或平板电脑，忽视了教师的讲解和同学的互动，形成了“低头族”的现象。这些学生往往缺乏专注力和主动性，对课程内容不感兴趣，也

① 丁金诺．论新媒体与高校校园文化建设［J］. 吉林师范大学学报（人文社会科学版），2012(3)：116-118.

不积极参与课堂讨论，影响了课堂效果和学习效率。另一方面，新媒体的滥用，也让一些学生在课堂上作弊，利用手机或平板电脑查找答案，抄袭作业，甚至与外界联系，获取不正当的帮助。这些学生失去了诚信和自律，对学习失去了责任感和尊重，破坏了学习的公平和正义。

3. 新媒体消耗了学生充裕的课外时间

新媒体不仅影响了学生的课堂学习，也占用了学生的课外时间。一些学生沉溺于新媒体的娱乐功能，如游戏、视频、音乐、直播等，忽略了课外阅读、运动、社团活动等有益的学习和生活方式。这些学生往往缺乏自我管理和时间管理的能力，导致学习和生活的失衡，影响了身心健康和个人发展。另一些学生过度依赖新媒体的信息功能，如搜索引擎、百科、问答等，缺乏自主思考和创造性的能力，只满足于表面的知识，而不深入探究和分析。这些学生往往缺乏批判性和判断性的能力，容易受到虚假和错误的信息影响，影响了学习的质量和水平。

4. 新媒体的娱乐功能冲淡了校园学习氛围

新媒体的普及和流行，也改变了高校的学习文化和氛围。一些学生将新媒体视为一种逃避和放松的方式，而不是一种学习和提升的工具，对学习缺乏热情和动力，甚至产生了厌学和反学的心理。这些学生往往缺乏学习的目标和计划，对学习的价值和意义不清楚，也不关注学习的成果和反馈。另一些学生将新媒体视为一种展示和竞争的平台，而不是一种交流和合作的渠道，对学习过分追求形式和数量，而不注重内容和质量，也不尊重他人的学习和成就。这些学生往往缺乏学习的内在动机和兴趣，对学习的过程和方法不重视，也不愿意与他人分享和学习。这些现象，使得高校的学习氛围变得浮躁和功利，失去了学习的本质和意义。

（二）新媒体负面影响下不良学风的危害

1. 新媒体的盲目使用侵害了课堂的严肃性

课堂是高校学生获取知识和技能的主要场所，也是培养学生思想品德和学习态度的重要途径。然而，新媒体的盲目使用严重侵害了课堂的严肃性，影响了学生的学习效果。一些学生在课堂上沉溺于刷手机，浏览各种无关的信息，分散了注意力，错过了老师的讲解和互动。一些学生在课堂上随意拍摄或录制教师和同学的言行，甚至进行不恰当的评论或编辑，造成了课堂秩序的混乱，伤害了教师和同学的尊严和感情。一些学生在课堂上利用新媒体进行作弊，获取或传递答案，破坏了考试的公平性，损害了学生的诚信和自尊。

2. 新媒体的过分依赖降低了学生的创新实践能力

创新实践能力是高校学生应具备的重要素质之一，是学生在未来社会和职业中取得成功的关键因素。然而，新媒体的过分依赖却降低了学生的创新实践能力，影响了学生的个性发展和能力提升。一些学生在面对学习或生活中的问题时，习惯通过新媒体搜索或求助，而不是通过自己的思考和探索，导致学生的思维惰性和创造力的缺失。一些学生在完成学习或实践任务时，倾向于通过新媒体复制或借鉴他人的成果，而不是通过自己的努力和创新，导致了学生的学习水平和实践能力的下降。一些学生在参与学习或实践活动时，过分关注新媒体的评价或反馈，而不是通过自己的体验和反思，导致了学生的自信心和自我价值的降低。

3. 新媒体的广泛传播虚化了大学生的交往模式

交往是高校学生形成和发展人际关系的基本方式，也是培养学生适应社会能力和情感交流能力的重要途径。然而，新媒体的广泛传播却虚化了大学生的交往模式，影响了学生的人际关系和情感健康。一些学生在新媒体上结识和交流的对象过多，而在现实生活中与他人的接触和沟通过少，导致了学生的社交圈子的扩大和质量的下降。一些学生在新媒体上展示和表达的自我过于理想化，而在现实生活中对自己的认识和接纳过于困难，导致了学生的自我形象的偏差和不稳定。一些学生在新媒体上感受和传递的情感过于简单和直接，而在现实生活中对他人的关心和尊重过于缺乏，导致了学生的情感表达的浅薄和冷漠。

4. 新媒体的负面影响削弱了学生的文明诚信意识

文明诚信是高校学生应遵守的基本道德规范，也是培养学生公民素养和社会责任感的重要内容。然而，新媒体的负面影响却削弱了学生的文明诚信意识，影响了学生的道德品质和社会形象。一些学生在新媒体上发布和传播的信息过于随意和不负责，而对信息的真实性和合法性过于忽视，导致了学生的信息素养和法律意识的缺乏。一些学生在新媒体上参与和发起的活动过于冲动和盲从，而对活动的目的和后果过于漠视，导致了学生的判断力和自控力的不足。一些学生在新媒体上对他人的言论和行为过于批评和攻击，而对他人的权利和尊严过于无视，导致了学生的公德心和同理心的缺失。

（三）新媒体时代推进学风文化建设的路径探索

1. 注重宣传教育，严格规范课堂秩序

课堂是高校学风文化建设的重要场所，也是新媒体的重要载体。新媒体可以为课堂教学提供丰富的资源和便利的工具，但也可能造成课堂纪律松懈，学生注意力分散，甚至出现抄袭、作弊等不良现象。因此，高校应该注重宣传教育，提高学生对新媒体的认识和素养，明确新媒体在课堂中的合理使用和规范管理，加强课堂秩序的监督和考核，营造一个有序、高效、积极的课堂氛围。

2. 形成四方合力，提升课堂教学质量

课堂教学质量是高校学风文化建设的核心内容，也是新媒体的重要评价指标。新媒体可以为课堂教学提供多样的形式和方法，但也可能导致教学内容浅显，教学过程碎片，教学效果难以衡量。因此，高校应该形成四方合力，即教师、学生、管理者和社会，共同推进课堂教学质量的提升。教师应该充分利用新媒体，更新教学理念，改进教学设计，提高教学水平，激发学生的学习兴趣和主动性。学生应该合理使用新媒体，增强学习能力，拓展学习渠道，提高学习效果，培养学习习惯和方法。管理者应该有效运用新媒体，完善教学制度，优化教学资源，监督教学质量，促进教学改革和创新。社会应该积极参与新媒体，提供教学支持，反馈教学评价，促进教学交流和合作，增强教学的社会效益和影响力。

3. 积极探索，营造健康向上的校园文化氛围

校园文化氛围是高校学风文化建设的重要表现，也是新媒体的重要影响因素。新媒体可以为校园文化氛围提供丰富的内容和形式，但也可能造成校园文化氛围的异化和冲突，影响校园的和谐和稳定。因此，高校应该积极探索，营造一个健康向上的校园文化氛围。一方面，高校应该坚持以社会主义核心价值观为指导，弘扬优秀的传统文化和革命文化，培育良好的思想道德和公民素养，塑造积极的校园形象和品牌；另一方面，高校应该尊重多元的文化需求和表达，鼓励创新的文化活动和载体，促进交流的文化平台和机制，满足个性的文化发展和成长，打造有特色的校园文化氛围。

4. 注重思想引导，培育大学生网络理性

网络理性是高校学风文化建设的重要保障，也是新媒体的重要要求。新媒体可以为网络理性提供广阔的空间和条件，但也可能造成网络理性的缺失和偏离，影响网络的健康和安全。因此，高校应该注重思想引导，培育大学生的网络理性。一方面，高校应该加强网络法制教育，让大学生明白网络的权利和义务，遵守网络的规则和法律，维护网络的秩序和正义，防范网络的风险和危害；另一方面，高校应该加强网络思想教育，让大学生树立正确的网络观念和价值观，培养良好的网络习惯和态度，提高网络的判断力和辨别力，抵制网络的谣言和诱惑。

5. 加强网络监管，完善新媒体建设的制度规范

"当前的媒介环境存在着媒体引导偏移、文化煽情引导、报道失当等伦理错位"。[①] 因

① 林岳新，杨小松，魏传英．新媒体对青少年价值观形成影响的调查［J］．山东青年政治学院学报，2014(1)：22-28.

此，净化媒介环境，规范媒介管理至关重要。学校应加强对新媒体使用的培训和运行的监管，整合资源优势，分不同时段和对象对学生进行新媒体素养教育，使学生在新媒体使用过程中时刻警醒，以法律为准绳，以道德为参考。学校应邀请一些互联网领域创业成功人员开展专题交流会，或者聘请青少年网络教育研究专家，结合利用互联网进行犯罪活动的真实案例，对学生进行警示教育，依托社会力量构建完整的网络运行监控体系。运用学校师资优势，加强对大学生新媒体使用的技术指导，紧密结合国家、学校的相关法规与制度，层层细化，完善监管大学生新媒体使用的合法性。以学校的师德师风建设为契机，引领校风学风建设，通过学校的专题讲座、社团活动等形式，提升大学生网络道德水平，净化新媒体网络文化环境。

6. 加强宿舍管理，提升宿舍文化育人功能

宿舍是高校学风文化建设的重要组成部分，也是新媒体的重要应用场景。新媒体可以为宿舍文化提供便捷的服务和娱乐，但也可能造成宿舍文化的单一和浮躁，影响宿舍的卫生和安全。因此，高校应该加强宿舍管理，提升宿舍文化育人功能。一方面，高校应该完善宿舍制度，规范宿舍行为，加强宿舍监督，保障宿舍环境，提高宿舍满意度；另一方面，高校应该丰富宿舍活动，培养宿舍氛围，加强宿舍交流，促进宿舍团结，提高宿舍素质。

第二节　新媒体时代学生网络思政教育分析

一、新媒体时代网络思政教育工作特点

（一）资源丰富

新媒体时代的网络信息传输模式，极大地降低了信息内容创作门槛，使各类不同的数据内容实现充分融合。基于新媒体时代的网络思政教育发展，可以利用庞大的数据信息资源，开展多元化的课程教学实践，进一步强化网络思政教育的引导能力。譬如，利用部分基于新媒体信息网络的爱国主义动漫、影视作品等进行网络思政教育的爱国主义教育宣传，创新爱国主义思政教育的新形式，提升爱国主义教育的内在影响力，使爱国主义教育能以多种方式融入学生学习、生活的各个方面。因此，丰富的网络思政教育资源，可以提升网络思政教育的水平，为网络思政教育实践工作的开展提供新的思路，使

网络思政教育能在深化教育实践探索的同时，更好地完善各个阶段课程教学实践体系，弥补传统模式下思政教育内容不足，提升当前网络思政教育的质量。

（二）内容可塑性强

新媒体时代的网络文化资源，以多种形式丰富了学生的学习和生活。短视频、网络竞技、新媒体娱乐及网络社交等，为网络文化的发展提供支持，强化网络思政教育视角下的信息交互能力。网络思政教育工作的开展，则可利用网络文化的发展优势，将部分具有时代影响力及时代发展标志性的内容融入教学，使其能以更多形式进行思政教育内容呈现。所以，新媒体时代的网络思政教育内容具有极强的可塑性，教师可以运用网络思政教育资源，创新网络思政教育模式，使部分新兴技术、新兴网络文化及教育新思想等，融入当前思政教育实践体系，进一步深化网络思政教育与线下思政教育实践的有效对接，增强网络思政教育的内容影响力，使教师能灵活运用网络文化开展网络思政教育工作。

（三）互动性强

新媒体时代的媒体信息传输，不再单方面地依赖于内容输出，而是充分利用网络平台，提升新媒体时代网络信息传播的互动能力。新媒体时代背景下的网络思政教育，同样要基于新媒体技术应用特点，做好对教育内容互动设计，充分利用新媒体网络资源，构建具有内容吸引力的教育互动新模式。譬如，运用新媒体中互动视频信息模块，将思政教育中学生法治思维培养加入网络思政内容设计，通过在互动视频中预设多种不同的信息线索，使学生能基于法治教育内容知识储备，达到最优互动视频结果。从而帮助教师更好地了解学生法治思维水平，明确后续网络思政教育的工作方向。所以，网络思政教育新颖的互动模式，对于提升学生学习参与性及加强教师对学生学习问题的了解有着积极作用，可以进一步提升新媒体时代背景下网络思政教育工作的实效性。

二、新媒体时代网络思政教育创新目标

（一）提升网络思政教育育人培养工作前瞻性

新媒体时代的网络思政教育创新，对于提升思政教育工作前瞻性有着重要意义。新媒体时代发展改变网络信息内容价值导向，技术的高速发展、环境的改变及内容价值导向的进一步优化，促使新媒体时代的网络信息传输呈现内容守恒性特点。网络思政教育工作应基于网络信息内容的价值引导，做好对部分信息内容的精炼化提取，将具有思政教育价值、教学适用性及教育实用性内容，融入网络思政教育工作体系，确保网络思政教育工作的开展。譬如，运用新媒体平台的信息内容整合，创新以学生为中心的思政教

育实践体系，将部分新媒体信息案例及教育信息数据，作为网络思政教育的内容参考，通过分析学生学习兴趣、特点及优势，制定新的网络思政教育实践方案，提升网络思政教育内容选择对学生的吸引力。

（二）加强网络思政教育教学实践资源挖掘与整合

加强对网络思政教育教学资源挖掘及内容整合，也是新媒体时代网络思政教育创新的主要目标之一。网络思政教育工作的开展，应基于学生便于理解的网络话语开展内容整合，提升网络思政教育工作的亲和力，加强教师在新媒体平台与学生的教育沟通，使教师能持续深化对学生思想动态、思维逻辑及思想认识的了解。以此，帮助教师更好地针对学生思想问题制定科学的教育决策。所以，网络思政教育工作的开展，要将新媒体网络发展中的热点内容及新兴文化元素加以有效运用，通过对网络思政教育话语内容的更新，保持网络思政教育工作的有效性，并积极开展对新兴网络元素的教育挖掘，有效利用内容整合完善网络思政教育信息库，使网络思政教育工作的开展能拉近教师与学生之间的教育关系，改变传统教育模式下部分学生存在的怠惰学习思维，帮助学生逐渐适应基于新媒体时代发展的网络思政教育新环境，充分发挥网络思政教育的高效化、多元化及系统化的教育工作优势。

（三）完善思政教育工作体系

长期以来，思政教育工作的开展，始终将学生个体化学习差异及思维差异作为教育的重点内容。但家庭环境、成长经历、教育经历及社会环境等要素，均对大学生思想认识及思维逻辑的形成产生较大影响。新媒体时代的网络思政教育工作创新，必须将完善网络思政教育的育人培养服务保障体系作为主要目标，通过提升网络思政教育服务水平，消除学生个体化差异对于思政教育实践的影响，根据学生思维模式、思想认识的不同，有的放矢地开展多元化的网络思政教育工作，充分满足对不同学生的思政教育实践服务需求，提升新媒体时代发展背景下的网络思政教育成果转化能力。因此，完善基于网络思政教育的育人培养服务保障体系，并非单方面地提升网络思政教育工作质量，而是应根据新时期大学生学习、生活与娱乐习惯，从心理环境、性格特征、思想认识、逻辑思维等多个角度开展教育引导，帮助学生提升思想觉悟及思想认识，使学生能基于积极心态参与后续网络思政学习实践。

三、新媒体时代的网络思政教育创新策略

（一）注重网络思政教育实践的教学服务对接

注重网络思政教育的教学实践服务对接，是指运用网络思政教育为学生建立学习实

训平台，通过培养学生自主学习意识，积极开展多元化的网络思政教育教学实践，利用线上的课程教学实践互动，构建网络思政教育实践新模式。譬如，运用线上教育情景模拟开展思政课学习竞赛，通过网络平台信息资源整合，针对学生情景模拟学习竞赛成果进行展示，根据学生各个阶段思政学习成果比对，分析学生当前阶段学习能力提升状况，并从思想教育引导的视角将学生各阶段存在的思想问题及学习问题进行汇总，完善基于新媒体时代教育发展的网络思政教育新机制。所以，注重网络思政教育实践教学服务对接，本质上仍然以提升教学实践能力为基础的教学创新思路，但不同于传统教学实践模式的是，网络思政教育实践服务对接，应利用新媒体资源完善教育服务体系，通过对新媒体信息内容的运用，加强对学生各个阶段学习成果的检验，帮助教师更好地了解学生各个阶段的学习不足。

（二）优化能力导向与兴趣导向教育服务机制

优化基于能力导向与兴趣导向的教育服务机制，是指根据学生的学习能力及学习兴趣，有针对性地进行网络思政教育的内容筛选，充分利用学生思政学习兴趣拓展课程教学内容，将现阶段网络思政教育内容面向线下课程教学进行延伸，并根据学生学习能力的差异做好对教学策略及教育实践方案的调整，进一步提升网络思政教育与线下课程教学实践的衔接紧密性。其中，教师不应盲目基于学生学习兴趣及学习能力开展分析，而是要结合当前网络思政教育工作需求，采用柔性策略开展兴趣导向及能力导向的教育引导，避免将传统驱动式教学概念重新应用于网络思政教育实践，使网络思政教育工作的开展能注重对学生个性化学习思维培养，强化个性化教育设计和网络思政教育实践能力的提升。因此，教师应以开发学生学习兴趣、学习潜力为主体，持续完善对网络思政教育实践体系，将学生的学习兴趣作为教学实践引导的突破口，使学生在网络思政教育背景下的学习能力得到全面提升。

（三）加强网络思政教育内容的趣味性

加强网络思政教育内容的趣味性，主要是改变传统模式下枯燥的思政课教学内容，使学生能提高网络思政教育课堂的学习乐趣，降低环境压迫感及学习紧张感对于学生造成的负面影响，将快乐学习的教育理念融入网络思政教育实践体系，从而提升基于网络思政教育的教学实践有效性。加强网络思政教育内容的趣味化应用，并非要求教师将现有的思政教育内容进行趣味性优化，而是将部分具有趣味性的新媒体元素加入网络思政教育设计，确保教师能在不改变基础教学结构的同时，更好地深化网络思政教育实践，提升网络思政教育实践质量及教育实践引导能力。另外，加强网络思政教育的内容趣味化应用，能提升学生思政知识学习的认知水平，使学生能有效突破现有思维模式限制，更好地将以往所学的知识内容加以运用，进一步提升网络思政教育工作的亲和力，保证各个阶段网络思政教育工作的有序开展。

（四）丰富多元互动的网络思政教育

构建多元互动的网络思政教育内容，主要目的在于提升学生网络思政学习实践积极性，培养学生网络思政学习的良好习惯，强化学生在网络思政教育中的学习参与能力。为此，教师应在网络思政教育实践方案的制定方面，将部分新媒体热点内容及具有一定媒体争议性的内容加入教育设计，通过学生个人学习见解的发表，明确当前阶段思政教育工作成果及存在的问题。从而有效运用新媒体的信息资源，搭建多元互动的教育实践桥梁，使学生能在网络思政教育的引导下，逐渐融入当前思政教育学习环境。另外，构建多元互动的网络思政教育实践方案，有助于提升网络思政教育的课程教学效率，使教师能基于学生学习需求，科学地定位思政教育课程教学目标，明确教师各个阶段课程教学实践方面，简化烦琐的思政教育课程教学流程，使网络思政教育能紧贴学生思想问题及学习问题开展教育布局。

（五）深化网络思政教育实践模式的生活化设计

深化网络思政教育实践模式的生活化设计，对于提升学生思政知识学习感知能力有着重要意义。对此，教师应加强面向学生的网络思政教育引导，通过对学生学习、生活环境的了解，将与学生现实生活息息相关的内容加入思政教育设计，并利用新媒体平台了解当前阶段学生学习、生活习惯，在学生现实生活环境中加入部分网络思政教育元素，使学生能在学习、生活方面针对思政教育内容进行接触，进一步提升网络思政教育的内容渗透能力，使网络思政教育工作的开展，能形成多位一体的育人培养教育结构。此外，深化网络思政教育实践模式的生活化设计，能提升思政教育工作的灵活性，使思政教育不再单方面地强调某一阶段的教育成果产出，而是能基于深化思政教育影响力构建系统化的课程教学机制，有效提升学生在学习、生活中对于思政教育内容的关注。从而培养学生良好的网络思政学习习惯，提升网络思政教育的教学服务质量。

第三节　健康高校网络舆论环境的构筑策略

一、高校网络舆论环境的特点

高校网络舆论环境形成于特定的教育环境，受政治、经济、文化和科技等领域的发展状况的制约。正在受高等教育的大学生作为主要行为主体，每天接触海量信息，使得高校网络舆论环境呈现出自身的特点。

（一）行为主体趋向理性，环境整体稳定有序

高校师生是高校网络舆论的行为主体，他们大多具有较高的文化素养、专业知识、思辨能力和创新精神，能够在网络上进行理性的思考、交流和表达，对网络信息有较强的甄别、分析和评价能力，不轻信谣言，不传播谣言，不参与网络暴力，不追逐网络热点，不盲从网络潮流，而是以客观、公正、理性的态度，对网络舆论进行有益的引导、监督和建设。高校师生的理性行为，使得高校网络舆论环境整体呈现出稳定、有序、健康、和谐的特征，有利于维护高校的正常教学、科研、管理和服务秩序，也有利于促进高校的和谐发展和社会进步。

（二）表达主题多元化，彰显时代特点

高校师生是社会的一支活力之源，他们关注的网络舆论主题，涵盖了政治、经济、文化、教育、科技、生活等各个领域，反映了高校师生的广泛兴趣、多元需求、广阔视野和开放心态。高校师生在网络上表达的主题，不仅关注高校内部的教学、科研、管理、服务等问题，也关注国家和社会的重大事件、热点话题、发展趋势、改革创新等问题，展现了高校师生的社会责任感、爱国情怀、时代精神和创新意识。高校师生的多元表达，使得高校网络舆论环境呈现出多彩、丰富、活跃、有趣的特征，有利于增进高校师生的知识、技能、能力和素养，也有利于推动高校的学术交流、文化传播、思想碰撞和创新发展。

（三）环境复杂多变，具有可塑性

高校网络舆论环境，是一个动态的、开放的、复杂的、多变的系统，它受到高校内部和外部的多种因素的影响，如高校师生的网络行为、网络平台的技术特性、网络舆论的

发展规律、社会舆论的导向作用、政府和媒体的管理和引导等。这些因素相互作用、相互影响，使得高校网络舆论环境呈现出不确定性、多样性、复杂性和变化性的特征，既有利于高校网络舆论的自由发展和多元表达，也带来了高校网络舆论的风险和挑战，如网络舆论的失真、偏激、极端、负面等现象，可能对高校的教育质量、学术水平、社会声誉等方面造成不良影响。高校网络舆论环境的复杂多变，要求高校师生有较强的网络素养、网络道德、网络责任和网络安全意识，能够合理利用网络资源，积极参与网络舆论，有效塑造网络舆论，使之成为高校的宝贵财富和有力支撑。

二、高校网络舆论环境对大学生的影响

高校网络舆论环境形成于大学生创造的舆论表达情境中，也反过来影响着身处其中的大学生。

（一）积极、正面的影响

1. 拓宽知识视野

高校网络舆论环境提供了丰富的信息资源和多元的观点交流，可以帮助大学生了解国内外的时事、学术、文化等各个领域的动态和发展，拓宽知识视野，增强思想开放性和创新能力。

2. 培养批判思维

高校网络舆论环境也存在着不同的声音和观点，有些甚至是错误的、偏激的、有害的。这就要求大学生在接收网络信息的同时，要有辨别真伪、分析利弊、评判是非的能力，培养批判思维，不盲目跟风，不人云亦云。

3. 促进民主参与

高校网络舆论环境为大学生提供了一个广阔的平台，可以表达自己的意见和诉求，参与社会和校园的公共事务，发挥自己的作用和影响，促进民主参与和社会责任感的形成。

4. 增进交流互动

高校网络舆论环境也是大学生之间的交流互动的重要渠道，可以帮助大学生结识志同道合的朋友，分享学习和生活的经验和感受，增进相互的了解和信任，促进友谊和团结。

（二）消极、负面的影响

1. 影响学习效率

高校网络舆论环境虽然有利于大学生拓宽知识视野，但也可能导致大学生过度沉溺

于网络，分散学习注意力，影响学习效率和质量。一些不良的网络舆论也可能误导大学生的学习方向和方法，造成学习困惑和迷茫。

2. 损害心理健康

高校网络舆论环境也可能对大学生的心理健康造成损害，一些负面的、极端的、暴力的网络舆论可能引发大学生的恐惧、焦虑、抑郁等不良情绪，甚至诱发自杀倾向。一些网络暴力、网络欺凌、网络诽谤等现象也可能伤害大学生的自尊和自信，影响人格的健全发展。

3. 破坏价值观

高校网络舆论环境也可能对大学生的价值观造成破坏，一些不符合社会主义核心价值观的网络舆论可能侵蚀大学生的思想道德，导致大学生的价值观扭曲和失范。一些违背社会公德和法律规范的网络舆论也可能诱导大学生的行为偏离和违法。

4. 削弱人际关系

高校网络舆论环境也可能对大学生的人际关系造成削弱，一些过度依赖网络的大学生可能忽视了现实生活中的人际交往，导致社交能力和适应能力的下降。一些网络舆论的冲突和对立也可能影响大学生之间的和谐与团结，导致人际关系的疏远和破裂。

三、建设健康向上的高校网络舆论环境的路径

建设健康向上的高校网络舆论环境，不仅是高校健康有序发展的需要，也是大学生健康成长的需要。针对高校网络舆论环境的特点及其对大学生的影响，需要从多方面入手，提供其健康发展的新路径。

（一）把握网络舆论环境发展方向

1. 积极引导网络舆论，弘扬社会主义核心价值观

网络舆论是社会舆论的重要组成部分，也是社会主义核心价值观的重要传播渠道。高校应该充分利用网络平台，宣传党的路线、方针、政策，阐释国家发展战略，传播正能量，引导高校学生树立正确的世界观、人生观、价值观，增强对社会主义事业的认同和信心，培养爱国主义、集体主义、社会主义的情感和意识。

2. 有效监管网络舆论，防范和化解网络风险

网络舆论环境也存在着一些不利因素，如网络谣言、网络暴力、网络极端主义、网络分裂主义等，对高校思想政治教育和社会稳定构成威胁。高校应该加强网络舆论的监管，及时发现、查处网络违法违规行为，维护网络安全和网络秩序，防止网络舆论被利用和操纵，防范和化解网络舆论引发的社会矛盾和冲突。

3. 创新网络舆论，提升网络文化品位

网络舆论环境是高校文化建设的重要领域，也是高校学生文化素养的重要体现。高校应该推动网络文化的创新，丰富网络文化的形式和内容，提升网络文化的品位和水平，打造有特色、有影响、有温度的高校网络文化，满足高校学生的精神需求，培养高校学生的文化自信和文化责任。

（二）建立针对网络舆论环境的信息监控机制

1. 建立网络舆论信息采集系统

高校应该利用现代信息技术，如大数据、云计算、人工智能等，建立网络舆论信息采集系统，对网络舆论信息进行全面、系统、实时的收集、整理、分析，形成网络舆论信息数据库，为网络舆论管理和服务提供数据支撑。

2. 建立网络舆论信息分析系统

高校应该根据网络舆论信息的特点和规律，建立网络舆论信息分析系统，对网络舆论信息进行深入、细致、科学的分析，识别网络舆论的主题、倾向、影响、风险等，形成网络舆论信息分析报告，为网络舆论引导和应对提供决策依据。

3. 建立网络舆论信息反馈系统

高校应该根据网络舆论信息的分析结果，建立网络舆论信息反馈系统，对网络舆论信息进行及时、有效、合理的反馈，包括发布权威信息、澄清谣言、回应关切、解释政策、纠正错误等，形成网络舆论信息反馈机制，为网络舆论营造和谐、健康、积极的氛围。

（三）建立思想政治教育对网络舆论环境的介入机制

1. 建立网络舆论教育内容体系

高校应该根据网络舆论环境的特点和需求，建立网络舆论教育内容体系，涵盖网络舆论的基本概念、网络舆论的形成机制、网络舆论的影响因素、网络舆论的应对策略等，为高校学生提供系统、全面、科学的网络舆论知识，提高高校学生的网络舆论素养和能力。

2. 建立网络舆论教育方法体系

高校应该根据网络舆论教育的目标和效果，建立网络舆论教育方法体系，包括网络舆论教育的课堂教学、网络舆论教育的实践活动、网络舆论教育的案例分析、网络舆论教育的评价考核等，为高校学生提供多样、灵活、有效的网络舆论教育方式，激发高校学生的网络舆论学习兴趣和参与热情。

3. 建立网络舆论教育平台体系

高校应该根据网络舆论教育的资源和条件，建立网络舆论教育平台体系，包括网络舆论教育的专业机构、专业人员、专业设备、专业媒体等，为高校学生提供优质、专业、便捷的网络舆论教育服务，保障网络舆论教育的质量和效果。

第四节　新媒体时代高校网络借贷的现状与应对探究

一、大学生网络借贷的定义及类型

大学生网络借贷是指大学生通过互联网平台，向他人或机构借款的行为。大学生网络借贷的类型主要有以下几种。

（一）信用借贷

信用借贷是指借款人无须提供任何抵押或担保，仅凭自身的信用评分或信用卡额度，就可以向网贷平台或银行等机构借款的方式。信用借贷的优点是借款流程简便，审核速度快，利率相对较低。但是，信用借贷的缺点是借款额度有限，还款压力较大，逾期风险较高。

（二）抵押借贷

抵押借贷是指借款人需要提供一定的抵押物，如房产、车辆、贵重物品等，作为借款的担保，才能向网贷平台或银行等机构借款的方式。抵押借贷的优点是借款额度较高，利率较低，还款期限较长。但是，抵押借贷的缺点是借款流程复杂，审核速度慢，抵押物有可能被没收或贬值。

（三）担保借贷

担保借贷是指借款人需要提供一定的担保人，如亲友、同学、教师等，作为借款的保证，才能向网贷平台或银行等机构借款的方式。担保借贷的优点是借款条件较宽松，利率较低，还款责任可以分担。担保借贷的缺点是借款关系复杂，可能影响人际关系，担保人有可能承担连带责任。

二、大学生网络借贷的特点

（一）借款目的多样

大学生网络借贷的借款目的不仅包括学习、生活、创业等正常的消费需求，还包括旅游、娱乐、网购等非理性的消费行为。这些借款目的反映了大学生的消费观念和价值观的多元化和多样化，也反映了大学生的消费水平和消费压力的提高和增加。

（二）借款渠道多元

大学生网络借贷的借款渠道不仅包括正规的网贷平台、银行等，还包括非正规的校园贷、高利贷、裸贷等。这些借款渠道反映了大学生的借款需求和借款选择的多元化和多样化，也反映了大学生的借款意识和借款风险的缺乏和低下。

（三）借款行为隐蔽

大学生网络借贷的借款行为往往是在互联网上进行的，不需要面对面的交流和沟通，也不需要向家长或教师等报告和说明。这些借款行为反映了大学生的借款方式和借款习惯的便捷化和隐蔽化，也反映了大学生的借款自主和借款隐私的重视和保护。

（四）借款后果严重

大学生网络借贷的借款后果不仅包括经济的损失和负担，还包括心理的压力和困扰，甚至可能导致人身的伤害和威胁，或者影响学业的进展。这些借款后果反映了大学生的借款能力和借款责任的不足和缺失，也反映了大学生的借款风险和借款代价的高昂和沉重。

三、大学生网贷面临的风险

很多大学生在网络借贷的时候只知道手续简单、到款快捷，能暂时解决资金紧张问题，而对网络借贷存在的还贷、个人信息泄露、暴力逼债等风险却认识不足，很容易上当，自毁前程。

（一）还贷风险

1. 借贷金额过大

一些大学生在网贷平台上轻易地借到了数千元甚至数万元的贷款，超出了他们的还款能力。这些贷款往往是高利贷，利息远高于正规金融机构的贷款，还款压力很大。一旦出现意外情况，如生病、失业、毕业等，大学生就可能陷入还款困境，甚至无法偿还本金。

2. 借贷期限过短

一些网贷平台为了吸引大学生，提供了短期的借贷服务，如一周、十天、一个月等。这些借贷期限往往不符合大学生的收入周期，使得他们在借贷到期时无法还款，只能选择续借或逾期。续借会增加利息负担，逾期会产生高额的滞纳金和罚息，加剧了大学生的还款困难。

3. 借贷渠道过多

一些大学生在一个网贷平台上借款后，为了还款，又在另一个网贷平台上借款，形成了“借新还旧”的恶性循环。这样不仅会增加借贷的总额和利息，还会导致大学生在多个网贷平台上留下不良的信用记录，影响他们的未来金融信用。

4. 借贷目的不明确

一些大学生在网贷平台上借款，没有明确的借贷目的，而是用于一些不必要的消费，如购物、旅游、娱乐等。这些消费往往没有产生任何收益，反而增加了大学生的负债，使他们在还款时感到压力和后悔。

（二）人身安全风险

1. 暴力催收

一些网贷平台或债权人为了追回借款，采取了暴力催收的手段，如上门闹事、打砸抢、殴打威胁等，严重侵犯了大学生的人身安全和财产安全。有些暴力催收甚至涉及大学生的家人、朋友、同学等，造成了更大的社会影响和心理创伤。

2. 裸贷

一些网贷平台或债权人为了控制大学生，要求他们提供一些隐私或敏感的信息，如身份证、银行卡、联系方式、裸照、视频等，作为借贷的抵押或担保。一旦大学生无法还款或拒绝还款，这些信息就会被泄露、敲诈或威胁，严重损害了大学生的名誉、尊严和人格。

3. 自杀

一些大学生在面对巨额的借贷压力和无法承受的暴力催收或裸贷的侵害时，选择了绝望的方式，如自杀、自残等，结束了自己的生命。这些悲剧不仅是大学生个人的悲哀，也是社会的悲哀，引发了社会的关注和反思。

（三）信息泄露风险

随着互联网的普及和发展，大学生的个人信息越来越容易被收集、存储、分析和利用。一些不法的网贷平台或中介机构，为了获取更多的利润，会通过各种手段，如诱导、欺骗、威胁等，获取大学生的个人信息，包括姓名、身份证号、手机号、银行卡号、家庭住址、亲友联系方式等。这些信息一旦被泄露，就可能给大学生带来严重的后果，如个人隐私被侵犯、信用记录被破坏、财产被损失、人身安全被威胁等。例如，一些不良的网贷平台会利用大学生的个人信息，进行骚扰、催收、恐吓、诽谤等行为，甚至会将大学生的个人信息公开在网上，造成大学生的名誉受损，带来心理压力。因此，大学生在进行网贷时，必须注意保护自己的个人信息，不要轻信或泄露给任何未经授权的第三方，以免遭受损失和伤害。

（四）网络虚假贷款诈骗风险

网络虚假贷款诈骗是指一些不法分子利用互联网，以提供网贷服务为名，实施的一种诈骗行为。这种诈骗行为的特点是，通过虚假的广告、网站、App等吸引大学生的注意，然后以低门槛、高额度、快速放款等为诱饵，让大学生填写个人信息、上传身份证、银行卡等资料，最后以各种理由，如审核费、保证金、手续费等，要求大学生先支付一定的费用，然后就消失不见，或者以更高的利息、罚息、违约金等，让大学生陷入更深的债务。这种诈骗行为的危害是，不仅让大学生损失了金钱，而且可能导致大学生的个人信息被泄露、信用记录被破坏、法律纠纷被牵扯等。因此，大学生在进行网贷时，必须提高警惕，不要轻信或参与任何未经正规审查和备案的网贷平台或中介机构，以免上当受骗。

（五）助长大学生非理性消费风险

网贷作为一种便捷的金融服务，本身并没有错，但是如果大学生缺乏理性的消费观和财务管理能力，就可能滥用网贷，导致非理性的消费行为。一些大学生认为，网贷可以让自己随时随地享受到现代化的生活，不用担心钱的问题，就会借钱买一些不必要或超出自己承受能力的物品，如名牌服饰、数码产品、旅游度假等。这些消费行为不仅没有给大学生带来真正的幸福，反而让大学生陷入了消费主义的误区，忽视了自己的学习和成长，甚至影响了自己的健康和人际关系。更严重的是，一些大学生因为无法按时还款，就会“借新还旧”，造成债务的雪球效应，最终导致负债累累，甚至走上违法犯罪的道路。因此，大学生在进行网贷时，必须树立正确的消费观，合理规划自己的收支，不要盲目跟风或攀比，不要超出自己的经济能力，不要为了一时的享乐，而忘记了自己的长远利益。

四、高校学生工作应对策略

大学生网络借贷平台鱼龙混杂，网络借贷在大学校园乱象丛生，这给高校的学生管理工作带来了严峻的挑战，高校的管理者必须想尽一切办法，从各个方面采取措施，避免不良的网络借贷给学生带来伤害。

（一）高校加大对校园网络贷款危害性的宣传，加大校园不良网络借贷监管力度

高校应禁止不良网贷公司以宣传、赞助等形式进入校园的各种行为，禁止校园网贷在宿舍楼道、食堂、图书馆、教室等地方张贴广告，对已有广告彻底清除，保持校园一方净土；高校学生处设立专门的橱窗，张贴校园网络贷款危害的相关知识，张贴由于不良网络借贷而引发的典型案例，图文并茂，使大学生充分了解网络借贷的危害，让大学生不想贷，不敢贷。

（二）开展主题班会、专题讲座等，让防范教育进入课堂

除了加强宣传和监管，高校还应该将防范教育纳入课堂，通过开展主题班会、专题讲座等形式，让学生在学习的过程中，深刻认识到校园网络贷款的危害，增强自我保护能力。例如，高校可以邀请金融专家、法律专家、心理专家等，为学生讲解网络贷款的法律风险、心理影响、应对方法等，让学生从多个角度了解网络贷款的真相。或者，高校可以组织学生观看反映校园网络贷款的影视作品、新闻报道、案例分析等，让学生亲身感受网络贷款的恶果，引发学生的思考和反思。通过这些方式，高校可以让防范教育进入课堂，提高学生的警惕性和抵制力。

（三）教育学生树立正确的消费观

校园网络贷款的根本原因，是一些学生缺乏正确的消费观，盲目追求物质享受，超越自身的经济能力，从而被网络贷款所诱惑。因此，高校应该教育学生树立正确的消费观，培养学生的理性消费和节约消费的习惯。具体而言，高校可以从以下几个方面入手。

（1）引导学生树立正确的世界观、人生观和价值观，让学生明白，金钱不是衡量一个人的唯一标准，物质享受不是人生的全部，学习和成长才是学生的主要任务，只有通过努力奋斗，才能实现自己的理想和价值。

（2）培养学生的财务管理能力，让学生学会制定合理的预算，合理安排自己的收入和支出，避免无谓的浪费，节约开支，积累储蓄，为自己的未来打下坚实的基础。

（3）倡导学生的绿色消费，让学生关注社会和环境问题，消费时考虑自己的需求和影响，避免过度消费和浪费资源，选择健康、环保、节能的消费方式，为社会和自然的可持续发展做出贡献。

（四）对于已经进行网络贷款同学进行干预和正确引导

对于那些已经陷入校园网络贷款困境的同学，高校应该及时进行干预和正确引导，帮助他们走出困境，恢复正常的学习和生活。具体而言，高校可以从以下几个方面入手。

（1）建立校园网络贷款求助机制，为受困同学提供咨询、投诉、举报等服务，及时了

解他们的贷款情况，协助他们与贷款方沟通，争取合理的还款方式和期限，减轻他们的负担。

（2）提供校园网络贷款心理援助，为受困同学提供心理咨询、心理辅导、心理治疗等服务，帮助他们缓解贷款所带来的压力、焦虑、恐惧等负面情绪，增强他们的自信和自尊，恢复他们的心理健康。

（3）组织校园网络贷款互助小组，为受困同学提供互相支持、互相鼓励、互相学习的平台，让他们在小组中分享自己的经历和感受，听取他人的建议和经验，相互借鉴和学习，共同克服困难，走出阴影。

（五）加强学生资助信贷体系的建设力度

目前，在“大众创业、万众创新”背景下，很多大学生还未走出校园就开始了自己的创业梦想，他们年轻，接受新事物比较快，能吃苦，有朝气，有闯劲，但是由于他们没有任何社会收入，通过“啃老”的方式创业很不现实，通过什么方法获得正规的创业启动金？这是摆在他们面前的一个难题。银行贷款门槛太高，且不少在校大学生不知道怎么办理，这时送上门的“校园贷”就成了一种选择。学校管理者应积极制定科学的资助信贷体系，与金融机构合作，或者拿出专项资金，积极建立校园银行，为学生提供金融借贷服务，满足学生拓展学习、创新创业等发展性需求。

（六）重点帮助困难学生，实现精准帮扶

高校辅导员、班主任在学生入学之初就要建立家庭经济困难学生信息数据库，掌握困难学生的基本情况，进行精准帮扶，平时多关爱他们，在精神上不断鼓励他们，引导他们战胜物质上的贫穷。学校后勤处、保卫处、学生处等相关部门要设立一定数量的勤工俭学岗位，为贫困学生提供勤工俭学的机会，满足他们的基本需求，不为学费、生活费等发愁，从而避免这些学生成为不良网络借贷的受害者。

（七）与家长、学生建立良好的沟通渠道

高校辅导员、班主任平时应加强与学生、学生家长的沟通，辅导员、班主任平时多到教室、宿舍与大学生沟通、交流、谈心。在与学生交流的过程中，要善于发现问题，对于消费异常的学生，必须高度重视。另外，还要充分利用广大学生的力量，引导他们互相监督，一旦发现自己班级有学生在进行网络借贷，必须高度重视，立刻与学生沟通，积极和家长联系，和家长一起做学生工作，从而避免他们在网络借贷的泥潭里越陷越深。

第六章 新媒体时代高校学生就业创业管理及指导

第一节 高校学生就业的选择

一、大学生就业形势现状

当前，我国大学生的就业形势已经出现了“喜忧参半”的状况。

（一）大学生就业形势中的“喜”

“喜”主要表现在以下几个方面。

1. 国家出台了一系列的就业政策来逐步促进和帮助大学生就业

近几年国家出台了一系列的就业政策来逐步促进和帮助大学生就业，同时，我国近几年实行的是“以市场为导向，政府调控、学校推荐、毕业生与用人单位双向选择、毕业生自主择业”的就业政策，给广大高校毕业生增加了更多的公平竞争的机会。可以说，国家的新政策给即将毕业的大学生带来一剂宽心丸。另外，各级地方政府也结合本地实际情况，制定具体政策措施，对促进大学生“充分、及时”就业，起到了积极的推动作用。

2. 国家采取多种措施提供就业工作岗位

大学生就业问题得到国家前所未有的重视。为了力促高校毕业生就业，国家为高校毕业生直接提供了许多特设的就业工作岗位，如通过“三支一扶”、“村官计划”、“西部计划”、事业单位招录、公益岗位的设立、大学生入伍等措施，促进大学生及时就业。

3. 国家经济持续增长，带动了对毕业生的需求

发展国民经济是解决毕业生就业的根本途径。据统计，国内生产总值每增加1%，平

均可增加80万个就业岗位。近几年，我国经济持续发展，拉动了社会对毕业生的需求。

4. 民营企业、三资企业等中小企业的迅速发展，扩大了就业渠道

随着社会主义市场经济的建立，我国经济结构发生了重大变革，出现了以公有制为主，多种经济成分并存的格局。中小企业、民营企业、三资企业、股份企业等非公企业的迅速发展壮大，不仅带动了我国社会经济的快速发展，也为高校毕业生提供了众多的就业工作岗位，改变了高校毕业生就业渠道单一的格局，扩大了毕业生就业渠道。

（二）大学生就业形势中的“忧”

随着高校毕业生人数的不断增加，专业和社会需求的不对口，就业形势还是不容乐观的，毕业生将面临更多更大的挑战和竞争。

目前大学生就业形势严峻的原因可以从社会角度和毕业生自身的角度两个方面来分析。

1. 从社会角度来看

（1）缺乏全国统一的劳动力市场。

我国目前尚未建立全国统一、竞争有序的劳动力市场，结果导致一些地区和部门的失业者求职无门，用人者招人无路，严重制约了经济欠发达地区与经济发达地区之间、城乡之间和行业之间的劳动力转移和流动。

（2）市场体制尚不健全。

目前，毕业生就业市场尚不建健全，加上学校的招生、专业设置、教学内容、培养模式等因素影响，以致专业结构失衡，毕业生就业时供需失衡。

（3）其他劳动力类型抢占就业市场。

劳动力供大于求压力逐年加大，城镇新成长劳动力，下岗人员，城镇登记失业人员，按政策需在城镇安排就业的农村劳动力和退役军人，大量初、高中毕业生都将占据每年就业人数的大部分，从而进一步缩小了高校毕业生的就业市场。

（4）供需不平衡。

大学生就业与产业结构的调整以及地区经济发展周期有较大的关联，社会需求起伏较大，而我国四年一个周期的高校专业设置决定着专业人才的产出量。

2. 从毕业生自身角度来看

（1）就业观念滞后。

目前，大学生就业理念受社会各种价值取向的影响，普遍存在四大误区。

第一，“宁愿出国带光环，不在国内做职员”。

第二，“宁到外企做职员，不到中小企业做骨干”。

第三,“创业不如就业”。

第四,“就业难不如再考研”。

(2)准备不足,职业生涯模糊。

许多毕业生在择业前没有做充分的就业准备,盲目就业常会导致就业失败。有很多学生有就业恐慌表现。

(3)缺乏求职技巧。

部分大学生缺乏基本的求职技巧,没有对面试的基本礼仪、材料及简历的制作有针对性的准备,使毕业生失去基础的竞争力。简历普遍内容冗长,无关联信息较多,套用时下流行的词汇,这些都会直接影响就业。

(4)缺乏工作经验。

大学生在求职中遇到的最大困难是“缺乏工作经验”,缺的是良好的心理素质、礼仪和法律观念以及实际的工作能力,如何在教学过程中提高学生的实际工作操作能力已成为各高校各项工作中的重中之重。

当然,还有一些其他原因造成了当今高校毕业生就业形势严峻,例如,某些专业人才过剩、毕业生的频繁跳槽等,因此,我们应该从各个方面努力缓和毕业生就业难的问题,尤其是加强对毕业生的指导,使其树立正确的就业观,进行合理准确的定位,顺利实现就业。

二、大学生未来就业趋势

(一)政府调控力度会持续加大

在毕业生数量逐年增加的情况下,毕业生就业难的状况将会逐年加剧,因此,政府宏观调控仍然是影响和拉动高校毕业生需求增长的重要因素。国家和各级政府将继续加大领导和统筹调控力度,推进政策创新和体制创新,提供更多的就业岗位,并将为高校毕业生就业、创业提供良好的政策环境。

(二)竞争将更激烈

各地区和学校之间在毕业生就业领域中的竞争将更激烈,毕业生流动将呈现出进一步活跃的态势,学历因素、专业和学校因素对个人就业的影响也将日益增强,到非国有单位就业、灵活就业、自主创业将成为高校毕业生就业的主渠道之一。

(三)基层就业将是高校毕业生的重要选择

随着发达地区就业岗位的饱和,今后,前往基层就业将会是高校毕业生的重要选择。各地制定了进一步贯彻落实鼓励高校毕业生面向基层、志愿服务西部的各项措施,将吸收大量毕业生到基层建功立业。同时，国家正在从宏观上加快深化科教文卫、公共管理、现代服务体制改革，打破垄断、开放准入，为长期解决高校毕业生就业问题奠定了基础。

（四）用人单位将更加理性

目前，我国的用人机制正在回归理性，用人单位已从盲目地追求高学历人才到开始注重高技术、高技能型人才的引进，这将为高校毕业生提供更多的就业岗位。

三、大学生就业心理问题的原因分析

大学生就业心理问题的原因主要应该从客观和主观两个方面来进行分析。

（一）客观因素

客观因素主要包括以下几个方面。

1. 社会因素

来自社会各方面的期望和要求对大学生构成无形的心理压力。

第一，社会对大学生的要求越来越高，要求其既要有一定的理论基础知识，又要具备较强的实际操作能力，还要有团结协作、吃苦耐劳的精神等。

第二，很多大学生为了档案户口等问题，不得不提前找工作，处于临近毕业的大学生，最后一年的主要精力往往不是学业而是考虑就业，以致专业知识并不扎实。所有这一切，无形中都给大学生造成了极大的心理压力。

第三，目前的就业市场尚未规范，社会上涌现出一些不正之风。由于机制不健全、信息不灵、供需渠道不畅等缺陷，公平、公正、公开、择优录用的就业机制尚未完全形成，也严重干扰了就业工作的顺利进行。

2. 学校因素

目前，随着高校的不断扩招，大学生的数量急剧增多，这也给大学生的就业带来了一定的困难。另外，很多高校没有从一开始就对大学生进行就业及心理方面的教育，导致一些大学生在大学快毕业时才了解相关知识，有的甚至到毕业了还对这些不是很清楚，这也是导致大学生在就业过程中出现问题的重要原因。

3. 家庭因素

家庭是个体社会化的主要场所，家庭对个人各方面的影响都颇为深刻。家庭中父母的社会地位、社交能力、所持的价值观、对社会各种职业的评价认定以及他们的期望，父母与子女的关系，家庭环境和氛围，家庭教育等都影响着大学生的世界观、人生观、价值观，左右着他们的就业心理。此外，家庭的经济状况、社会关系和住所的地理位置，也会对大学生的择业和就业后的流动产生巨大影响。

（二）主观因素

主观因素又称内部因素，是由大学生自身内部的特质构成的。虽然外部客观因素对大学生的择业心理有着很大的影响，但归根结底还是由大学生自我认定。因此，大学生的主观因素是影响其就业心理问题的根本因素。概括来说，主要影响因素包括以下几个方面。

1. 自我认识不足

大学毕业生正值青年中期，自我意识和独立思维能力进一步增强，个体心理逐渐走向成熟。但是相当多的大学生缺乏必要的自我认知能力。他们在追求发展自我的过程中，一旦遭到挫折或没有达到自己的预期目标，往往不能正确地评价自己，产生不健康的心理，严重影响他们的心理状态。

2. 求职动机有偏差

面对严峻的就业形势，如何做出正确的抉择，往往使自我认知不准确、缺乏社会经验的大学生们深感困惑，出现焦虑不安的情绪，求职中跟风从众、盲目攀比，遇到一两次失败就怨天尤人、灰心丧气，甚至产生极端情绪，这和求职动机有很大的关系。一些大学生在由学生向求职者的角色转换过程中，不能及时调整，求职动机便偏离企业实际需求，如偏重经济待遇、看重工作的稳定性、一定要选择与自己专业对口的职业、寻求“完美”的职业等，这些动机常常不能得到满足，使得部分高校毕业生产生郁闷、怨天尤人的心理问题。

3. 无法尽快转换角色

大学生往往把学校、家庭、亲友及同学所给予的关心、呵护、尊重当成是社会的最终认可，当面临由一个“天之骄子”的大学生向一个现实的社会求职者转变时，不能摆正自己的位置客观冷静地进入求职状态，就给自己带来了较大的心理影响。其实，从大学生走出校门那天起，其角色就发生了变化，即由学生角色转为职业角色。

4. 不清楚就业的相关常识

很多大学生能够对就业作出相应的准备，但是却缺乏相应的就业常识准备，比如，缺乏对就业程序的了解、对就业政策的理解模糊、对信息渠道来源不清楚等，是大学生求职初期的较大障碍。有的大学生初次就业表现为手足无措，缺乏自信心，更有甚者，对工作失去了应有的热情与上进心，都是对具体的就业程序不了解的体现。目前，大多数学校都开设了“就业指导课”，并成立了院系两级的就业指导机构，对有关毕业生就业工作的政策进行全面、广泛的宣传。然而有相当一部分大学生不重视就业指导课，以为那些都是“纸上谈兵”，因此，对就业政策一知半解。而在就业过程中，因为缺乏就业程序的相关知识，有的大学生感到迷茫和彷徨，不知所措，如果导致就业受挫，容易产生抑郁或自卑等心理问题。所以，详细了解就业的程序既利于保持健康的心理状态，也能提高应聘的成功率。

5. 不能准确认知现实环境

现实环境对于大学生就业有着很大的影响，因此，对现实环境的准确认知，是大学生就业成功的关键之一。有些大专业的学生思想不切实际，讲究金钱第一、环境条件第一，结果出现了“高不成，低不就”的状况，从而错过许多良好的就业机会；有些大学生学生不了解自己将从事的职业前景如何或者当代职业热点是什么，对于到底是适合管理岗位还是技术岗位没有准确的定位等。这些因素会使大学生学生在选择职业时变得踯躅不前，举棋不定。

大学生中普遍存在着对自我与现实认识的偏差，表现出没有明确的求职方向、基本功差、眼高手低、好高骛远、盲目攀比、不肯吃苦、害怕受挫等心理现象。从近几年招聘单位反馈的信息来看，那些没有扎实的专业知识和较强的学习能力、缺乏奉献精神和吃苦耐劳的品德、个人利益至上、只想管人不想被人管的大学毕业生，最终是会被淘汰的。

因此，大学毕业生不但要学好专业技能知识，还要提升自身综合素质，深入了解自身优劣势，明确自己的就业需要和兴趣点，有针对性地进行准备才能找到满意的工作。

6. 综合素质较低

在当代社会，很多用人单位都比较看重综合能力较强的大学生人才。然而很多大学生在入学之初没有对自己的职业进行很好的规划，以致在整个大学阶段没有明确的学习目标。而大学阶段学习目标不明确，会使得大学生的学习态度不认真，对于自己的学习完全处在应付的状态，最终导致专业基础差、职业技能低，出去找工作自然没有底气。这是多数大学生面临的共同问题。

第二节 高校学生就业管理与指导的实践策略

一、做好就业心理的准备

（一）树立正确的就业观念

1. 树立主动就业的观念

当代大学生要理性地看待目前严峻的就业形势，要认识到机遇往往是与挑战并存的。在面对新的机遇和挑战时，我们应积极把握，理性选择，走最适合自己发展的道路。因此，广大毕业生应调整好自己的心态，全面冷静地分析自己和社会，不断充实自己，提升能力，适应社会需求；积极参加招聘活动，认真把握每次就业机会，主动就业，才能充分就业。

2. 树立“先就业、后择业”的观念

先就业、后择业不仅能够缓解大学生就业压力，而且能够让大学生毕业有去处、生活有来源、发展有机会，为大学生立足社会和寻求发展奠定了经济基础。先就业可以让大学生在工作实践中增加才干，提高能力，再次择业时将处于更有利的地位。

3. 树立面向基层就业的观念

基层就业就是到城乡基层工作。国家出台了一系列优惠政策，鼓励高校毕业生积极参加社会主义新农村建设、城市社区建设和应征入伍。近年来，“大学生志愿服务西部计划”“三支一扶计划”“选聘高校毕业生到村任职工作”“农业技术推广服务特设岗位计划”纷纷出台，促进了大学生调整就业期望、转变就业观念，促使更多大学生到基层去寻求更广阔的发展空间和机会，已经为社会、学校、大学生及其家长所接受，基层就业成为越来越多毕业生的选择。

4. 树立自主创业的观念

就业是民生之本，创业是就业之源。党和国家通过一系列政策，引导与支持大学生自主创业，高等学校也重视对大学生创业教育实效的培养，使当代大学生创业意识和创业精神得到了提高，创业的热情和动力在不断迸发，涌现出不少成功创业的典型，有效减轻了社会的就业压力。

（二）正确认识自我

1. 正确认识自我的概念

自我的概念主要包括现实自我、投射自我和理想自我三个方面的内容。

（1）现实自我。

现实自我又称“个人自我”，是个体从自己的立场出发对自我目前实际状况的看法与认识，包括对自己的躯体、行为、人格、角色特点的认识。

（2）投射自我。

投射自我也称“镜中自我”，是个人想象中他人对自己的看法与评价。现实自我与投射自我间常有距离。当距离加大时，个体会感到他人不理解自己。

（3）理想自我。

理想自我是个体从自己立场出发建构的将来要达到的理性标准，也是个人行为的动力和参考系数。大学毕业生在寻找工作的过程中，会受到理想自我的影响。

2. 正确认识自我的特征

自我的特征，具体来说有以下几个（表6-1）。

表 6-1　自我的特征

自我的特征	具体内容
能动性	自我的能动性表现在个体在自我认识的同时,还能调控个体的行为与心理,按照自我定义不断完善自己
社会性	自我的社会性表现在自我要受到社会的制约。个体自我需要的实现只能在一定的社会经济结构中才有可能,任何人都不能脱离社会而单独存在
自觉性	自我的自觉性体现在个体对自己及自己与周围的关系有清醒的认识上,能使心理活动处于自觉的状态中

（三）树立自信心

自信是成功的源泉，只有自信，才有可能将潜在的实力发挥出来。大学生要想树立起自信心，可以从以下两个方面着手。

第一，要提高自己的能力水平，积蓄自信的资本，这是树立自信的最根本途径。对于大学生来说，只有搞好学业，发展特长，全面提高自己的综合素质，面对招聘者才可能信心十足。

第二，要多想想自己的优点、优势和特长，要相信自己的能力。认识到别人也不一定什么都好，自己也不是事事不如人。了解了这一点也就不会有畏惧感了。

（四）培养竞争意识

随着改革开放的进一步深化和社会主义市场经济体制的逐步确立，竞争机制已广泛地运用到许多领域，竞争意识也就成为衡量现代人能否适应这一变化的一种标志。处于这种形势下的大学生，要适应社会并对社会做出较大贡献，就必须树立强烈的竞争意识，要有将来投入社会主义市场经济主战场而参与竞争的心理准备。

1. 培养竞争意识是提高人才基本素质的需要

当今世界是政治、经济、科技竞争日趋激烈的世界，而最终归结到科技的竞争。科技人才作为科学技术的载体，其素质的高低将直接关系到科技的进步、经济的发展和民族的振兴。在人才素质所要求的思想素质中，面对社会主义市场经济体制的逐步确立和完善，竞争意识显得更为重要，只有在思想上培养出强烈的竞争意识，才能在当今的市场经济主战场上掌握主动权，努力抓住一切机遇学好专业技能，拓宽知识领域，挖掘自身潜力，提高竞争能力，迎接来自市场竞争中的各种挑战。而我国的人才，无论从社会传统上还是从自身的心理上来说，长期以来已形成了“两耳不闻窗外事，一心只读圣贤书”的习惯，认为只要掌握科技知识，默默无闻地去工作、研究，与世无争就行了。殊不知时代的发展要求知识分子投身到市场经济的大潮中去搏击，一定要有竞争意识。大学生是高层次专门人才的最主要的后备军，其竞争意识的强弱直接影响到人才素质的高低。而人才素质提高了，市场机制转换的成功机会就大。因此，要想成为符合社会主义市场经济条件下的适应性强的合格人才，必须有很强的竞争意识。

2. 培养竞争意识是社会主义市场经济发展的需要

市场经济强调市场调节，通过转换机制，深化改革，使商品进入市场，努力发展金融、技术、劳务、信息、房地产等市场，以建立完备的市场体系。而在整个市场运行中，无不体现出竞争性。商品、原材料、技术人才等在市场中流通的过程就是一个公平竞争的过程。我国市场经济建设的最高价值取向是为了社会的文明、进步和人类的全面发展，其本质职能是调动人的积极性、主动性，培养人们的自信心和竞争意识，督促人们求真、求善、求美。总之，社会主义市场经济体制下，与过去任何一个时期相比，市场的概念从未如此鲜明，作为市场重要特征的竞争性也就首先被突出地表现出来。可以这样说，在市场经济条件下，无处不体现着竞争，大学生作为社会主义市场经济未来的建设者和接班人，有没有竞争意识则关系到个人理想能否实现，关系到我国经济体制改革的目标能否实现，关系到中华民族的前途和命运。

3. 培养竞争意识是大学生自身成长的需要

随着人才市场的发育，绝大多数大学毕业生将进入人才市场择业。人才市场的良性运转，为大学毕业生提供了一个公平均等的竞争机会。在人才市场进行选择时，有些大学毕业生因缺乏竞争意识，一听说面试，就纷纷偃旗息鼓，这是自信心不强、怯懦的表现。“一份好职业，一个良好的成才环境”是靠强烈的竞争差异获取的。虽然在大学生求职中，我们无法排除一些客观因素的干扰，但是，我们也越来越明显地体会到：在择业竞争中，门路关系、性别差异并不重要了，用人单位更看重有内在实力的大学生。在“双向选择”过程中，专业技术上乘、知识结构全面并具备较强适应能力的“一专多能”的优秀大学生备受用人单位的青睐，也就是说这类大学生有很强的竞争能力。因此，要想在择业时选择到顺心的工作，就要掌握更多的知识和才能，努力提高自己的择业竞争能力。在上学期间，大学生就应该以较强的择业竞争意识来指导自己的学习、工作、生活。在努力学好专业知识、掌握专业技术的同时，广泛地学习应用类学科，如外语、计算机、商务、管理等，并积极参加学校的社会活动，把自己培养成为具备多方面素质和较强适应能力、竞争能力的大学生，以百倍的信心迎接用人单位的挑选。

综上所述，竞争意识的培养是大学生择业指导的重要组成部分，并关系着社会主义市场经济条件下人才素质的高低。大学生只有具有较强的竞争意识，才能更好地把握住大学的学习机会，努力锻炼自己，以便以后顺利通过选择，找到理想工作。

二、掌握就业的相关技巧

（一）掌握笔试的技巧

1. 笔试的概念

笔试主要是指用人单位以书面形式，考查求职者是否具备招聘岗位所需知识和技能，是用人单位对求职者专业基础知识、文字表达及书写等综合能力进行有据可查的测试。

2. 笔试前的准备

（1）笔试前的身心准备。

①笔试的前一天要注意休息，避免考试时精神不振，影响正常思维。

②要适当减轻思想负担，不要给自己施加过大的压力，否则适得其反。

③适当参加文体活动，从而使大脑得以放松，以充沛的精力去参加考试。

（2）笔试前的知识准备。

①提纲挈领，系统掌握。在着手应聘复习时，应首先打破各学科的界限，认真梳理各科要点，整理成一个条理化、具体化的知识系统和总纲目，最后按照这个总纲目有计划、有步骤地进行复习。

②学以致用，理论联系实际。现在的求职考试越来越强调用学过的知识来解决实际

问题，通过各种实践，把所学得的知识运用到实际工作中去解决各种具体的问题。

③正确理解，提高语言转换能力。应聘笔试中一个极其重要的考试，是将阅读理解了的东西用自己的话把它们表达出来，这在阅读考题中叫“语言的转化”。这种转化有三种形式。

第一，把题中比较抽象、概括的话做出具体的解释。

第二，把考题中的具体阐述恰当地加以概括。

第三，把考题中比较含蓄的语言加以明了和正确的阐述。

④多读多练，提高阅读能力。复习时经常做些阅读训练，有助于阅读能力的提高，要做到“眼到”和“心到”，特别是“心到”，即对每个问题都仔细揣摩，认真思考，分析比较，多问几个为什么，这样才不至于白练。

⑤敏锐思考，提高快速答题能力。为了适应招聘考试中的题量，还应该尽快培养自己快速阅读、快速思维和快速答题的能力。在准备笔试的时候一定要提高答题速度。

3. 笔试时的相关技巧

（1）在拿到试卷之后首先要看一下试卷是否完整，是否存在缺页的现象，千万不要等到试卷答了一半之后才发现试卷有问题。

（2）拿到试卷之后还要从头到尾大致看一下题目的难易程度，在有一个大致的了解之后可以分先后进行答题。

（3）答题之前一定要看清题目的要求，千万不可因马虎而导致答非所问。

（4）在考试过程中一定要有信心，要镇定自若，会的要认真做，不会的可以先放一放，静下心来将会做的全部做完，然后留有充足的时间去考虑比较难的题目。

（5）在做题时要认真地去做每一道题，做完之后再认真检查一遍，千万不要在做完之后不去检查而是去评估自己的分数，这样一点意义也没有，就是浪费时间。

（6）对于填空题，在解答前要认真审清试题、搞清题意，先明确空白处应填写的内容与试题叙述的内容之间的关系，才可填写答案。

（7）对于选择题，笔试时有以下几种技巧。

①可以采用排除法，选择最适合的选项。

②可以采用印象认定法。根据印象的深刻来选择答案，此法命中率较高。

③可以采用大胆猜测法，以上方法都不行时，为了节省时间，可以通过猜测来回答，此方法也有一定的命中率。

（8）对于判断题，笔试时有以下几种技巧。

①应注意根据题目内容判断所作的结论是否明确，表述是否清晰。

②分辨表现形式，确定解答思路。

③辨析设错方式。解题关键在于能否正确地找出或辨析设错方式，设错方式很多，有事实错、前提错、逻辑错、隶属关系错以及概念使用错、词语表达错等。

（二）掌握面试的技巧

1. 面试的概念

面试是指为了更深入了解应聘者的情况，判断应聘者是否符合工作需要而进行招聘人员与应聘者之间的面对面的接触。面试是招聘者对应聘者的口头测试过程。面试已成为用人单位选拔人才的必要手段。

2. 面试前的准备

（1）认识自己。

通过跟家人和熟悉自己的教师、亲友倾谈，征询他们的意见，促进自我了解，从而做好自我介绍。

（2）了解对方。

为了使面试取得预期满意的效果，求职者首先要对用人单位的工作性质、业务范围以及发展态势等做充分了解，尤其是对用人单位招聘的工作岗位是否适合自己要做到心中有数。

（3）面试资料准备。

①要带记录本和笔，以备急需。

②要准备一个大小合适的公文包或书包。

③要把简历、各种证书、奖状、证明材料、推荐表和成绩单等的原件、复印件、照片准备好，按顺序排好、装订，整齐有序地放在书包或文件夹中。

（4）面试心理准备。

①端正求职心态。尽管机会均等，但实际上机会是偏爱具有竞争心理、有表现意识的人的。应试者要走出心理误区。毕业于名牌大学、热门专业、有才气、有能力的应试者往往会因此而过于自负，缺乏对面试的重视和对招聘考官应有的尊重，甚至还把自身的优势和资本当作与对方讨价还价的筹码，这样的应聘者，即使再优秀也不会赢得考官的高分。

②树立求职面试的自信心。从学校生活到参加工作，这是人生的又一转折点。大学生在参加面试时要克服畏惧心理，增强自信心。要看到自己的长处和优势，消除自卑感，以挑战者的姿态去迎接求职面试。

③思想上充分重视。对于大学生来说，参加面试，尤其是第一次参加面试，其经验

至关重要，一定要在思想上重视起来，不要抱着试一试、结果无所谓的态度。

④增强面对挫折的心理承受能力。对大多数大学生来说，求职不可能一帆风顺、一次成功，会遇到各种意想不到的挫折。因此，一定要有面对挫折的心理准备。要冷静地分析失利的原因，多从自身查找原因，增强面对挫折的心理承受能力，及时总结教训，适当调整求职目标，以迎接新的挑战。

3. 面试时的相关技巧

(1)耐心等待。

在到达面试地点后要保持安静，耐心等待，千万不可因等候时间过长而急躁失礼。

(2)遵守时间。

在面试时要遵守约定的时间，最好是在约定时间前十分钟到达面试地点，如果因为一些原因而迟到，一定要向用人单位说明原因，并且致歉。

(3)进入办公室的礼貌。

①进入面试室先轻轻敲门，等到室内传来“请进”声后才能进入。

②进入面试室，与主考官打招呼、接应握手。

③等对方说“请坐”之后，自己才能就座，并应说声“谢谢”。

④面试结束时，微笑起立、道谢、告别。

(4)集中注意力。

回答主试者的问题时，最好把目光集中在主试者的两眉之间，且眼神自然，以传达对别人的诚意和尊重。

(5)坐姿要端正。

脚踏在本人的座位下，不可任意伸直腿、跷二郎腿，更不能不停地抖动。坐姿要笔直端正，切忌做小动作。

(6)注意聆听。

主考官讲话必须留心听讲，对于一些听得不太明白的地方可以请面试官稍作解释，这样也可以给自己留出充足的思考时间。

(7)心态平和。

面试过程中，应试者应保持平和的心态，避免一切较为激动的感情流露。

(8)适时发言。

发言时语速不要太快，可以边说边想，给对方一种稳重可靠的感觉。面试回答问题，切忌只回答“是”或“不是”，一定要把自己的答话略作解释。

第三节　新媒体时代大学生就业与创业指导创新

一、大学生就业指导的内容创新

大学生就业指导的内容包含多个方面，主要包括就业策略指导、组织渠道拓展、就业去向引导、就业服务指导、观念形势教育、就业规划指导。合理的大学生就业指导的内容有助于高校更好地开展就业指导活动，同时也有利于大学生更清晰地把握未来就业方向，培养就业择业能力。

（一）增加基于性别差异的就业指导内容

大学生的就业问题与社会环境有着密切的联系。全社会要为大学生创造轻松的就业环境，要积极地引导大学生参与学校就业指导的各项活动，变被动为主动。通常，女生对就业形势、就业机遇、人才需求等方面的了解不如男生。另外，不管是男生还是女生，他们对企业招聘程序、简历制作相关要求等方面的了解均不足。因此，要从以下两个方面解决以上问题。

1. 加强就业心理辅导

学校可以组织针对女生就业的宣讲，在宣讲活动中针对女生的特点及优势、劣势，采取具有针对性的辅导，让女生更加清楚地了解当前的就业形势，树立就业信心。学校也可以邀请企业负责人阐述企业对人才的需求情况。

2. 增加女生创业的相关指导

大学生创业指导一直是高校就业指导工作的重要组成部分。不过，历来高校对大学生的创业指导并不十分重视。近年来，随着国家“大众创业、万众创新”战略的实施，教育部出台了鼓励在校大学生创业的政策，高校开始逐渐重视大学生创业指导。目前，大学生的创业意愿仍很低，特别是女生的意愿更低。在女生就业相对较为困难的情况下，高校加强对女生的创业指导不失为一个万全之策。因此，高校应该加大女生创业的相关指导，让女生充分了解创业的激励政策，引导女生通过相互合作进行创业，带领女生参观创业园，邀请创业成功校友来校分享创业经验。另外，高校还可以制定各自的创业激励制度，特别是要加大对女生创业的激励。这样，不仅能提高女生的创业激情，也可以提高女生对就业的信心。

（二）加强管理类专业学生对专业和行业认知方面的教育

根据调查数据，各专业学生对自身、就业行业的了解比较缺乏，特别是管理类专业的学生。这与管理类专业本身的专业性质有关。相比理工科专业性较强的特点，管理类专业的涉及面就显得较为宽泛。因此，管理类学生对专业的就业领域、就业形势和人才需求状况了解甚少，缺乏明确的目标。可以从以下几个方面来解决。

1. 加强管理类专业学生的入学专业教育

入学专业教育是每所高校在新生入学时必须开展的活动之一。目前，各高校、各专业均有开展相关教育活动，但是效果却不尽如人意。学生在进行专业教育之后，对自身专业的了解程度依然不足，尤其是管理类专业。鉴于此，平时学校要注重对管理类专业学生的职业教育，提升其对专业和行业的认知。从新生入学开始对管理类专业的学生进行相关知识的普及，从而使其对自身专业有更进一步的认识。

2. 加强管理类专业学生的实践环节

实践环节是各专业为加强学生社会实践方面的能力，丰富学生的实习经历而开设的课程。但是，学校开设的实践实习多数仅止于形式，学生并没有真正从实习中获得应有的实践经验。另外，相对于理工科专业，管理类专业的实践机会较少。因此，高校应加大实践环节的力度，精简实践内容，使学生真正获得更多的实践经验。

3. 加强管理类专业学生就业领域指导

由于专业性质不同，理工科专业的学生对毕业后所从事工作的领域相对熟悉，而管理类专业的学生则对本专业的就业领域较为陌生。所以，高校应该加强对管理类专业学生就业领域的指导。学校可以让管理类专业教师为学生讲解管理类专业的主要就业领域，邀请管理类专业的校友分享找工作的技巧和经验。此外，高校应尽可能多地邀请并组织与管理类专业相关的企业来校招聘，并请企业的管理人员为管理类专业的学生做专题讲座，详细介绍与管理类专业相关的岗位，让学生能更好地了解管理行业的就业情况。

（三）根据年级特点系统设计就业指导

高校应该持续关注并有层次地培养不同年级学生的就业能力，逐步提高他们的就业意识。有些学生特别是低年级的学生，在校期间对就业根本没有紧迫感，也不清楚简历等怎样制作，哪里可以获取更多的就业信息。其中原因不能完全归结于学生主动性的缺乏，学校对学生就业指导的不足也是一个重要方面。大学生就业能力的提高从根本来说跟大学生自身有着密不可分的关系。

1. 高校要对不同年级的学生开展不同内容的就业指导，让低年级学生逐渐树立就业意识

针对大学一年级学生，学校应该根据专业特点进行职业生涯规划教育。通过职业生涯规划，开展“第二课堂”的相关活动，引发学生对自身职业规划的思考。针对大学二年级学生，学校应该鼓励学生进行职业测试，以充分了解自我，完善自我认知，充分了解自身的职业能力、职业倾向和职业价值观等。针对大学三年级学生，学校应该注重专业技能的提升，加强就业政策、就业流程等方面的教育。针对大学四年级学生，学校应该强化学生在面试技巧、信息收集、人际交往等方面的能力，加强学生的就业观念教育，确保学生充分就业。

2. 注重家庭教育对学生的积极作用

学生家长在平时应多关心学生的学习生活情况，时刻关注学生的发展动态，引导学生形成正确的就业择业观，鼓励学生自主就业、择业。

全社会都对大学生寄予厚望，希望大学生走上工作岗位后能够成为建设小康社会、实现中华民族伟大复兴的中流砥柱。这就要求大学生认识到就业、择业的重要性，在努力提高就业能力的同时建立较强的就业意识，树立正确的就业、择业观。

二、大学生就业指导的途径创新

（一）建立省级高校就业共享信息库

高校应积极开展网络就业指导工程建设。一方面，需要建立并逐步完善各级就业信息库。通过系统性的建设，各高校可以获悉往届学生的就业去向、就业专业对口的占比等，针对不同专业的大学生提供就业、择业帮助。另一方面，学生们通过查询信息库，可以更深入地了解自身专业的就业前景，根据专业就业流向，切实、清晰地把握本专业的就业目标，由此更好地规划今后的职业生涯。就业信息库的内容应包括当前最新的就业政策解读、招聘信息、就业形势分析、专业行业介绍、往届毕业生的就业去向、就业典型案例、优秀学生的职业生涯规划案例等。学生可以通过网络在就业信息库里随时查询就业方面的信息，充分了解本专业的主要就业去向和就业企业，增强就业观念。

此外，就业共享信息库的建立应基于层级的统计，由各专业班级至各年级、各学院再至各高校，逐级合并，最终形成完整而系统的数据库。省级高校就业共享信息库的建立可以更好地为全省的毕业生服务，为进一步推进大学生就业指导工作打下扎实基础。

（二）搭建官方就业微信平台

现如今，大学生群体正处于一个知识更新速度快、信息量巨大的大数据时代，在区

别于传统信息交互方式的情况下，大学生更易于接受新的事物，更具有创造力。因而，高校在开展就业指导工作时，需要根据网络新媒体在大学生日常生活中的应用程度，来优化学生获取和加工就业信息的途径以及扩大信息影响的范围。高校应积极搭建官方微信平台，针对不同年级、不同专业、不同地域的学生，实时发布高效、高质量的就业信息，紧贴市场变化，提供有用的资讯。各高校应通过官方就业微信平台，做好后台的宣传和服务工作，设立相应的微信公众号和订阅号，整合及优化社会资源，满足大学生对就业信息的不同需求，并通过微信平台定期推送就业信息，让每位学生都能收到相关就业信息。这样学生能第一时间获取就业、招聘信息，既方便又高效。

利用好官方就业微信。一方面，为各类用人单位和学生搭建沟通桥梁，通过线上线下的互动方式，优化资源配置，并且把招聘信息、招聘内容和招聘活动有机结合起来，环环相扣，形成一个良性的循环；另一方面，学校也能够更好地了解用人单位的用人需求和学生的就业需要，帮助学生答疑解惑，以便更好地开展就业指导。

（三）借助微博推动大学生就业指导工作

在多媒体快速发展的今天，高校要结合时代发展特点，善于针对学生使用微博获取资讯的习惯来推动就业指导工作。虽然以辅导员微信和QQ通知为主的传统途径在学生获取就业信息方面仍占主导地位，但大学生通过微博等途径获取就业信息的比例也有明显上升。这说明随着技术手段的不断提高，未来学生获取就业信息的途径会更多。不同的就业信息获取渠道的选择将会在今后的就业过程中发挥着不可忽视的重要作用。因而，高校在开展就业指导工作时，要与时俱进，将传统途径和新兴途径结合起来，在开展传统的就业宣讲会的同时，利用微博同步进行就业政策、就业形势等方面的宣传。这样，学生即使错过了就业宣讲会，也可以第一时间通过微博获取信息。

高校通过微博平台，可以将就业相关资讯以“润物无声”的形式渗透学生们的日常生活中，使就业信息的推送服务成为学生群体所关注的热门话题，从而推动大学生就业指导工作的开展。

（四）有针对性地选择就业信息传递媒体

调查发现，在校女大学生使用交流性媒体的频率要高于男生，而男生则更倾向于使用呈现性媒体。所谓交流性媒体，指的是类似微博、微信、博客等可以在线提问、咨询、留言的互动性媒体。呈现性媒体指的是信息以文字或者图片形式直接呈现在媒体上，信息发布后，咨询者只能获取信息，不能与发布者互动咨询的媒体，诸如报纸杂志、网站等。

因此，针对不同性别的大学生使用媒体习惯的差异，高校可以通过微信、微博等网络新媒体向大学生推送就业方面的相关信息；同时，也可以通过官方就业网站及官方就业 App 等在线发布相关信息。这样既便于学生从不同渠道接收就业信息，也可以使就业指导工作更高效地开展。

（五）开发大学生就业 App

目前，手机已经成为大学生必不可少的日常用品。随着智能手机的普及，开发大学生就业 App 迫在眉睫。高校可以根据实际情况开发官方就业 App，同时做好宣传工作，让每位学生下载使用。学生可以用自己的学号登录就业 App，查询就业政策、招聘信息、就业手续、企业信息等方面的内容。这样学生在外出时也能随时查看相关的就业信息。

现如今，我国高校毕业生人数在逐年增长，面对越来越庞大的毕业生群体，如何全面落实和贯彻就业与创业工作，是各地高校面临的首要问题。高校应注重和逐步实现官方就业 App 与学生的切实对接，参考社会常用就业 App，例如，智联招聘、前程无忧、赶集网、58同城等应用软件的形式，完善高校官方就业 App。这样有利于为大学生提供可靠、真实的就业信息，形成高校为企业提供优质人才的同时又为学生提供优质岗位的双向互动模式，不断推进人才、岗位等资源的优化配置，促进大学生就业与创业。

三、大学生就业指导队伍创新

（一）打造校友交流平台

当代大学生以“00后”甚至“05后”为主力，他们几乎都是独生子女。因而，在成长的道路上缺乏同伴意识。调查显示，当代大学生的自我认识不充分，在就业的过程中，他们一般会通过咨询亲朋好友、听取他们意见的方式来帮助自己判断，很难自己做出决定。高校可以根据大学生的这一特性，打造校友交流平台。

高校可以根据不同专业建立校友交流微信群或 QQ 群，之后通过宣传让每位学生都加入交流群中。学生可以在交流群中向校友咨询工作方面的相关事宜，校友们也可以和在校学生分享工作上需要的技能和生活中的趣事。这样，学生既可以更加清楚地了解今后的就业领域和就业方向，也可以更早地掌握就业需要的技能。此外，学校还可以邀请杰出校友来校做就业讲座，讲解行业的相关知识，跟学生面对面交流。

（二）开拓专业教师与学生交流新渠道

传统的就业指导通常是以辅导员为主的学工团队开展的，以专业教师为主开展就业指导的很少。但是，由于辅导员的专业知识有限，甚至部分辅导员完全不了解学生的专业知识，因而，辅导员在开展就业指导的过程中，效果会大打折扣。长此以往，不仅会让学生对专业前景更加迷茫，也使得学校开展的就业指导收效甚微，久而久之会导致学生不愿意上就业指导课程或者不想参加相关的就业指导活动。因此，高校在开展就业指导时，应该充分利用专业教师的资源，建立专业教师与学生之间交流沟通的新平台。各专业负责人可以通过开通专门的微博发布各自专业的专业前景、就业领域等，也可以建立微信群、QQ 群，将专业教师和学生拉入同一个群内，学生可以随时在群内进行就业咨询，专业教师可以第一时间进行答疑。同时，专业教师也可以在授课的同时适当穿插就业行业的介绍，对学生进行个性化指导，给学生灌输专业就业方面的知识。这样，学生不仅可以更好地了解自身的专业，也可以跟专业教师建立良好的沟通，更有利于今后的就业。

（三）搭建学生家长与学校的交流平台

成长环境影响着学生的性格。不同性格的学生对就业的需求也不尽相同。鉴于此，高校在开展就业指导的过程中，应该充分考虑到家庭因素对学生的影响。在就业方面，无论是男生还是女生，家人的意见起着相当重要的作用。高校有必要随时与学生家长保持联系，定期沟通。高校可以建立家校联络体系，针对每个班级建立各自的家长微信群或 QQ 群。在群里，家长可以随时了解学生各方面的表现，与学校教师进行互动，互相交流心得。家长可以根据学生的不同表现，给予学生更多的帮助，引导学生正确选择适合自己的职业，树立正确的就业观，提高学生就业与择业的能力。

（四）建立行业、企业与学生之间的交流平台

大学生的就业指导除了离不开高校和家庭的教育和引导之外，自然也离不开社会和企业。根据调查数据分析，学生缺乏对职业的认知，找工作时根本不清楚用人单位所提供的职位具体应该做什么事情，对将要从事的行业了解不深，这就导致学生在就业的过程中择业成了难题。针对以上现象，高校应倡导建立企业管理人员与学生之间的联络机制。首先，我们可以根据学生的需要，定期邀请企业管理人员来校进行职业讲座，让企业管理人员和学生面对面交流。其次，为方便学生与企业管理人员及时有效沟通，建立学生与企业管理人员交流的微信群、QQ 群或者讨论组，利用新媒体技术，加强网上互动。这样，学生可以随时获取相关的就业信息。最后，可以定期组织学生实地参观企业，参观一线岗位的具体工作，深入了解不同企业的文化，这既加强了企业管理人员与学生之间的互动交流，也可以更好地开展校企合作，更有利于学生的就业。

第七章 新媒体时代高校教学管理信息化构建

第一节 教学管理信息化新模式的构建

一、基于区块链的学术成果验证系统

（一）区块链技术的特点和优势

区块链技术是一种基于分布式账本、共识机制、加密算法和智能合约的创新技术，它具有去中心化、不可篡改、可追溯、透明和安全的特点，为数据的存储、传输和共享提供了新的解决方案。区块链技术的优势主要体现在以下几个方面。

1. 数据的真实性和完整性

区块链技术通过加密算法和共识机制，保证了数据的唯一性和一致性，防止了数据的篡改和伪造，确保了数据的真实性和完整性。

2. 数据的可信性和可验证性

区块链技术通过分布式账本和时间戳，记录了数据的来源、流向和变化，实现了数据的可追溯和可审计，提高了数据的可信性和可验证性。

3. 数据的共享性和协作性

区块链技术通过智能合约和激励机制，实现了数据的自主控制和价值分配，促进了数据的共享和协作，增强了数据的共享性和协作性。

（二）基于区块链的学术成果验证系统的构想

基于区块链的学术成果验证系统，是指利用区块链技术，建立一个高校教学成果的存储、传播和验证的平台，以提高教学成果的真实性、可信性和影响力。该系统的构想如下。

1. 教学成果的存储

教师和学生可以将自己的教学成果（如论文、专利、项目、奖励等）上传到区块链网络中，通过加密算法和共识机制，生成唯一的教学成果标识符（如哈希值），并将其与教学成果的元数据（如作者、标题、摘要、关键词、引用等）一起存储在区块链上，形成一个不可篡改的教学成果数据库。

2. 教学成果的传播

教师和学生可以通过区块链网络，将自己的教学成果分享给其他的教师、学生、机构或社会，实现教学成果的广泛传播和交流。同时，教师和学生也可以通过区块链网络，获取其他的教学成果，进行学习和参考，实现教学成果的有效利用和价值创造。

3. 教学成果的验证

教师和学生可以通过区块链网络，对自己或他人的教学成果进行验证，包括教学成果的真实性、原创性、质量和影响力等方面。验证的方式可以是基于智能合约的自动验证，也可以是基于激励机制的社会验证，或者是二者的结合。验证的结果可以是基于区块链的教学成果评价指标，也可以是基于区块链的教学成果认证证书，或者是二者的结合。

（三）基于区块链的学术成果验证系统的意义和价值

基于区块链的学术成果验证系统，对于高校教学管理信息化的新模式，具有重要的意义和价值，主要体现在以下几个方面。

1. 提高教学成果的真实性和可信性

通过区块链技术，可以有效防止教学成果的篡改和伪造，保证教学成果的真实性和完整性，同时可以实现教学成果的可追溯和可审计，提高教学成果的可信性和可验证性，从而提升教学成果的信誉和权威。

2. 促进教学成果的共享和协作

通过区块链技术，可以实现教学成果的自主控制和价值分配，促进教学成果的共享和协作，同时可以实现教学成果的有效利用和价值创造，提高教学成果的共享性和协作性，从而增强教学成果的影响力和贡献。

3. 创新教学成果的评价和认证

通过区块链技术，可以实现教学成果的自动验证和社会验证，创新教学成果的评价指标和认证证书，同时可以实现教学成果的动态更新和持续优化，提高教学成果的质量和水平，从而改善教学成果的评价和认证体系。

二、采用混合现实技术的互动教室

混合现实(Mixed Reality，MR)是一种将真实世界和虚拟世界融合在一起的技术，可以让用户在真实环境中看到和操作虚拟物体，也可以让虚拟物体反映真实环境的变化。混合现实技术可以通过头戴式显示器(Head-Mounted Display，HMD)、增强现实眼镜(Augmented Reality Glasses，ARG)、投影仪(Projector)等设备实现，具有高度的沉浸感和交互性。

采用混合现实技术的互动教室，是一种将混合现实技术应用于教学场景的新模式，可以为教师和学生提供更丰富和灵活的教学资源和方式，增加教学的趣味性和有效性。具体来说，采用混合现实技术的互动教室有以下几个特点。

(一)支持多元化的教学内容和形式

采用混合现实技术的互动教室，可以让教师和学生在真实的教室空间中，利用虚拟的教学素材和工具，展示和探索各种教学内容和形式。例如，教师可以用虚拟的模型、图表、动画等，来解释抽象的概念、原理、过程等，让学生更直观和深刻地理解；学生可以用虚拟的实验器材、仪器、材料等，来进行模拟的实验、设计、创作等，让学生更自主和主动地学习。这样，不仅可以突破传统教学的局限和障碍，扩大教学的覆盖面和适应范围，还可以激发教师和学生的兴趣和创造力，提高教学的吸引力和效果。

(二)支持多维度的教学互动和协作

采用混合现实技术的互动教室，可以让教师和学生在真实和虚拟的教学环境中，进行多维度的教学互动和协作。例如，教师可以通过虚拟的指示、提示、反馈等，来引导和监督学生的学习进度和状态，让学生更清晰和准确地掌握教学要求和目标；学生可以通过虚拟的语音、文字、手势等，来表达和交流自己的思想、问题、观点等，让学生更自由和畅通地参与教学活动和讨论。这样，不仅可以增强教师和学生之间的沟通和理解，促进教师和学生之间的互动和反馈，还可以增加教师和学生之间的信任和尊重，培养教师和学生之间的合作和共享。

(三)支持多场景的教学扩展和延伸

采用混合现实技术的互动教室，可以让教师和学生在真实和虚拟的教学场景中，进行多场景的教学扩展和延伸。例如，教师可以通过虚拟的场景、角色、任务等，来构建和呈现不同的教学情境和问题，让学生更多元和全面地体验和应用所学知识和技能；学生可以通过虚拟的链接、资源、平台等，来获取和利用更多的教学信息和服务，让学生更广泛和深入地拓展和延续自己的学习兴趣和需求。这样，不仅可以丰富和优化教学的内容和形式，提升教学的质量和水平，还可以拓展和延伸教学的空间和时间，增强教学的连贯性和持续性。

（四）个性化学习路径规划的概念和意义

个性化学习路径规划是指根据学生的个性特征、学习目标、学习进度、学习效果等因素，利用人工智能技术，为学生提供最适合其学习需求和能力的学习内容、方法、策略、评价等方面的指导和建议，从而实现学生的个性化学习和发展。

个性化学习路径规划的意义在于，它可以充分尊重和满足学生的个性差异，激发学生的学习兴趣和动机，提高学生的学习效率和质量，促进学生的自主学习和终身学习，培养学生的创新能力和综合素养。

（五）人工智能技术在个性化学习路径规划中的应用

1. 数据采集和分析

人工智能技术可以通过各种传感器、摄像头、麦克风等设备，实时收集和分析学生的学习行为、表情、声音、眼动等数据，以及学生的学习成绩、反馈、评价等数据，从而构建学生的学习画像，了解学生的学习特点、偏好、需求、困难等信息。

2. 内容推荐和适应

人工智能技术可以根据学生的学习画像，从海量的教学资源库中，智能地筛选和推荐最适合学生的学习内容，包括知识点、案例、视频、游戏、实验等，同时根据学生的学习反馈和效果，动态地调整和优化学习内容的难度、顺序、形式等，以达到最佳的学习效果。

3. 方法指导和辅助

人工智能技术可以根据学生的学习内容和目标，为学生提供最合适的学习方法和策略，包括记忆、理解、应用、分析、评价、创造等，同时根据学生的学习过程和问题，为学生提供及时的提示、解答、反馈、鼓励等，以帮助学生克服学习障碍，提高学习信心和能力。

4. 评价跟踪和改进

人工智能技术可以根据学生的学习成果和表现，为学生提供客观、全面、多维的学习评价，包括知识掌握、技能运用、情感态度、价值观等，同时根据学生的学习评价，为学生提供个性化的学习报告、总结、反思、建议等，以促进学生的学习反馈和改进。

（六）个性化学习路径规划的实施条件和挑战

1. 教学资源的质量和丰富度

个性化学习路径规划需要依赖高质量、多样化、开放的教学资源，包括教材、课件、习题、案例、视频、游戏、实验等，这些资源需要不断地更新、完善、扩充，以满足不同学生的学习需求和能力。

2. 人工智能技术的准确性和可靠性

个性化学习路径规划需要依赖先进、精准、稳定的人工智能技术，包括数据采集、分析、推荐、适应、指导、辅助、评价等，这些技术需要不断地优化、改进、测试，以保证其对学生的学习画像、内容、方法、评价等的有效性和合理性。

3. 教师角色的转变和能力的提升

个性化学习路径规划需要教师从传统的知识传授者和管理者，转变为学生的引导者和协助者，教师需要掌握和运用人工智能技术，了解和关注学生的个性差异，设计和组织个性化的学习活动，提供和支持个性化的学习服务，评估和促进个性化的学习效果。

4. 学生态度的改变和能力的培养

个性化学习路径规划需要学生从被动的知识接受者和执行者，转变为主动的知识探索者和创造者，学生需要具备和发展自主学习和终身学习的意识和能力，包括学习目标的设定、学习内容的选择、学习方法的运用、学习效果的评价、学习问题的解决、学习反馈的利用等。

三、智能数据分析在教学质量评估中的应用

（一）教学质量评估的意义和挑战

教学质量评估是高校教学管理的重要内容，旨在通过收集、分析和反馈教学相关的数据，对教学过程和教学效果进行客观、公正和科学的评价，从而促进教学改革和提高教学水平。教学质量评估涉及多方面的指标，如教师的教学能力、教学方法、教学内容、教学态度、教学环境、教学资源、教学效果等，这些指标之间存在复杂的关系，需要综合考量和权衡。教学质量评估也面临着多种困难和挑战，如数据的获取、处理、分析和应用，评估的标准、方法、流程和结果，评估的主体、对象、范围和频率，评估的目的、意义、影响和反馈等。为了有效地进行教学质量评估，高校教学管理需要借助信息化的手段，利用智能数据分析的技术，构建新的教学质量评估模式。

（二）智能数据分析的概念和特点

智能数据分析是指利用人工智能、大数据、云计算等技术，对海量、多源、异构、动态的数据进行自动化、智能化、深入的分析，从中挖掘出有价值的信息和知识，为决策和行动提供支持的过程。智能数据分析具有以下几个特点。

1. 数据驱动

智能数据分析以数据为基础，通过数据的收集、清洗、整合、存储、管理、查询、可视化等操作，为数据的分析提供条件和保障。

2. 智能化

智能数据分析利用人工智能的方法，如机器学习、深度学习、自然语言处理、计算机视觉、知识图谱等，对数据进行智能化的处理，如分类、聚类、关联、预测、推荐、优化等，从中发现数据的规律、模式、趋势、异常等。

3. 深入

智能数据分析不仅对数据进行描述性、统计性、探索性的分析，还能进行因果性、预测性、规范性的分析，从而揭示数据的本质、原因、影响、结果等。

4. 支持

智能数据分析的目的是为决策和行动提供支持，通过数据的分析，能够生成有价值的信息和知识，为不同的主体、场景、问题、目标提供合适的建议、方案、策略、措施等。

（三）智能数据分析在教学质量评估中的应用

1. 数据的获取

智能数据分析可以利用多种渠道和方式，如教学平台、教学系统、教学设备、教学文档、教学问卷、教学日志等，自动化地收集教学相关的数据，如教师的教学行为、教学反馈、教学评价等，学生的学习行为、学习成绩、学习满意度等，课程的教学目标、教学内容、教学方法、教学效果等，从而形成完整、全面、实时的教学数据集。

2. 数据的处理

智能数据分析可以利用数据挖掘、数据清洗、数据融合、数据压缩等技术，对教学数据进行有效的处理。如去除数据的噪声、错误、冗余、缺失等，提高数据的质量和可用性；如整合数据的结构、格式、语义、来源等，提高数据的一致性和兼容性；如降低数据的维度、规模、复杂度等，提高数据的效率和可视性。

3. 数据的分析

智能数据分析可以利用机器学习、深度学习、自然语言处理、计算机视觉、知识图谱等技术，对教学数据进行深入的分析。如对教学数据进行分类、聚类、关联、预测、推荐、优化等，从中发现教学数据的规律、模式、趋势、异常等；如对教学数据进行描述性、统计性、探索性、因果性、预测性、规范性的分析，从而揭示教学数据的本质、原因、影响、结果等。

4. 数据的应用

智能数据分析可以利用数据可视化、数据报告、数据决策、数据反馈等技术，对教学数据进行有效的应用。如将教学数据以图表、图像、动画、视频等形式呈现，提高教学数据的直观性和易理解性；如将教学数据以文本、语音、视频等形式报告，提高教学数据的表达性和易传播性；如将教学数据以建议、方案、策略、措施等形式决策，提高教学数据的价值性和易执行性；如将教学数据以评价、奖励、惩罚、改进等形式反馈，提高教学数据的影响力和易改善性。

第二节　基于微信公众号的信息化平台构建

一、微信公众号在高校学生管理工作中应用的优劣势分析

微信公众号是一种基于微信平台的自媒体形式，可以发布图文、音频、视频等多种形式的内容，也可以与用户进行互动和服务。近年来，微信公众号在高校学生管理工作中得到了广泛的应用，为学生提供了便捷的信息获取、参与、反馈和服务的渠道，也为学校提供了有效的管理、宣传、教育和服务的手段。但是，微信公众号的应用也存在一些问题和挑战，需要高校及时发现和解决。本节将对微信公众号在高校学生管理工作中的应用优劣势进行分析，以期为高校提供一些参考和建议。

（一）应用优势分析

1. 操作简单，使用方便

微信公众号的操作简单，使用方便，是其在高校学生管理工作中应用的一个重要优势。微信公众号的创建、发布、管理和维护都不需要复杂的技术和设备，只需要一个微信账号和一部智能手机就可以完成。学生只需要关注微信公众号，就可以随时随地通过微信接收和查看学校的通知、政策、活动、服务等信息，也可以通过微信公众号与学校进行沟通和反馈，甚至可以通过微信公众号完成一些学习、生活、就业等方面的服务和功能，如选课、缴费、预约、投票、问卷、签到、证明、咨询等。这样，微信公众号极大地方

便了学生的信息获取和参与，也节省了学校的人力和物力资源，提高了学生管理工作的效率和效果。

2. 学生肯定，沟通效果显著

微信公众号的另一个应用优势是得到了学生的肯定，沟通效果显著。微信公众号的内容形式多样，可以根据不同的主题和目的，选择适合的图文、音频、视频等形式，来展示学校的风貌、文化、成就、活动等，也可以利用微信公众号的互动功能，来收集学生的意见、建议、需求、满意度等，从而增强学生的认同感、归属感和参与感。微信公众号的内容质量高，可以根据学生的兴趣、需求和特点，设计有针对性、有吸引力、有价值的内容，来传递学校的理念、政策、规范等，也可以利用微信公众号的推送功能，来及时、准确、全面地向学生发送重要的信息，从而提高学生的知晓率、理解率和执行率。微信公众号的内容更新快，可以根据学校和社会的变化，及时调整和更新内容，来反映学校的动态、关注的热点、解决的问题等，也可以利用微信公众号的回复功能，来及时响应和解答学生的疑问、困惑、诉求等，从而增进学生的信任感、安全感和满意感。这样，微信公众号拉近了学校和学生的距离，增强了学校和学生的沟通和互动，促进了学校和学生的共识和协作。

3. 服务内容具有多样性

微信公众号的还一个应用优势是服务内容具有多样性，可以满足学生的不同需求和期待。微信公众号的服务内容可以涵盖学生的各个方面，如学习、生活、就业、心理、健康、安全、权益等，也可以针对学生的不同群体，如新生、毕业生、留学生、研究生、辅导员等，提供专门的服务和指导。微信公众号的服务内容可以结合学校的特色和优势，如学校的历史、文化、品牌、资源、成果等，展示学校的魅力和价值，也可以借鉴和引入社会的先进和创新之处，如专家的观点、企业的合作、媒体的报道、平台的支持等，拓展学校的视野和影响。微信公众号的服务内容可以融合多种形式和手段，如文字、图片、音频、视频、动画、游戏、小程序等，丰富学校的表达和传播，也可以利用多种渠道和平台，如网站、微博、抖音、快手、B站等，扩大学校的覆盖面和传播范围。这样，微信公众号可以为学生提供多元化、个性化、高质量的服务，满足学生的多样化、个性化、高质量的需求，提升学生的服务体验和满意度。

（二）应用劣势分析

虽然微信公众号在高校学生管理工作中具有如上所述的许多优点，但是由于其新兴性，部分高校在实际的应用过程中仍然存在一些问题。

1. 推送的内容质量不高

微信公众号作为一种新媒体平台，有着快速、便捷、互动的特点，但也存在一些问题。其中之一就是推送的内容质量不高。由于微信公众号的运营者需要吸引更多的关注者和阅读量，往往会采用一些夸大其词、断章取义甚至造谣传播的手段，来制造话题和热度。这样的内容不仅不能提高学生的知识水平和思辨能力，反而会误导学生，影响学生的价值观和判断力。而且，这样的内容往往缺乏深度和广度，不能涵盖学生管理工作的各个方面，也不能反映学生的真实需求和意见。

2. 没有达成学生服务功能

微信公众号在高校学生管理工作中的另一个劣势是没有达成学生服务功能。虽然微信公众号可以作为一种信息传播和沟通的工具，但是它并不能替代学生管理工作的其他方式和渠道，比如，面对面的交流、电话、邮件、网站等。微信公众号的功能有限，不能满足学生的各种需求，比如，报名、缴费、查询、申请、投诉等。而且，微信公众号的安全性和稳定性也有待提高，有可能出现信息泄露、账号被盗、系统崩溃等情况，给学生管理工作带来风险和障碍。因此，微信公众号不能作为学生管理工作的唯一或主要的方式，而应该与其他方式和渠道相结合，才能更好地为学生提供服务。

二、微信公众号在学生管理工作中的应用创新对策

为了解决上述问题，实现微信公众号在高校学生管理工作中的有效应用，提出以下几个方面的建议。

（一）充分挖掘和分析大学生的信息需求

微信公众号的优势之一是能够实现信息的快速传播和广泛覆盖，满足大学生的多元化和即时化的信息需求。高校学生管理工作应该充分利用这一优势，通过调查问卷、数据分析、用户反馈等方式，了解大学生的信息需求，包括信息的内容、形式、频率、时效等方面，从而制定合理的信息发布策略，提高信息的针对性和有效性。例如，高校学生管理部门可以通过微信公众号发布学校的通知、政策、活动、食堂菜单、校园新闻等信息以及学生的成绩、考试安排、奖学金申请、就业指导等信息，为大学生提供全方位的信息服务。

（二）强化多样化服务功能

微信公众号的优势之二是能够实现信息的互动和反馈，提升大学生的参与度和满意度。高校学生管理工作应该强化这一优势，通过开发多样化的服务功能，为大学生提供更加便捷、高效、个性化的服务。例如，高校学生管理部门可以通过微信公众号实现学

生的在线报名、缴费、选课、预约、咨询、投诉、评价等功能，简化学生的办事流程，节省学生的时间和精力。同时，高校学生管理部门也可以通过微信公众号收集学生的意见和建议，及时回复学生的问题和关切，增强学生的信任和认同感。

（三）重视引导作用，加强教育督导

微信公众号的优势之三是能够实现信息的影响和塑造，培养大学生的价值观和思想观。高校学生管理工作应该重视这一优势，通过发布有价值、有意义、有深度的信息，为大学生提供正确的引导和教育。例如，高校学生管理部门可以通过微信公众号传播社会主义核心价值观、中华优秀传统文化、爱国主义教育、思想政治教育等内容，增强大学生的国家观、民族观、历史观、文化观。同时，高校学生管理部门也可以通过微信公众号宣传学校的优秀学生、教师、校友、项目、成果等，激发大学生的学习兴趣、创新意识、奋斗精神。此外，高校学生管理部门还可以通过微信公众号监督和管理大学生的行为规范、学习纪律、网络素养、心理健康等，促进大学生的全面发展。

三、“互联网 +”时代，高校工作创新模式——微信公众号的实施和运营

教育工作应与时俱进，适应互联网与社会发展深度融合的实际。高校在工作中要运用互联网技术，更要学习和运用互联网思维。要科学认识互联网的传播规律，善于运用新媒体技术手段开展工作，把教育工作传统优势和新媒体技术优势相结合。在这种背景下，许多高校审时度势，主动开辟专门的公众号，创新教育理念、方法及手段，增强教育工作的时代感和吸引力。

（一）模块设置

高校微信公众号的模块设置应该根据高校的定位、特色、需求和目标进行合理的规划和设计，以达到最佳的效果和效率。一般来说，高校微信公众号可以分为以下几个模块。

1. 新闻资讯

这是高校微信公众号的基础和核心模块，主要用于发布高校的重要通知、新闻动态、学术活动、媒体报道等内容，及时向外界展示高校的形象和成就，增强高校的知名度和影响力。

2. 教学科研

这是高校微信公众号的重要和拓展模块，主要用于展示高校的教学质量、科研成果、学术交流、创新创业等内容，提升高校的教学水平和科研实力，促进高校的学术发展和

创新能力。

3. 学生服务

这是高校微信公众号的关键和实用模块，主要用于提供高校的招生就业、奖助贷、学生活动、心理健康、安全防范等内容，满足学生的各种需求和期待，增进学生的福利和满意度。

4. 校园文化

这是高校微信公众号的特色和亮点模块，主要用于展现高校的历史传承、文化底蕴、精神风貌、人物风采等内容，彰显高校的文化魅力和人文气息，培育高校的文化自信和文化软实力。

（二）学生教育管理

高校微信公众号不仅是一种信息传播的平台，也是一种学生教育管理的手段。高校微信公众号可以利用其便捷、互动、多元的特点，实现对学生的教育引导、监督管理、激励奖励、反馈评价等功能，从而提高学生的学习效果和素质培养。具体来说，高校微信公众号可以通过以下几种方式实现学生教育管理。

1. 教育引导

高校微信公众号可以通过发布一些有教育意义和价值的内容，如思想政治、道德修养、社会责任、国际视野等，引导学生树立正确的世界观、人生观、价值观，培养学生的爱国情怀、社会公德、创新精神等。

2. 监督管理

高校微信公众号可以通过设置一些必要的规章制度和考核机制，如学习计划、考勤考试、违纪处分、诚信承诺等，监督管理学生的学习行为和学习成绩，保证学生的学习质量和学习效率。

3. 激励奖励

高校微信公众号可以通过举办一些有趣的活动和竞赛，如知识问答、创意征集、优秀作品、优秀学生等，激励学生的学习兴趣和学习动力，表彰学生的学习成果和学习贡献。

4. 反馈评价

高校微信公众号可以通过开展一些有效的调查和评估，如满意度调查、教学评价、学习建议、学习心得等，反馈评价学生的学习感受和学习问题，改进学习方法和学习环境。

第三节　新媒体时代高校教育管理队伍的培养措施

一、认识高校管理队伍建设的重要性，加强专业化队伍建设

认识到高校管理队伍的重要性是进行管理队伍建设的首要任务，要明白为什么需要高水平的管理队伍以及高校究竟需要怎样的管理队伍。所谓专业是指一群人在从事一种需要专门技术的职业，专业是一种需要特殊智力来培养和完成的职业，其目的在于提供专门性服务。要改变过去忽视管理队伍建设的错误观念，更加重视高校管理队伍的重要性，并通过切实措施，制定有效规划来实现管理队伍建设的专业化提升。

为了加强管理队伍的专业化建设，提高管理队伍的整体素质，首先，应当实施职业资格证书制度。职业资格证书制度是国家对各个行业从业人员规定的职业准入制度，它要求管理人员必须具备管理的实践经验，经过严格的职业培训，丰富自己的专业知识来提高自身的综合素质。同时，建立高校管理人员职业资格证书定期培训制度，并进行严格考核，不合格者取消其证书，以保证管理者从业能力的不断提高。其次，应该构建管理人员培训体系，要有针对性地根据各个岗位、职位层面的不同来采取不同的培训方式，同时，促进管理者将学习的知识合理地运用到高校管理工作中，以知识来指导实践，促进管理者的知识水平和管理工作水平的提高。

二、转变观念，切实提高对管理干部队伍建设的重要性和紧迫性的认识

（一）树立新媒体时代的教育管理理念

高校教育管理干部应该认识到，新媒体时代是一个信息爆炸、知识更新、社会变革、竞争激烈的时代，对教育管理的要求和挑战也随之增加。高校教育管理干部应该摒弃传统的管理思维，转变为以学生为本、以教师为核心、以质量为导向、以创新为动力的教育管理理念，以适应新媒体时代的教育发展趋势和社会需求。

（二）提升新媒体时代的教育管理能力

高校教育管理干部应该不断学习和掌握新媒体的特点、功能、规律和技术，运用新

媒体的优势和资源，提高教育管理的效率和效果。高校教育管理干部应该善于利用新媒体进行教育信息的收集、分析、传播和反馈，提高教育管理的科学性和透明度。高校教育管理干部应该熟练运用新媒体进行教育沟通、协作和服务，提高教育管理的互动性和人性化。

（三）增强新媒体时代的教育管理责任感

高校教育管理干部应该意识到，新媒体时代的教育管理不仅是一项工作，更是一项使命。高校教育管理干部应该以高度的政治觉悟和历史使命感，履行教育管理的职责和义务，为高校的教育事业和社会的进步贡献力量。高校教育管理干部应该以高度的敬业精神和职业道德，遵守教育管理的规范和原则，为高校的教育质量和声誉保驾护航。高校教育管理干部应该以高度的自律意识和法律意识，规范和监督自己和他人的新媒体使用，为高校的教育安全和稳定筑牢防线。

三、树立全面的信息化教学管理观

（一）提高信息化教学管理的意识和能力

信息化教学管理的意识是指高校教育管理队伍认识到信息化教学管理的重要性、必要性和紧迫性以及信息化教学管理的目标、原则和方法，从而主动地、积极地、创新地推进信息化教学管理的实施。信息化教学管理的能力是指高校教育管理队伍掌握和运用信息化教学管理的相关知识、技能和工具，能够有效地解决信息化教学管理中遇到的问题和挑战，能够提升信息化教学管理的效果和效率。

为了提高信息化教学管理的意识和能力，高校教育管理队伍应该做到以下几点。

一是不断学习和更新信息化教学管理的理论和实践，了解信息化教学管理的国内外发展动态和前沿趋势，借鉴和引进信息化教学管理的先进经验和成功案例，提升信息化教学管理的理论素养和实践水平。

二是不断探索和创新信息化教学管理的模式和方法，根据高校的实际情况和教学特点，制定和完善信息化教学管理的规划和方案，构建和优化信息化教学管理的体系和机制，实现信息化教学管理的科学化和规范化。

三是不断加强和改善信息化教学管理的支撑和保障，投入和利用好信息化教学管理的人力、物力、财力和技术资源，建设和维护好信息化教学管理的硬件、软件和网络设施，保障和提升信息化教学管理的安全性和可靠性。

四是不断评估和反馈信息化教学管理的过程和结果，建立和完善信息化教学管理的监测和评价体系，收集和分析信息化教学管理的数据和信息，总结和反思信息化教学管理的经验和问题，调整和改进信息化教学管理的策略和措施。

（二）推进教学管理信息化必须强化教学管理观

在人才培养模式上需要强化的观念是：培养厚基础、宽口径、复合型、能创新的高素质人才；把素质教育、创新教育贯穿于人才培养的全过程，坚持通识教育与专业教育并重，学问修养与人格修养并重，知识、能力与素质并重；针对不同教育对象因材施教，实现人才培养模式多样化，而人才培养模式改革必须落实到课程体系、教学方式和管理方法等方面。

在学科专业建设上需要强化的观念是：学科建设是高校建设中一项综合性、战略性的建设工作，是高校建设的龙头，是高起点的科学研究和高质量的人才培养的基础；当代科学技术迅猛发展，使各类学科既高度分化，又高度综合，学科之间交叉、融合是信息技术发展的必然结果。

（三）在教学过程组织与管理上需要强化的观念

制定教学大纲和教学内容要体现以信息资源为基础的改革思想；课堂教学要积极引进现代教育技术，要实现网络进课堂，扩大课堂教学信息量，提高学习的效率；在实践性教学环节上，要积极创建实践基地，实现实践基地网络化。

（四）管理注重效率

在高校信息化教学管理过程中，要想真正管理出效益，就必须进行科学合理的教学行政管理改革，通过加强教学行政管理，可以从根本上提升高校信息化管理效率。具体来说，在高校教学管理中，要明确教学行政管理运行机制，还要建立有效的信息渠道，实现网络信息技术和信息服务的有效结合，并加大技术创新以及服务创新力度，在提升教学行政管理效率的基础上，促进高校信息化管理建设的有效落实。

（五）培育信息化教学管理的团队和文化

信息化教学管理的团队是指高校教育管理队伍与其他相关主体之间建立的基于信息化教学管理的合作关系和工作机制，通过信息化教学管理的共同目标、共同责任、共同利益和共同行动，实现信息化教学管理的协调和高效。信息化教学管理的文化是指高校教育管理队伍与其他相关主体之间形成的基于信息化教学管理的价值观、信念、规范和氛围，通过信息化教学管理的共同理念、共同信任、共同尊重和共同创新，实现信息化教学管理的和谐发展。

为了培育信息化教学管理的团队和文化，高校教育管理队伍应该做到以下几点。

一是加强信息化教学管理的沟通和协商。建立和运用好信息化教学管理的沟通和协商平台，及时和充分地交流和分享信息化教学管理的需求、意见、建议和反馈，增进和保持信息化教学管理的共识和协作。

二是加强信息化教学管理的培训和指导。建立和运用好信息化教学管理的培训和指导机制，定期和有针对性地开展信息化教学管理的培训和指导活动，提高和保障信息化教学管理的参与者的素质和能力。

三是加强信息化教学管理的激励和评价。建立和运用好信息化教学管理的激励和评价体系，合理和公正地制定和执行信息化教学管理的激励和评价标准和方法，鼓励和表彰信息化教学管理的优秀表现和贡献。

四是加强信息化教学管理的监督和问责。建立和运用好信息化教学管理的监督和问责机制，严格和有效地实施信息化教学管理的监督和问责措施，防范和处理信息化教学管理的风险和问题。

四、在运行机制上必须转变教学管理职能

新媒体时代，高校教育管理的职能应该从传统的指挥、控制、监督、评价，转变为服务、支持、引导、激励。高校教育管理应该以教师和学生为中心，为他们提供优质的教学资源、教学平台、教学环境、教学保障，促进教师的专业发展和学生的全面成长。高校教育管理应该尊重教师的教学自主权和学生的学习主体性，鼓励教师和学生利用新媒体进行创新性的教学和学习，激发教师和学生的教学热情和学习兴趣。高校教育管理应该建立有效的沟通、协作、反馈、评估机制，及时了解教师和学生的教学需求和教学效果，为教师和学生提供及时的指导和帮助，促进教师和学生的教学质量和教学效率。

五、研制科学的教学管理信息处理系统

（一）利用数据可视化技术辅助决策

数据可视化是将数据通过图形、图表、地图等形式展示出来，以便人们更直观、更深入地理解数据的含义和规律。利用数据可视化技术，高校教育管理者可以更清晰地看到教学过程中的各种指标，如学生的出勤、成绩、满意度、学习进度、学习风格等，以及教师的教学质量、教学方法、教学效果等。通过对这些数据的比较、筛选、聚合、分组等操作，可以发现教学中存在的问题和改进的空间，从而制定更合理、更有效的教学管理决策。

（二）采用微服务架构以增强系统的灵活性和扩展性

微服务架构是一种软件开发模式，将一个复杂的系统拆分成多个小型、独立、可复用的服务，每个服务负责一个单一的功能，通过网络进行通信和协作。采用微服务架构，

高校教育管理信息处理系统可以更容易地适应不同的场景和需求，如不同的学科、专业、课程、教学模式等。同时，微服务架构也可以提高系统的可靠性和安全性，因为每个服务都可以独立地部署、更新、维护和恢复，不会影响其他服务的运行。此外，微服务架构也可以提高系统的性能和效率，因为每个服务都可以根据自身的负载和资源进行动态的调整和优化。

（三）采用云计算服务实现资源的弹性扩展

云计算是一种基于网络的计算模式，将计算资源（如服务器、存储、网络、软件等）以服务的形式提供给用户，用户可以按需、按量、按时付费使用这些资源。采用云计算服务，高校教育管理信息处理系统可以实现资源的弹性扩展，即根据系统的实际需求，自动地增加或减少资源的使用，从而节省成本、提高效率、保证稳定。云计算服务还可以提供丰富的功能和服务，如大数据分析、人工智能、区块链等，为高校教育管理提供更多的可能性和创新。

六、实现教学管理信息化，加强教学管理队伍建设

（一）信息意识能力（意识层面）

信息意识能力包括：高效获取信息的能力；熟练、批判性地评价信息的能力；有效地吸收、存储、快速提取信息的能力；运用多媒体形式表达信息、创造性使用信息的能力。随着教育信息化建设的飞速发展及高校教学规模的不断扩大，高校管理工作中的信息量越来越大，这就要求高校教学管理人员必须具有较强的信息意识，面对日常大量纷繁复杂的信息保持一贯的敏感性和判断力。教学管理人员具有较强的信息意识，就会在日常工作中积极主动地挖掘、搜集、利用教学管理中的各种信息，服务于本职工作。高校教学管理人员除了要保持对传统媒体信息的敏感性外，更要对网络信息有积极的内在需求，要能够在大量的网络信息中敏锐地发觉、判断、提取与教学管理工作相关的信息，并且能够开发和利用好信息，使信息的价值得到充分、持久的应用。

（二）信息技能（技术层面）

信息技能是运用信息技术进行高效学习与交流的能力，也就是将以上一整套驾驭信息的能力转化为自主、高效地学习与交流的能力。作为科技发展最前沿的高校，管理信息化的程度已日益成为衡量学校管理水平和综合实力的重要标准之一。

教学管理人员要培养自己快速获取信息、鉴定评估信息、加工提炼信息的能力，才能及时捕捉信息，高效制作信息，快速传递信息。教学管理人员要加强综合信息素质的提高，要学习管理学的知识和教育管理规律，提高辅助管理的能力，明确为领导提供管

理和决策信息的重要性。这就要求教学管理人员一方面要系统学习信息学理论，掌握信息知识和网络技术常识，能够应用信息解决日常管理工作中的实际问题；另一方面，能够熟练运用各种媒体，特别是在网络传播手段上实现部门之间、上下级之间、同事之间的信息交流。

（三）信息规范能力（道德层面）

信息规范能力（道德层面）对应的是伦理规范，这种规范的体现过程往往有信息获取过程、信息使用过程、信息创造过程以及信息传播过程。

对于高校教学管理人员来说，必须在严格遵循信息法律法规以及相关制度的基础上，加大对知识产权的保护力度。管理人员必须有良好的人生观和价值观，从根本上提升自己的自律能力，能拒绝不良信息的干扰和影响。管理人员还要加强对保障信息安全、计算机维护等知识的学习，了解网络犯罪的相关常识。只有加强对管理人员信息伦理道德的培养，才能从根本上规范高校管理人员的管理行为。

信息素养的教育关系到人们如何立足于信息化社会这一基本点，其不是简单的超前教育观，而是必须重视的现实问题。在信息化教学管理思维下，必须提升管理人员的综合素质和管理能力。只有提升教学管理者的信息技术运用水平，提升教育管理者搜集信息、研究信息和处理信息的水平，才能满足高校信息化管理的最终需求。因此，在具体的信息化教学管理队伍建设过程中，必须严格遵循重在培养的原则。

一方面，要引进具有较高信息素养与信息能力的人才，充实教学管理队伍；另一方面，要着重培养提高现有教学管理人员的信息化能力，通过培训提高他们的现代信息素养，提高他们应用和开发信息技术的能力。同时，必须建立科学的信息管理制度，加强规范化管理制度的建设。

七、加强职业理想和职业道德教育，努力培养敬业、乐业的献身精神

高校管理者的职业理想，应是以提高全民族的科学文化水平为己任，努力培养出更多的德、智、体、美、劳全面发展的社会主义建设者和接班人。目前，一些管理者未曾树立职业理想，我们必须采取各种有效的措施，帮助他们树立起正确的人生观、价值观和道德观。要引导他们认识到，每个岗位上的服务者，相对于别的岗位上都是被服务者；职业是平等的，没有高低贵贱之分。要激励他们把个人的奋斗目标同本校的发展前途联系起来，认识到自己所从事的管理工作的崇高价值，从而增强自信、自强和奋发向上的意识，努力去实现自身价值，牢固树立起职业理想和敬业精神。管理者的职业理想一经

确立，就能面对管理工作中的困难和挑战，有勇气克服它、战胜它、超越它，而不被它所压倒，同时，还能在实际工作中体会到无穷的乐趣。

职业道德是职业行为者所应遵守的社会职业行为准则和规范。高校管理者的职业道德，是指在高等学校管理、教育、服务的具体工作中所必须遵循的社会行为准则。

第四节 新媒体时代高校教学管理信息化的延伸发展

一、跨平台学习管理系统的集成应用

（一）跨平台学习管理系统的概念和特点

跨平台学习管理系统（Cross-Platform Learning Management System，CPLMS）是一种能够在不同的操作系统、设备、网络和软件环境下运行的学习管理系统，它可以实现高校教学管理的信息化、智能化和协同化，为教师和学生提供多样化、个性化和互动化的学习资源和服务。

跨平台学习管理系统的主要特点有以下几个。

1. 兼容性强

跨平台学习管理系统可以适应各种硬件和软件的变化，无论是 Windows、Mac OS、Linux、Android、iOS 等操作系统，还是PC、平板、手机、智能手表等设备，都可以无缝地接入和使用。

2. 互联性高

跨平台学习管理系统可以利用云计算、物联网、大数据、人工智能等新技术，实现与其他平台和系统的数据交换和功能集成，如教务系统、图书馆系统、教育资源平台、社交媒体平台等，形成一个开放的学习生态系统。

3. 灵活性好

跨平台学习管理系统可以根据教师和学生的不同需求和偏好，提供多种学习模式和方法，如同步异步、线上线下、自主协作、探究创新等，支持教师和学生的个性化学习和教学。

4. 交互性强

跨平台学习管理系统可以利用多媒体、虚拟现实、增强现实、游戏化等新媒体技术，提高学习内容的表现力和吸引力，增加教师和学生的参与度和沉浸感，促进学习的情感和认知的共享和交流。

（二）跨平台学习管理系统的应用场景和价值

跨平台学习管理系统可以应用于高校教学管理的各个环节和层面，为教师和学生带来多方面的价值。

1. 课程设计

教师可以利用跨平台学习管理系统，根据学生的背景、兴趣和能力，设计适合不同平台和设备的课程内容和活动，实现课程的差异化和个性化。

2. 课程实施

教师和学生可以利用跨平台学习管理系统，随时随地地进行教学和学习，在教室、图书馆、实验室、宿舍、家庭、公共场所等，都可以方便地获取和使用学习资源和服务。

3. 课程评价

教师和学生可以利用跨平台学习管理系统，通过多种方式和渠道，对教学和学习的过程和结果进行反馈和评价，如在线测试、问卷调查、作业提交、互评互助、数据分析等，提高教学和学习的质量和效果。

4. 课程改进

教师和学生可以利用跨平台学习管理系统，根据评价的结果和建议，对课程的内容和形式进行调整和优化，实现课程的持续改进和创新。

（三）跨平台学习管理系统的发展趋势和挑战

跨平台学习管理系统作为新媒体时代下高校教学管理信息化的延伸发展，具有广阔的发展前景和潜力，但也面临着一些挑战和问题。

1. 技术挑战

跨平台学习管理系统需要不断地跟进和适应新的技术变化和发展，如 5G、6G、区块链、量子计算等，保证系统的稳定性、安全性和可扩展性。

2. 管理挑战

跨平台学习管理系统需要建立和完善相应的管理制度和规范，如数据的收集、存储、分析、共享、保护等，保证系统的合法性、合规性和道德性。

3. 教育挑战

跨平台学习管理系统需要与高校的教育理念和目标相契合，如培养学生的核心素养、创新能力、终身学习能力等，保证系统的有效性、适用性和教育性。

二、基于大数据的教学决策支持系统

（一）基于大数据的教学决策支持系统的概念和特征

基于大数据的教学决策支持系统是指利用新媒体技术收集、存储、处理和分析高校教学管理相关的海量数据，为教学管理者和教师提供有效的信息和建议，帮助他们做出更好的教学决策的系统。基于大数据的教学决策支持系统具有以下几个特征。

1. 数据来源多样

基于大数据的教学决策支持系统不仅可以利用传统的教学管理信息系统的数据，如学生的基本信息、成绩、考勤等，还可以利用新媒体技术产生的数据，如学生的在线学习行为、社交媒体互动、情感状态等以及其他相关的数据，如教师的教学评价、课程的质量评估、学校的教学资源分配等。

2. 数据类型复杂

基于大数据的教学决策支持系统需要处理的数据不仅包括结构化的数据，如数字、文本等，还包括非结构化的数据，如图像、音频、视频等，以及半结构化的数据，如网页、日志等。这些数据的格式、内容和语义都有很大的差异和复杂性，需要采用不同的数据处理方法和技术。

3. 数据分析方法智能

基于大数据的教学决策支持系统不仅可以进行描述性的数据分析，如统计、汇总、分类等，还可以进行预测性的数据分析，如回归、聚类、关联等以及推荐性的数据分析，如协同过滤、关联规则、内容分析等。这些数据分析方法可以利用人工智能的技术，如机器学习、深度学习、自然语言处理等，实现数据的自动化、智能化和个性化的分析和处理。

4. 数据应用效果显著

基于大数据的教学决策支持系统可以为教学管理者和教师提供更加全面、精准和实时的信息和建议，帮助他们做出更好的教学决策，从而提高教学质量和效率，提高教学满意度和参与度，促进教学创新和改革。

（二）基于大数据的教学决策支持系统的应用领域和案例

基于大数据的教学决策支持系统可以应用于高校教学管理的各个领域，如教学计划、教学设计、教学实施、教学评价、教学改进等。以下是一些具体的应用领域和案例。

1. 教学计划

基于大数据的教学决策支持系统可以根据学生的学习需求、兴趣、能力、背景等数据，为学生提供个性化的学习路径和课程推荐，帮助学生制定合适的学习计划和目标。例如，美国的 Knewton 公司开发了一套基于大数据的自适应学习平台，可以根据学生的在线学习行为和成绩，为学生提供最适合他们的学习内容、难度和速度以及及时的反馈和指导，提高学生的学习效果和动机。

2. 教学设计

基于大数据的教学决策支持系统可以根据教师的教学目标、方法、风格等数据，为教师提供优化的教学方案和资源，帮助教师设计更有效的教学活动和策略。例如，中国的网易有道公司开发了一套基于大数据的智能教学辅助系统，可以根据教师的教学需求，为教师提供最适合的教学素材、工具和模板以及智能的教学建议和反馈，提升教师的教学效率和质量。

3. 教学实施

基于大数据的教学决策支持系统可以根据学生和教师的教学过程中的数据，为学生和教师提供实时的信息和支持，帮助学生和教师实现更好的教学互动和协作。例如，英国的 Open University 开发了一套基于大数据的学习分析系统，可以根据学生的在线学习行为、成绩、反馈等数据，为学生提供及时的学习提示、警示、鼓励和激励，为教师提供学生的学习情况、风险、需求和建议，提高学生的学习成绩和教师的教学效果。

4. 教学评价

基于大数据的教学决策支持系统可以根据学生和教师的教学成果和反馈的数据，为学生和教师提供客观的评价和认证，帮助学生和教师了解自己的教学水平和问题以及为学校提供教学质量和效果的评估和监督。例如，美国的 Coursera 公司开发了一套基于大数据的在线教育平台，可以根据学生的在线学习行为、作业、考试、评价等数据，为学生提供自动化的评分和反馈，为教师提供学生的学习表现和满意度，还可以为学校提供学生的学习证书和认证，提高学生的学习认可度和教师的教学信誉度。

5. 教学改进

基于大数据的教学决策支持系统可以根据学生和教师的教学反馈和建议的数据，为学生和教师提供有效的教学改进和创新的方案和资源，帮助学生和教师提升自己的教学能力和水平以及为学校提供教学发展和改革的参考和支持。例如，中国的阿里巴巴公司开发了一套基于大数据的智能教育平台，可以根据学生和教师的在线教育行为、反馈、评价等数据，为学生和教师提供个性化的教学改进和创新的建议和案例，为学校提供教学质量和效果的分析和报告，提高学生和教师的教学满意度和教学成果。

三、智能教室技术与未来学习环境

（一）智能教室技术的概念与特征

智能教室技术是指利用人工智能、物联网、云计算、大数据、虚拟现实等新兴技术，构建一个能够自动感知、分析、响应和适应教学需求和学习情境的教室环境，实现教学资源教学过程、教学评价和教学管理的智能化。智能教室技术的主要特征有以下几个。

1. 感知性

智能教室能够通过各种传感器和设备，实时收集教师、学生和教室的多维数据，如语音、图像、视频、生理、行为、情感、认知等，形成教学场景的全息感知。

2. 分析性

智能教室能够通过人工智能算法，对收集的数据进行深度挖掘和分析，提取教学过程中的关键信息，如教学内容、教学方法、教学效果、学习状态、学习风格、学习能力等，构建教学场景的动态分析。

3. 响应性

智能教室能够根据分析结果，自动或协同地给出合适的反馈和建议，如教学资源的推荐、教学策略的调整、教学互动的引导、学习支持的提供等，实现教学场景的智能响应。

4. 适应性

智能教室能够根据教学目标和学习需求，动态地调整教室环境和教学资源，如教室布局、教室设备、教学内容、教学难度、教学节奏等，实现教学场景的个性化适应。

（二）智能教室技术的应用与价值

1. 提高教学质量

智能教室技术可以帮助教师实现精准教学，根据学生的学习情况，动态地调整教学内容和方法，提高教学效率和效果。同时，智能教室技术也可以帮助学生实现自主学习，根据学生的学习目标和兴趣，个性化地推荐教学资源和学习路径，提高学习动机和成就。

2. 丰富教学资源

智能教室技术可以利用云计算和物联网，实现教学资源的云端存储和共享，打破时间和空间的限制，实现教学资源的无限扩展和优化。同时，智能教室技术也可以利用虚拟现实和增强现实，实现教学资源的多媒体呈现和交互，增加教学资源的真实性和趣味性。

3. 优化教学管理

智能教室技术可以利用大数据和人工智能，实现教学数据的智能采集和分析，提供教学评价和决策的支持，实现教学管理的科学化和智能化。同时，智能教室技术也可以利用区块链和密码学，实现教学数据的安全存储和传输，保障教学数据的完整性和隐私性。

智能教室技术的发展，为高校教学管理信息化提供了新的思路和可能，也带来了新的挑战和问题，如教师角色的转变、学生权利的保障、教学伦理的规范等。因此，高校应该在积极推进智能教室技术应用的同时，加强智能教室技术的研究和监管，以确保智能教室技术的健康和可持续发展。

（三）智能教室技术的建议与展望

1. 加强智能教室技术的研发和创新

高校应该加大对智能教室技术的研发和创新的投入和支持，引入跨学科的合作和交流，推动智能教室技术的理论和实践的进步，提高智能教室技术的性能和质量。

2. 完善智能教室技术的标准和规范

高校应该制定和完善智能教室技术的标准和规范，明确智能教室技术的定义、分类、功能、要求、评价等，统一智能教室技术的建设和使用的规则和方法。

3. 培养智能教室技术的人才和能力

高校应该培养和提升教师和学生对智能教室技术的认识和能力，加强智能教室技术的教育和培训，提高智能教室技术的使用和创造的水平和效果。

4. 关注智能教室技术的影响和问题

高校应该关注和研究智能教室技术对教学过程和教学质量的影响和问题，如教师和学生的心理和行为的变化、教学资源和教学数据的安全和合法性等，制定和实施相应的措施和策略，防范和解决智能教室技术的风险和挑战。

智能教室技术的发展，为高校教学管理信息化带来了新的机遇和前景，也对高校教学管理信息化提出了新的要求和期待。高校应该把握智能教室技术的发展趋势和方向，积极探索智能教室技术的应用模式和实践案例，不断提升智能教室技术的应用水平和效果，为高校教学管理信息化的延伸发展做出贡献。

四、社交媒体与学术共创平台的融合

（一）社交媒体在高校教学管理信息化中的作用

1. 增强教师和学生的沟通和互动

社交媒体可以打破时间和空间的限制，让教师和学生可以随时随地进行信息的发布、评论、转发和点赞，实现实时的反馈和互动。社交媒体也可以增加教师和学生之间的情感交流，建立良好的师生关系，提高教学满意度和学习效果。

2. 扩大教师和学生的信息获取和分享渠道

社交媒体可以让教师和学生接触更多的教学资源和学习资料，如课程视频、电子书籍、在线测试、专家讲座等。社交媒体也可以让教师和学生将自己的教学经验和学习心得分享给更广泛的受众，如同行、同学、家长等，实现知识的传播和共享。

3. 丰富教师和学生的教学方法和学习方式

社交媒体可以为教师和学生提供更多的教学方法和学习方式，如微课、翻转课堂、在线讨论、项目合作等。社交媒体也可以让教师和学生利用多媒体和互动技术，增加教学的趣味性和吸引力，激发学习的兴趣和动力。

（二）学术共创平台在高校教学管理信息化中的作用

1. 提升教师和学生的学术水平和能力

学术共创平台可以让教师和学生参与到更高层次和更广范围的学术活动中，如论文写作、项目申报、数据分析、成果展示等。学术共创平台也可以让教师和学生获取更多的学术支持和资源，如专家指导、同行评审、学术合作、资金赞助等。

2. 促进教师和学生的学术创新和贡献

学术共创平台可以让教师和学生利用互联网的优势，如开放性、多样性、互动性等，发现和解决学术问题，产生和传播学术价值。学术共创平台也可以让教师和学生参与到更多的学术挑战和机遇中，如新领域、新方法、新技术等，推动学术的发展和进步。

综上所述，社交媒体和学术共创平台是新媒体时代下高校教学管理信息化的延伸发展，它们可以有效地促进教师和学生之间的交流和协作，提高教学质量和效率，激发学习兴趣和创造力。高校应该充分利用社交媒体和学术共创平台的优势，建立和完善相应的制度和规范，培养和引导教师和学生的新媒体素养和学术能力，实现教学管理信息化的高质量发展。

第八章 新媒体时代高校学生后勤管理

第一节 高校后勤管理的理论与体系

一、高校后勤管理的目标

（一）服务上满足师生

高校后勤管理的首要目标是为高校的师生提供优质的服务，满足他们的基本需求和合理期望。这包括为师生提供安全、卫生、舒适的住宿、餐饮、医疗、交通等生活服务，为师生提供便捷、高效、规范的行政、财务、物资等后勤服务，为师生提供丰富、多样、有序的文体、娱乐、社团等活动服务，为师生提供友好、尊重、沟通的服务态度和服务方式。通过优质的服务，高校后勤管理可以增强师生的满意度和归属感，促进师生的身心健康，提高学习工作效率。

（二）环境上美化、亮化校园

高校后勤管理的另一个目标是为高校创造一个美丽、明亮、和谐的校园环境，展示高校的形象和风采。这包括为高校打造一个绿色、生态、节能的校园环境，通过植树、花草、水景等绿化美化校园，通过节水、节电、垃圾分类等措施节约资源，通过环保、低碳、可持续的理念引导师生的行为。这也包括为高校打造一个文明、秩序、安全的校园环境，规划、维护、管理校园的基础设施，如道路、建筑、灯光等；制定、执行、监督校园的各项规章制度，如交通、消防、安保等，通过预防、应对、处置校园的各种突发事件，如事故、灾害、疫情等；通过创造美丽的环境，高校后勤管理可以提升师生的审美情趣和文化素养，营造良好的师生学习、工作氛围。

（三）物质上保证教学运转

高校后勤管理的还有一个目标是为高校的教学科研提供充足的物质保障，支持高校的发展和创新。这包括为高校提供完善、先进、适用的教学设备和科研设施，如实验室、图书馆、网络、多媒体等；为高校提供稳定、可靠、高效的能源供应和信息传输，如电力、水力、燃气、光纤等；为高校提供合理、公平、透明的资金分配和物资采购，如预算、拨款、招标、采购等。通过充足的物质保障，高校后勤管理可以促进师生的教学科研水平和成果，推动高校的学术发展和社会贡献。

（四）精神上服务育人

高校后勤管理的最终目标是为高校的人才培养提供精神上的服务，参与高校的育人工作。这包括为高校传播正确的价值观和思想观，如爱国、奉献、诚信、创新等；为高校培养良好的道德风尚和学风气，如尊重、团结、勤奋、求实等；为高校营造积极的精神文化和校园气氛，如活力、自信、开放、包容等。通过精神上的服务，高校后勤管理可以塑造师生的人格品质和社会责任，助力高校的人才培养和教育目标。

二、高校科学后勤管理理念的树立

（一）树立以灵魂塑造为核心的现代管理理念

高校后勤管理的本质是人的管理，是对高校后勤人员的思想、品德、能力、行为的管理。高校后勤管理的目的是提高高校后勤人员的素质和水平，为高校教育事业服务。高校后勤管理的关键是要塑造高校后勤人员的灵魂，即高校后勤人员的价值观、理想信念、职业道德、责任意识、创新精神等。高校后勤管理理念应该以灵魂塑造为核心，注重高校后勤人员的思想教育和文化建设，培养高校后勤人员的社会主义核心价值观，激发高校后勤人员的爱国热情和奉献精神，引导高校后勤人员树立正确的世界观、人生观、价值观，形成高校后勤人员的共同理想和目标，提升高校后勤人员的道德修养和职业素养，增强高校后勤人员的团结协作和创新能力，促进高校后勤人员的全面发展和自我完善。

（二）树立以长期培育为特征的现代文化理念

高校后勤管理的对象是高校后勤人员，是高校后勤的主体和主力。高校后勤管理的手段是高校后勤文化，是高校后勤的精神和动力。高校后勤文化是高校后勤人员的共同信仰和行为准则，是高校后勤人员的思想基础和精神支柱，是高校后勤人员的价值取向和行为规范，是高校后勤人员的精神家园和精神动力。高校后勤管理理念应该以长期培育为特征，重视高校后勤文化的建设和发展，打造高校后勤的品牌和形象，塑造高校后勤的风格和气质，培育高校后勤的传统和特色，弘扬高校后勤的理念和精神，营造高校后勤的氛围和环境，激发高校后勤的活力和潜力，提高高校后勤的影响力和凝聚力。

（三）树立管理制度与以人为本相结合的管理理念

高校后勤管理的依据是高校后勤管理制度，是高校后勤管理的规范和保障。高校后勤管理制度是高校后勤管理的法则和原则，是高校后勤管理的方针和政策，是高校后勤管理的标准和要求，是高校后勤管理的方法和手段。高校后勤管理的核心是高校后勤人员，是高校后勤管理的对象和主体。高校后勤管理的目标是高校后勤人员的满意和幸福，是高校后勤管理的效果和价值。高校后勤管理理念应该以管理制度与以人为本相结合，科学制定和完善高校后勤管理制度，合理规范和优化高校后勤管理流程，有效执行和监督高校后勤管理制度，不断改进和创新高校后勤管理制度。同时，尊重和关爱高校后勤人员，倾听和满足高校后勤人员的需求和期望，保障和改善高校后勤人员的权益和福利，激励和培养高校后勤人员的积极性和主动性，关注和促进高校后勤人员的成长和发展。

（四）树立管理效益和管理成本相结合的高效管理理念

高校后勤管理的评价是高校后勤管理效益，是高校后勤管理的成果和反馈。高校后勤管理效益是高校后勤管理的目的和动力，是高校后勤管理的导向和激励，是高校后勤管理的检验和考核，是高校后勤管理的优化和提升。高校后勤管理的成本是高校后勤管理的投入和消耗，是高校后勤管理的条件和约束，是高校后勤管理的压力和挑战，是高校后勤管理的节约和降低。高校后勤管理理念应该以管理效益和管理成本相结合，注重高校后勤管理的效果和效率，追求高校后勤管理的质量和数量，实现高校后勤管理的最大化和最优化。同时，注意高校后勤管理的投入和产出，平衡高校后勤管理的收入和支出，控制高校后勤管理的浪费和损失，降低高校后勤管理的风险和隐患，提高高校后勤管理的性价比和竞争力。

（五）树立管理目标与管理手段相结合的有序化管理理念

高校后勤管理的方向是高校后勤管理目标，是高校后勤管理的愿景和使命。高校后勤管理目标是高校后勤管理的追求和期待，是高校后勤管理的计划和安排，是高校后勤管理的动力和动因，是高校后勤管理的评价、奖励和惩罚。高校后勤管理目标是高校后勤管理的前提和基础，是高校后勤管理的动态和变化，是高校后勤管理的创新和发展，是高校后勤管理的协调和统一。高校后勤管理的工具是高校后勤管理手段，是高校后勤管理的实施和执行。高校后勤管理手段是高校后勤管理的方式和方法，是高校后勤管理的技术和策略，是高校后勤管理的资源和条件，是高校后勤管理的优化和提升。高校后勤管理理念应该以管理目标与管理手段相结合，明确和细化高校后勤管理目标，制定和实施高校后勤管理计划，分析和评估高校后勤管理过程，总结和反馈高校后勤管理结果。同时，选择和运用高校后勤管理手段，创新和完善高校后勤管理技术，协调和整合高校后勤管理资源，调动和激发高校后勤管理条件，提高高校后勤管理的有序性和规范性。

三、高校后勤管理体系的构建

（一）建立科学的后勤服务管理体系

高校后勤保障，必须以科学的管理为前提。管理是组织行为过程中的一种计划、组织、指挥、协调、控制职能的有效的行使。后勤服务管理是一种旨在对与高校规范分离，并为高校提供后勤服务的后勤服务实体（或社会服务企业）的行为进行有效的监控，并由此确定后勤服务实体（或社会服务企业）服务价值的一种行为。科学的后勤服务管理体系是建立在科学的体制和责权利高度一致的基础上的。学校应逐渐从管理制度、管理方法、管理理念等角度提高后勤集团企业化管理的水平，再根据实际情况的发展，成立具有独立法人地位的后勤实体。

1. 找准后勤服务体系建设整体方向

后勤服务体系建设的整体方向，是指后勤服务的目标、定位、理念和原则，是后勤服务体系建设的指导思想。高校后勤服务的目标，是为高校的教学、科研、人才培养和社会服务提供有效的支持和保障，满足师生员工的基本需求和合理期望，促进高校的整体发展。高校后勤服务的定位，是高校的内部服务部门，也是高校的窗口和形象，要树立服务意识和品牌意识，提升服务水平和服务质量。高校后勤服务的理念，是以人为本，以需求为导向，以效果为评价，以改革为动力，以创新为灵魂，以协调为原则，以发展为目的。高校后勤服务的原则，是坚持统一领导，分级管理，责权利一致，依法依规，公开透明，民主参与，科学决策，规范运行，持续改进，精益求精。

2. 优化后勤服务体系结构建设

高校后勤服务体系结构是指高校后勤服务的层级关系、职能分工、协调机制、资源配置等方面的安排，是高校后勤服务的骨架和支撑。优化后勤服务体系结构建设，需要根据高校的规模、特色、发展阶段等因素，合理划分后勤服务的管理层、执行层、服务层，明确后勤服务的主体、客体、中介，建立后勤服务的领导、监督、协调、支持、咨询等机制，实现后勤服务的统一领导、分级管理、分工协作、资源共享、效能提升。优化后勤服务体系结构建设，还需要充分发挥后勤服务的自主性、灵活性、创新性，探索适合高校的后勤服务的管理模式，如集团化、公司化、社会化、市场化、信息化等，提高后勤服务的运行效率和竞争力。

（二）建立高效的后勤资源保障体系

高校后勤资源保障体系是指高校为实现教学、科研、管理等目标，通过合理的规划、配置、调配、使用和维护，满足高校师生员工的生活、学习、工作等方面的需求的一套体系。高效的后勤资源保障体系应具备以下特点。

1. 资源的优化配置

高校后勤资源包括人力资源、物资资源、财务资源、信息资源等，应根据高校的发展战略、教育教学特点、学科建设需求等，进行科学的规划和分配，避免资源的浪费和闲置，提高资源的利用率和效益。

2. 资源的动态调整

高校后勤资源的需求是随着高校的发展和变化而变化的，应根据高校的实际情况，及时调整资源的结构和数量，适应高校的新需求和新挑战，保证资源的适应性和灵活性。

3. 资源的协同运作

高校后勤资源是一个有机的整体，各种资源之间应相互支持、相互配合、相互促进，形成一个高效的协同运作机制，实现资源的整体优化和最大化。

4. 资源的可持续发展

高校后勤资源的保障不仅要考虑当前的需求，也要考虑未来的发展，应坚持节约和环保的原则，合理利用和保护资源，促进资源的循环利用和再生利用，实现资源的可持续发展。

（三）建立充足的后勤经费保障体系

高校后勤经费保障体系是指高校为保障后勤资源的正常运行和发展，通过合理的筹集、分配、使用和监督，保证后勤经费的充足和有效的一套体系。建立充足的后勤经费保障体系应遵循以下原则。

1. 多元化的经费筹集

高校后勤经费的来源应多渠道、多层次、多形式，除了依靠国家的财政拨款和高校的自筹经费外，还应积极开发社会资源，通过与社会机构和个人的合作、捐赠、投资等方式，增加后勤经费的筹集渠道和额度。

2. 合理化的经费分配

高校后勤经费的分配应根据高校的发展规划、后勤资源的需求和效益等，进行科学的预算和安排，按照公平、公开、公正的原则，合理划分后勤经费的使用范围和权限，避免经费的重复和冗余，提高经费的分配效率和公信力。

3. 规范化的经费使用

高校后勤经费的使用应遵循合法、合规、合理的要求，按照预算和计划，按需、按时、按量、按质地使用经费，做到经费的有目的、有计划、有控制、有效果，避免经费的挪用和浪费，提高经费的使用效果和价值。

4. 透明化的经费监督

高校后勤经费的监督应建立完善的制度和机制，通过内部的审计、核算、评估等，以及外部的社会监督、舆论监督、法律监督等，对后勤经费的筹集、分配、使用等各个环节进行全面、及时、准确的监督和反馈，及时发现和纠正经费的问题和风险，保证经费的合理和安全。

第二节　高校后勤管理育人功能的实现

一、高校后勤服务育人功能实现的要素

（一）服务态度

服务态度是高校后勤服务的灵魂，它体现了高校后勤服务的价值取向和人文关怀。高校后勤服务人员应该以热情、周到、尊重、诚信的态度，对待每一位师生，让他们感受到高校后勤服务的温暖和关爱。同时，高校后勤服务人员也应该以自豪、自信、自律、自强的态度，对待自己的工作，让自己成为高校后勤服务的优秀代表。服务态度的好坏，直接影响高校后勤服务的质量和效率，也影响高校后勤服务的形象和声誉。

（二）后勤制度

后勤制度是高校后勤服务的规范，它体现了高校后勤服务的管理水平和运行机制。高校后勤服务应该建立一套完善、科学、透明、公正的后勤制度，包括后勤服务的目标、职责、流程、标准、考核、激励等方面，使后勤服务的各个环节都有明确的指导和约束。后勤制度的制定和执行，需要充分听取和反映师生的需求和意见，实现后勤服务的民主化和人性化，同时，也需要不断地检查和改进，实现后勤服务的优化和创新。

（三）生活环境

生活环境是高校后勤服务的基础，它体现了高校后勤服务的实际效果和社会责任。

高校后勤服务应该为师生创造一个安全、舒适、美观、和谐的生活环境，包括食堂、宿舍、图书馆、体育场、校园绿化等方面，使师生能够在一个良好的氛围中学习、工作、生活。生活环境的建设和维护，需要高校后勤服务与其他部门和社会力量的协作和配合，实现后勤服务的资源共享和效益最大化，同时，也需要高校后勤服务与师生的互动和参与，实现后勤服务的共建共治和共享共赢。

（四）劳动资源

劳动资源是高校后勤服务的核心，它体现了高校后勤服务的人力资本和发展潜力。高校后勤服务应该重视对后勤服务人员的培养和发展，提高他们的专业技能和综合素质，使他们能够适应后勤服务的多样化和复杂化的需求。同时，高校后勤服务也应该充分利用后勤服务人员的智慧和创意，鼓励他们提出和实施后勤服务的改进和创新的方案，使他们能够成为后勤服务的主体和推动者。劳动资源的配置和激发，需要高校后勤服务建立一种尊重、信任、合作、竞争的文化，实现后勤服务的团结和进步。

二、高校后勤服务育人功能的实现过程

（一）高校后勤服务育人过程

1. 知教环节

知教环节是高校后勤服务育人过程的基础，它主要包括了解学生的需求、特点、困难和期望，以及了解高校的教育目标、方针、规章和文化。知教环节要求后勤服务人员通过多种渠道和方式，收集和分析学生的信息和反馈，及时发现和解决学生的问题和诉求，提高服务的质量和水平。同时，后勤服务人员也要学习和掌握高校的教育理念和要求，明确自己的育人职责和目标，与教师和学生保持良好的沟通和协作，形成一个和谐的教育共同体。

2. 寓教环节

寓教环节是高校后勤服务育人过程的核心，它主要包括在后勤服务的各个环节和场所，通过设置和展示一些育人的元素和内容，向学生传递一些有益的信息和价值观，潜移默化地影响和引导学生的思想和行为。寓教环节要求后勤服务人员根据学生的特点和需求，设计和制作一些富有教育意义的标语、海报、展板、视频等，放置在食堂、宿舍、图书馆、体育馆等地，涵盖学习、生活、道德、法律、安全、健康、文化、创新等方面的主题，引起学生的注意和兴趣，启发学生的思考和探索，培养学生的品德和能力。

3. 施教环节

施教环节是高校后勤服务育人过程的延伸，它主要包括在后勤服务的实践中，通过

自身的言行和示范，向学生展示一些良好的品质和风貌，以身作则地教育和感染学生，促进学生的成长和进步。施教环节要求后勤服务人员以高度的责任感和敬业精神，认真履行自己的职责，为学生提供优质的服务，同时，也要以高尚的道德和人格，尊重和关爱学生，与学生建立亲切和友好的关系，为学生树立一个良好的榜样，影响和帮助学生形成正确的世界观、人生观和价值观。

（二）高校学生消费服务的过程

高校学生消费服务的过程即学生思想品德形成的过程，是消费服务的学生在服务中受到教育影响，促使其内在思想品德相关矛盾转化的过程。从本质上来说，就是学生在没有思想政治教育受教意识的情况下接受思想政治教育的过程。在思想品德形成的过程中，学生的主体性得到加强，离不开社会实践。这个内在的形成过程可以分为三个环节，即感知环节、体验环节、实践环节。

1. 感知环节

在服务育人功能的实现过程中，服务者的施教过程在形式上存在潜隐性，唯一可以确保思想政治教育存在的评判标准就是作为被服务者的学生能感知到教育影响。服务过程中的施教环节强调服务者的主体性，要求通过积极引导学生参与服务活动去促成育人功能；然而，感知环节强调的是发挥学生内在思想活动的主观能动性，在参与服务实践的过程中，让学生作为教育信息的发现者、感知者在实践中获得一定的思想、政治、道德方面的感性认识，形成感性经验。感性经验可以是认知性的，也可以是情感性的、意志性的，这些都是学生思想品德形成的基础。

感性经验是在实践活动中获得的间接的感性认识。学生在获得感性经验之后，一方面会对其进行理性反思，形成理性认识，从而转化为促进思想道德水平提高的真理；另一方面，学生也会把实践得来的感性认识与课堂上直接获得的理性认识进行比较、筛选，推动其向体验环节发展。

2. 体验环节

体验环节是受教育者将思想政治教育内容内化的关键环节。高校后勤在服务育人过程中必须注意学生在课堂上获得的直接认识和在实践中获得的间接认识的一致性。如果不一致，学生会根据自身的间接认识去重新定义直接认识；如果一致，那直接认识和间接认识就能相互辅助、相互佐证，更能强化育人功效。

3. 实践环节

实践环节是学生将在感知环节和体验环节得到的思想规范、道德水准、信念准则、政治操守等方面的认识外化为行为实践，并形成行为习惯的过程。学生在获得理性认识后，虽然道德素质得到了提高，但在整个实现过程中并没有被明确告知受教要求。这些内化于心的理性认识既需要在实践中得到检验，又需要服务于新的实践，以符合社会发展、进步对一个合格的社会人的要求。

三、高校后勤服务育人功能的实现策略

（一）强化高校后勤品德育人功能

品德育人需要以后勤工作人员为主体，以学生为对象，用高校后勤工作人员的良好品德感染学生。因此，需要凸显高校后勤机构的公益属性，提升高校后勤服务育人意识，将服务育人贯穿学生在校全过程，发挥好品德育人功能。

1. 凸显高校后勤机构的公益属性

高校后勤机构是高校的重要组成部分，其工作性质具有明显的公益属性。高校后勤机构应该树立公益意识，坚持以人为本、以服务为宗旨、以质量为保证、以效益为目标，为师生提供安全、舒适、便捷、优质的后勤服务。高校后勤机构还应该积极参与和支持高校的教学、科研、管理和社会服务等各项事业，为高校的发展和社会的进步贡献力量。高校后勤机构应该以自身的公益形象和公益行为，树立高校后勤服务的品牌，赢得师生的信任和尊重，影响和带动师生的公益行为，营造高校的公益氛围，培养高校的公益文化。

2. 提升高校后勤服务育人意识

高校后勤服务育人意识是指高校后勤机构认识到自己不仅是高校的服务者，也是高校的育人者，将育人作为自己的职责和使命，将服务与育人有机结合，将育人融入服务的全过程。要提升高校后勤服务育人意识，需要从以下几个方面做好工作。

（1）加强高校后勤机构的育人理念和能力的培训，使其掌握育人的基本原理、方法和技巧，明确育人的目标、内容和形式，提高育人的效果和水平。

（2）建立高校后勤机构的育人工作机制，明确育人的责任和任务，制定育人的计划和措施，建立育人的评价和激励，形成育人的长效机制。

（3）丰富高校后勤机构的育人工作内容，利用后勤服务的各个环节和场所，开展多样化的育人活动，如后勤文化建设、后勤志愿服务、后勤安全教育、后勤节约教育、后勤环保教育等，增强育人的针对性和实效性。

3. 将服务育人贯穿学生在校全过程

（1）理念是行动的先导。

一是要内化服务育人理念。高校后勤工作者要意识到自身工作的特殊性，处于高校

这个大环境中，就要落实育人职能，将育人渗透进自己工作的每个环节，循序渐进地促进学生良好行为的养成。二是要细心尽责，因材施教。高校后勤工作人员要时刻关注学生的最新动态，时刻关注学生的心理、行为的变化，防微杜渐，提前为学生消除安全隐患，有针对性地开展工作，营造良好环境。

(2)育人意识渗透进学生成长的不同阶段。

要把握住学生在校的关键节点：入校前、入学时、在校时、毕业时。一是入校前做好宣传工作。高校可以通过学校的宣传片、校园网络等形式让学生提前熟悉学习和生活环境，消除陌生感和恐惧感。二是入学时要给予学生归属感。学生对学校的第一印象很大程度上决定了学生对这个学校的热爱程度。在大学入学时，很多学生是第一次出远门、第一次住校。后勤工作人员要把握住这一关键时期，张贴欢迎学生的条幅，热情对待学生，于细节处提升学生的归属感。三是在校时给予学生细心关怀。细节决定成败，后勤工作人员要在食堂、公寓、图书馆等方方面面给予学生关怀，将育人体现在学生回寝、打饭时、借还书时，在潜移默化中促进学生价值观的养成。四是毕业时倍加关怀和体谅。学生在毕业时面临找工作、写论文的压力，后勤工作人员要做到体谅学生，给予适当关怀，减轻学生的压力和心理负担。

(二)完善高校后勤育人保障功能

高校后勤的保障功能是其第一功能，也是发挥其服务育人的基础，只有做好后方保障工作才能保证育人功能的发挥。高校后勤改革的目的在于后勤部门可以更好地服务高校的教学、科研以及师生，并在服务中实现对学生思想道德和行为举止的影响与引导。

1. 让服务育人功能深入人心

要让高校后勤工作的服务育人功能深入人心，首先要提高高校后勤工作人员的育人意识和责任感。高校后勤工作人员应该认识到，他们不仅是服务者，也是教育者，他们的每一次服务都是一次育人的机会，他们的每一句话、每一个动作都是一次育人的示范，他们的每一个细节、每一个环节都是一次育人的考验。高校后勤工作人员应该把自己的工作当作一种使命，把服务育人当作一种荣誉，把学生当作亲人，用心、用情、用爱去服务每一位学生，用实际行动去影响和感染每一位学生，用优质的服务去赢得和回报每一位学生。

其次要让高校后勤工作的服务育人功能深入人心，还要完善高校后勤工作的育人机制和制度。高校后勤工作的育人机制和制度，主要包括以下几个方面：一是建立高校后勤工作的育人目标和方案，明确高校后勤工作的育人内容、方法、途径、标准、效果等，将育人工作纳入高校后勤工作的总体规划和年度计划，形成高校后勤工作的育人文化和特色；二是建立高校后勤工作的育人培训和考核，定期对高校后勤工作人员进行育人理念、育人技能、育人策略等方面的培训和指导，定期对高校后勤工作人员的育人工作进行考核和评价，激励和奖励高校后勤工作人员的育人成绩和贡献；三是建立高校后勤工作的育人沟通和反馈，加强高校后勤工作人员与学生、教师、领导等的沟通和交流，及时了解学生的需求、意见、建议等，及时反馈高校后勤工作的育人效果和问题，及时调整和改进高校后勤工作的育人措施和方法。

2. 促进学生认知的转变

学生是高校后勤工作的服务对象，也是高校后勤工作的育人对象，他们的认知和态度对高校后勤工作的育人工作有着重要的影响。因此，需要从以下两个方面着手，促进学生认知的转变。

一是促进学生对高校后勤工作的认知转变。学生应该认识到：高校后勤工作不仅是为他们提供物质和服务的部门，也是为他们提供教育和引导的部门；高校后勤工作人员不仅是为他们服务的人员，也是为他们育人的人员。学生应该尊重和理解高校后勤工作人员的工作，感恩和支持高校后勤工作人员的服务，配合和参与高校后勤工作人员的育人，从高校后勤工作中学习和成长，从高校后勤工作人员身上受到启发和影响。

二是促进学生对自身的认知转变。学生应该认识到：他们不仅是高校后勤工作的服务受益者，也是高校后勤工作的服务参与者；他们不仅是高校后勤工作的育人对象，也是高校后勤工作的育人主体。学生应该树立自主和自律的意识，养成良好的生活和学习习惯，培养健康和文明的生活和学习风气，积极和主动地参与高校后勤工作的各项活动和服务，为高校后勤工作的改进和发展提出建议和意见，为高校后勤工作的育人工作做出贡献和示范。

（三）强化高校后勤自身育人功能

1. 建立健全监督、制约机制

高校后勤工作人员的育人功能，要求他们自身要有高尚的品德和良好的职业道德，要遵守法律法规，尊重师生的合法权益，维护高校的正常秩序，树立高校的良好形象。为此，高校应该建立健全监督、制约机制，对后勤工作人员的工作和行为进行有效的监督和评价，及时发现和纠正不规范、不合理、不文明的现象，对违反规定或造成损害的要依法依规进行处理和问责，对表现优秀的要给予表彰和奖励，形成激励和约束相结合的机制，促进后勤工作人员的自我完善和自我提升。

2. 加强后勤人员培训

高校后勤工作人员的育人功能，还要求他们要有一定的专业知识和技能，要能够提供高效、优质、安全的服务，满足师生的多样化需求，创造舒适、和谐、文明的氛围。为此，高校应该加强后勤人员培训，定期组织后勤人员学习相关的理论知识和业务技能，提高他们的专业水平和服务能力。同时，也要加强后勤人员的思想教育和文化培养，增强他们的社会责任感和使命感，培养他们的爱国情怀和奉献精神，激发他们的创新意识和创造力，使他们成为高校育人工作的积极参与者和有力推动者。

高校后勤人员素质的提升需要依靠后勤部门对人员进行定期、有针对性的培训，后勤社会化改革要革去等、靠、拖的恶习，后勤人员要想在工作岗位上不被淘汰就要不断提升自己的专业素养。

第三节 新媒体在高校后勤管理方面的运用与技巧

一、新媒体在高校后勤管理中的角色

新媒体，特别是互联网技术和各种社交媒体平台，已经成为高校后勤管理中不可或缺的工具。它们不仅提高了管理效率，也增强了学校与学生之间的互动与沟通。

（一）提高后勤服务的效率和质量

新媒体可以实现后勤服务的在线化、智能化和个性化，提高后勤服务的响应速度和满意度。例如，高校可以通过新媒体平台发布后勤通知、接收报修申请、反馈处理进度、收集用户评价等，实现后勤服务的全程可视化和可追溯化。高校也可以利用新媒体的数据分析功能，优化后勤资源的配置和调度，提高后勤服务的效率和质量。

（二）增强后勤管理的透明度和公信力

新媒体可以实现后勤管理的公开化、监督化和互动化，增强后勤管理的透明度和公信力。例如，高校可以通过新媒体平台公布后勤费用的收支情况、后勤工作的考核结果、后勤政策的制定和执行情况等，接受师生的监督和反馈。高校也可以利用新媒体的社交功能，建立后勤管理与师生之间的沟通和协作机制，增强后勤管理的互动性和参与性。

（三）提升后勤文化的内涵和影响力

新媒体可以实现后勤文化的创新化、多元化和传播化，提升后勤文化的内涵和影响力。例如，高校可以通过新媒体平台展示后勤工作的成果和风采、传播后勤工作的理念和价值、宣传后勤工作的规范和要求等，塑造后勤工作的形象和品牌。高校也可以利用新媒体的内容生产功能，打造后勤文化的创意和特色，丰富后勤文化的形式和内容。

二、新媒体工具在日常后勤管理中的应用

（一）数字化工具的选择与实施

新媒体工具在高校后勤管理中的应用非常广泛，如微信、支付宝、钉钉、智慧校园等。这些工具可以提高后勤管理的效率和质量，方便师生的生活和学习，增强后勤服务的满意度和信任度。但是，新媒体工具的选择和实施也需要考虑一些因素，如成本、安全、适用性、可持续性等。

1. 根据后勤管理的目标需求选择与实施

高校后勤管理的目标是为师生和员工提供安全、舒适、高效、节约的生活和工作环境，满足他们的基本和特殊需求，促进教学、科研、管理等各项事业的发展。为了实现这一目标，高校后勤管理需要选择和实施适合自身特点和发展阶段的数字化工具，以提高后勤服务的质量和效率，降低后勤成本和风险，增强后勤管理的透明度和可持续性。

数字化工具的选择和实施应该根据后勤管理的具体需求来进行，而不是盲目地跟风或模仿。例如，有些高校可能需要优化宿舍管理，提高住宿安全和舒适度，那么可以考虑引入智能门锁、人脸识别、温湿度传感器等数字化工具；有些高校可能需要改善餐饮服务，提高食品安全和营养均衡，那么可以考虑引入智能订餐、食材分析等数字化工具；有些高校可能需要加强校园安全，预防和应对突发事件，那么可以考虑引入智能监控、紧急呼叫、危机管理等数字化工具。总之，数字化工具的选择和实施应该以解决后勤管理的实际问题和满足后勤服务的真实需求为出发点和落脚点。

2. 根据后勤管理的对象场景选择与实施

高校后勤管理的对象是多元化和个性化的，包括不同年龄、性别、学历、专业、职位、兴趣、偏好等的师生和员工，他们对后勤服务的期望和评价也不尽相同。因此，高校后勤管理需要选择和实施能够适应不同对象和场景的数字化工具，以提升后勤服务的满意度和忠诚度，增强后勤管理的人性化和灵活性。

数字化工具的选择和实施应该根据后勤管理的对象和场景来进行，而不是一刀切或一概而论。例如，有些数字化工具可能适合大学生使用，但不适合教职工使用，或者适合教职工使用，但不适合大学生使用，那么就需要区分对待，或者提供不同的版本或选项；有些数字化工具可能适合日常场景使用，但不适合特殊场景使用，或者适合特殊场景使用，但不适合日常场景使用，那么就需要灵活调整，或者提供不同的模式或功能。

总之，数字化工具的选择和实施应该以适应后勤管理的对象和场景的多样性和变化性为导向和目标。

3. 根据后勤管理的资源和条件选择与实施

高校后勤管理的资源和条件是有限的和不均衡的，包括不同的人力、物力、财力、技术、信息、制度、文化等，它们对后勤服务的支撑和保障也不尽相同。因此，高校后勤管理需要选择和实施能够充分利用和优化现有资源和条件的数字化工具，以提高后勤服务的效益和价值，增强后勤管理的创新性和竞争力。

数字化工具的选择和实施应该根据后勤管理的资源和条件来进行，而不是超越或忽视。例如，有些数字化工具可能需要较高的投入或维护，但能够带来较高的回报或效果，那么就需要权衡利弊，或者寻求合作或支持；有些数字化工具可能需要较低的投入或维护，但能够带来较低的回报或效果，那么就需要考虑成本，或者寻求改进或替代。总之，数字化工具的选择和实施应该以充分利用和优化后勤管理的资源和条件的有限性和不均衡性为前提和基础。

4. 根据后勤管理的风险挑战选择与实施

高校后勤管理的风险和挑战是不可避免的和不可预测的，包括不同的安全、质量、效率、满意度、信任、合规、可持续等方面的问题和危机，它们对后勤服务的影响和后果也不尽相同。因此，高校后勤管理需要选择和实施能够有效防范和应对各种风险和挑战的数字化工具，以提高后勤服务的稳定性和可靠性，增强后勤管理的安全性和责任性。

数字化工具的选择和实施应该根据后勤管理的风险和挑战来进行，而不是忽略或逃避。例如，有些数字化工具可能存在数据泄露、系统故障、用户抵触、法律纠纷、道德争议等风险和挑战，那么就需要采取预防和应急措施或者提供保障和补偿；有些数字化工具可能避免或减少数据泄露、系统故障、用户抵触、法律纠纷、道德争议等风险和挑战，那么就需要加强宣传和推广或者提供激励和奖励。总之，数字化工具的选择和实施应该以有效防范和应对后勤管理的风险和挑战的不可避免性和不可预测性为考量和原则。

（二）新媒体工具在后勤服务创新中的应用

新媒体工具不仅可以改善后勤管理的效率和质量，还可以促进后勤服务的创新和发展，为师生提供更多的便利和价值。

（1）微信小程序“校园洗衣”是一个由北京大学后勤集团开发的微信小程序，为师生提供校园洗衣服务。用户可以通过微信小程序预约洗衣机、支付费用、查看洗衣进度、评价服务等，实现了洗衣服务的线上化和智能化。该小程序还可以根据用户的洗衣习惯和需求，推荐合适的洗衣模式和产品，提高了洗衣服务的个性化和满意度。

(2)支付宝“校园生活”是一个由支付宝和一些高校合作的平台，为师生提供校园生活服务。用户可以通过支付宝扫码进出校园、乘坐校车、购买食堂餐卡、缴纳水电费等，实现了校园生活服务的一站式和便捷化。该平台还可以根据用户的消费记录和偏好，推送相关的优惠信息和活动，提升了校园生活服务的价值和体验。

(3)钉钉“校园维修”是一个由钉钉和一些高校合作的平台，为师生提供校园维修服务。用户可以通过钉钉提交维修申请、上传照片、选择时间、追踪进度、确认完成等，实现了维修服务的线上化和透明化。该平台还可以根据用户的评价和反馈，对维修人员进行考核和激励，提高了维修服务的规范性和质量。

(4)智慧校园“校园导航”是一个由智慧校园和一些高校合作的平台，为师生提供校园导航服务。用户可以通过智慧校园查看校园地图、搜索目的地、规划路线、获取实时交通信息等，实现了校园导航服务的线上化和智能化。该平台还可以根据用户的位置和行为，推荐附近的景点、设施、活动等，提升了校园导航服务的丰富性和趣味性。

三、新媒体在师生沟通中的作用

(一)后勤服务的信息传递与反馈机制

新媒体可以有效地传递后勤服务的信息，包括后勤服务的内容、流程、标准、政策、活动等，让师生了解后勤服务的最新动态和变化，增加后勤服务的透明度和公信力。同时，新媒体也可以收集师生对后勤服务的反馈，包括意见、建议、评价、投诉等，让后勤管理者及时了解师生的需求和满意度，及时调整和改进后勤服务的质量和效率。

例如，某高校利用微信公众号和小程序，建立了后勤服务的信息发布和反馈平台，通过图文、视频、语音等多种形式，及时发布后勤服务的通知、公示、新闻、活动等信息，让师生随时随地了解后勤服务的情况。同时，该平台也提供了后勤服务的在线咨询、预约、评价、投诉等功能，让师生可以方便地反馈自己的意见和需求，也让后勤管理者可以及时处理和回复师生的反馈，实现了后勤服务的信息传递与反馈机制的有效运行。

(二)利用新媒体平台建立有效的沟通渠道

新媒体可以搭建师生之间的沟通桥梁，促进师生之间的交流和互动，增强师生之间的理解和信任，提升后勤服务的人性化和温情化。新媒体可以利用其互动性、多样性、趣味性等特点，打造各种有利于师生沟通的平台和活动，让师生有更多的机会和渠道，表达自己的想法和感受，了解对方的工作和生活，增进彼此的友谊和合作。

例如，某高校利用微博、抖音等新媒体平台，开展了“后勤大咖秀”“后勤故事会”“后勤有问必答”等系列活动，通过展示后勤工作人员的风采和故事，让师生看到后勤工作的艰辛和乐趣，感受后勤工作的价值和意义，增加师生对后勤工作的尊重和支持。同时，该平台也邀请师生参与后勤工作的体验和互动，让师生亲身感受后勤工作的过程和细节，提高师生对后勤工作的认识和参与，实现了师生之间的有效沟通和互动。

四、新媒体使用中的注意事项

（一）数据安全与隐私保护

新媒体的使用涉及大量的数据收集、存储、分析和共享，这些数据可能包括高校的基础设施、财务状况、人事变动、学生的个人信息、消费行为、健康状况等。这些数据对于高校后勤管理的决策和优化有重要的价值，但也可能成为黑客、竞争对手或其他恶意方的攻击目标。一旦数据泄露、篡改或滥用，可能会给高校和学生带来严重的损失和影响。

因此，高校后勤管理部门和人员必须加强数据安全与隐私保护的意识和能力，采取有效的技术和管理措施，防止数据的泄露、篡改或滥用。例如，使用加密、认证、授权、审计等技术手段，保护数据的完整性、可用性和机密性；制定和遵守数据的收集、存储、分析和共享的规范和流程，避免数据的过度收集、无序存储、随意分析和无限共享；尊重和保护学生的个人信息和隐私权，获取学生的同意和授权，限制数据的用途和范围，不向无关的第三方提供或泄露数据；及时处理数据的安全事件，通报相关的部门和人员，采取补救和改进的措施，减少数据的损失和影响。

（二）避免信息过载与误传

新媒体的使用也使得高校后勤管理的信息传播更加快速、广泛和多样，这对于提高高校后勤管理的透明度、公信力和满意度有积极的作用，但也可能导致信息的过载和误传。信息过载是指高校后勤管理部门和人员以及学生接收到的信息量超过了他们的处理能力，导致信息的混乱、冗余和低效。信息误传是指高校后勤管理部门和人员以及学生接收到的信息与事实不符，导致信息的失真、偏差和误导。

因此，高校后勤管理部门和人员必须避免信息过载与误传的产生和传播，采取有效的技术和管理措施，提高信息的质量和效率。例如，使用过滤、分类、排序、推荐等技术手段，优化信息的呈现和传递，减少信息的冗余和噪声，提高信息的相关性和价值；制定和遵守信息的发布、更新、核实和纠正的规范和流程，保证信息的准确性、及时性和完整性，避免信息的错误、过时和缺失；尊重和保护学生的信息需求和选择权，提供学生的反馈和互动渠道，增加信息的互动性和参与性，不强制或诱导学生接收或传播信息；及时处理信息的质量问题，通报相关的部门和人员，采取纠正和改进的措施，减少信息的损害和影响。

第四节 新媒体时代高校后勤管理机制构建路径

一、运用现代管理理念推进高校后勤信息化建设

树立科学的信息化理念是实现高校后勤管理信息化建设的首要任务。正确树立高校后勤信息化观念至关重要，任何机制创新、模式创新，都取决于观念、理念的更新。

（一）树立以服务为本的理念

1. 重视信息化建设中员工的信息素养能力

信息化建设是高校后勤管理的重要手段和保障，可以提升后勤服务的水平和效果。然而，信息化建设不仅需要先进的技术和设备，更需要有信息素养高的员工来运用和维护。信息素养是指个体在信息社会中获取、处理、应用和创新信息的能力，包括信息意识、信息知识、信息技能和信息道德等方面。高校后勤管理中的员工，不仅要掌握基本的信息技术，如使用电脑、手机、网络等，还要具备信息分析、评估、整合、创新等高级信息技能，能够有效地利用信息资源，解决后勤服务中的问题，提高后勤服务的质量和效率。此外，员工还要具备良好的信息道德，遵守信息安全和隐私保护的规范，维护信息的真实性和完整性，防止信息的滥用和误用，保障信息的公平和正义。

为了提高员工的信息素养能力，高校后勤管理应该采取以下措施。

(1)加强信息素养的培训和教育，定期组织员工学习信息技术的基础知识和操作方法，提高员工的信息技术水平和应用能力；

(2)建立信息素养的考核和激励机制，将员工的信息素养水平作为后勤服务的重要指标，定期对员工的信息素养进行评估和反馈，给予信息素养高的员工相应的奖励和表彰；

(3)建立信息素养的交流和分享平台，鼓励员工之间相互交流和分享信息技术的经验和心得，促进员工的信息技能的提升和创新；

(4)建立信息素养的监督和规范机制，制定和执行信息安全和隐私保护的相关规定，加强对员工的信息行为的监督和管理，防止信息的泄露和滥用，维护信息的合法性和合理性。

2. 转变被动的服务模式，始终树立“以师生为中心”的服务意识

高校后勤信息化归根结底是为师生提供更好的服务的一种工具，是为提高服务质量、管理效率的一种手段。高校的后勤管理服务工作，是围绕教学、科研、师生展开工作的，服务质量的好坏、满意度的高低都将对师生的情绪形成一定的影响。作为后勤管理服务人员必须牢固树立“服务至上”的理念，始终树立“以师生为中心”的服务意识，将教育与引导员工确立“主动为师生服务，提升信息化管理水平”作为基点，主动提供更加便利快捷的服务，积极转变服务意识。从高校后勤管理层开始，将信息化管理理念传达给每一位员工，让其积极转变理念，确立认真做事的理念，大力支持信息化管理，形成主动参与到信息化管理的氛围，这样才会使高校后勤信息化建设更有价值。例如，开设短信平台，将会议通知、预警通知、政策宣传、安全提示、人员调度、节日祝福等管理信息指令通过平台以短信（彩信）为媒介传达到指定群体，起到通知、备忘作用，随时展现后勤集团最新动态。

（二）树立精细化管理的理念

德鲁克说过：“管理好的企业，总是单调无味，没有任何激动人心的事件，那是因为凡是可能发生的危机早已被预见，并已将它们转化为例行作业了。”① 对高校后勤来说，没有激动人心的事发生，说明管理处于正常控制之中，而这只有通过每天、每个瞬间对细节加以严格控制才有可能实现，管理从粗放走向精细非常重要。高校后勤精确管理的思路如下。

1. 提高管理的精准度和有效性

在日常工作中，自上至下将精细化的理念目标、方法贯彻到每一名员工身上，让每一名员工都参与到实施信息化管理活动中，对每一名员工的岗位工作流程确定一个合适标准，在工作效果上达到最优化。精细化管理的理念是指在管理过程中，注重细节，追求完美，不断改进，提高效率和质量。这种理念要求高校后勤管理者不仅要有宏观的战略眼光，还要有微观的执行力，对后勤管理的各个环节和细节都要有清晰的认识和掌握，能够及时发现和解决问题。同时，高校后勤管理者还要将这种理念传递给每一名后勤员工，让他们明白自己的工作职责和目标，培养他们的责任感和主动性，鼓励他们利用信息化手段，优化自己的工作流程，提高自己的工作效率和质量，实现个人和组织的共同发展。

2. 在工作中落实责任制

为了克服高校后勤职能结构中岗位定位不清，部门间工作出现重复、推脱现象，应

① 程新坤，邹方明．将精细化管理进行到底［J］．教育家，2018(7)：60-61.

将具体岗位职能结构进行责任化设置，力争将职责界定明晰、彻底，将精细化组织结构管理落到实处，将组织结构具体到人、设置到位。责任制是指在管理过程中，明确各个岗位的职责和权限，建立相应的考核和激励机制，使每个人都能按照规定的标准和要求，履行自己的职责，承担自己的责任，同时享受自己的权利。这种制度要求高校后勤管理者要对后勤管理的各个部门和岗位进行合理的划分和配置，明确各个部门和岗位的职能和任务，制定相应的工作计划和目标，建立相应的考核和激励机制，定期对各个部门和岗位的工作进行监督和评估，及时给予表扬和奖励，或者提出批评和改进，实现管理的公平和透明，激发后勤员工的工作积极性和创造性。

3. 信息化管理手段的优势

为更好地提高管理效率和管理规范化，将信息技术引入后勤管理系统，对后勤管理对象进行定量分析和量化管理，推动后勤管理的发展。针对后勤工作过程中存在的随意性这个突出问题，可以使用信息技术来改善。首先，建立后勤各个下属部门的沟通渠道，在此基础上完善精细化管理的组织结构，形成分级监管、网络监控的有效模式，达到高效、节约和规范的管理目标，为后勤管理决策科学化提供了强有力的技术支撑。如建立办公室管理信息系统，有关部门可以第一时间上传、汇报日常办公文件及相关信息，而上级部门亦可以及时审批、总结相关工作，提高整体管理效率。其次，利用信息技术，对后勤管理的各个方面进行数据采集、分析和处理，形成可视化的报表和图表，为后勤管理的决策提供科学的依据和参考。如建立后勤物资管理信息系统，可以对后勤物资的采购、入库、出库、盘点、报废等进行全面的监控和管理，实现物资的动态跟踪和精确控制，避免物资的浪费和损失。最后，运用信息技术，对后勤管理的服务质量和满意度进行实时的反馈和评价，及时了解和解决后勤服务的问题和不足，提升后勤服务的水平和形象。如建立后勤服务评价信息系统，可以让后勤服务的受众通过手机、电脑等终端，对后勤服务的各个方面进行打分和评论，同时，后勤管理者也可以通过该系统，对后勤服务的各个部门和岗位进行考核和评价，根据评价结果进行相应的奖惩和改进，提高后勤服务的质量和满意度。

4. 信息化管理便于高校后勤管理正规化

后勤规范性是指后勤各项工作都要达到一个标准化程度，具体来说，就是指导后勤组织成员行为的方针政策、规章制度、工作程序等的标准化程度。高校后勤管理正规化表现为用规章制度规范后勤服务的行为，将责任予以明确、具体化，充分落实责任。在注重标准、规范的基础上，管理方式制度化、工作方式标准化，保持良好的工作秩序，实现全过程的精细化管理。

（三）建立知识型后勤，实现管理的持续改进和提升

伴随着信息化和知识经济的兴起，知识逐渐成为企业发展的重要资源，如何更加有效地创造和利用知识，成为信息时代高校后勤必须思考的问题。知识管理理念正是在这一大背景下逐渐形成的，知识的积累、共享、利用、创新所秉持的管理理念就是知识管理理念。高校后勤的知识管理，就是以后勤具体工作知识为基础，进行核心管理，是对后勤管理和服务所需要使用到的知识及其识别、获取、整理、创新、开发等一系列过程的管理，来实现显性知识和隐性知识的流动共享。同时，也是为了满足后勤部门现有和未来的需要，使之能够有效地提升自身的应变能力与创新能力，对后勤管理涉及的各种知识进行有效的管理。

1. 知识型后勤的概念

知识型后勤是以后勤信息系统为基础，以知识资源为媒介，为员工的学习创造良好的环境，为员工创新和积累知识开辟有效的途径，为后勤系统的知识应用提供有力的手段。高校后勤信息化平台使得知识的传输和共享更为简单，为后勤构建核心知识系统平台提供技术支持。有了这一传输平台，整个工作流程成果都可以很快地进行汇总、整合，后勤部门就可以利用这些资源，产生新的知识以促进发展。这一切都为知识管理理念的实施创造了极为便利的条件。

2. 实现高校后勤中知识管理的途径

（1）知识创新是知识管理的关键。

知识创新是指在原有知识的基础上，通过创造、发现、引进、吸收、改造、整合等方式，形成新的知识或提高知识的价值。知识创新是知识管理的核心和动力，是提升后勤管理水平的重要途径。高校后勤应该建立知识创新的机制和氛围，鼓励后勤人员积极参与知识创新的活动，如开展专题研究、参加培训和交流、利用新媒体平台分享经验和意见等。同时，高校后勤应该加强知识创新的评价和激励，建立知识创新的奖励和考核制度，表彰和奖励知识创新的优秀成果和贡献者，激发后勤人员的知识创新的积极性和主动性。

（2）建立高校后勤知识库平台。

后勤管理者必须要营造一种环境氛围，让员工能够积极地开发与利用后勤的知识资源去进行创新。后勤部门信息化建设可以为知识共享提供网络平台支持，后勤部门可以在网上平台建立自己的知识库，把这些知识系统地、分门别类地进行整理，用来实现部门内部的交流和共享。员工可以从中获得所需要的信息和知识，也可以将新知识放在平台上与其他员工共享。

组织的知识管理系统由四个部分组成，分别是知识库、知识通道、知识环境和知识

资产。知识库是知识管理系统的基础组成部分。

知识库用来将与组织平常运作相关的各类信息进行结构化处理，然后保存起来，使得这些知识成为共享资源。数据库技术为建立知识库提供了基本的技术支持，它用于整理、储存、检索、归类组织中的各种文件资料，并按照一定的规则进行排列，以便于其他系统使用。

目前，高校后勤集团的服务内容主要涵盖物业、公寓、水电、环卫、绿化、餐饮、医疗和交通等多个行业，涉及管理学、运筹学、公共关系学等管理知识以及园林规划、电气、水暖等技术知识。知识的共享对于知识管理是相当重要的，后勤部门要让知识在部门中流动起来，实现共享，只有把个人或小团体的知识转变为总的知识，才有可能创造出新的知识。

建立高校后勤知识库的途径有：第一，规范各种资料，将各种合同文本、技术规范、活动策划书、部门总结、报告等内部资料的电子版材料留存备用；第二，编制各种规范性的文件，如《岗位说明书》《规章制度汇编》《员工手册》等，要确保后勤内部的隐性知识向显性知识转化，从而改善知识利用的方式；第三，开展座谈会等形式，把问题公开讨论，并整理成电子文稿，成为员工内部的系统知识文件。

(3)加强师生知识管理。

师生是高校后勤的主要服务对象，也是高校后勤的重要知识资源。加强师生知识管理，是提高后勤服务质量和满意度的必要条件。高校后勤应该充分利用新媒体的优势，建立与师生的有效沟通和互动渠道，及时收集和反馈师生的需求和意见，了解和满足师生的期望和偏好。同时，高校后勤应该积极推动师生知识的共享和协作，鼓励师生参与后勤的知识创新和知识服务，如提供和采纳建议、参与和支持项目、共同解决问题等。通过加强师生知识管理，可以提高后勤的服务水平和师生的满意度，增强后勤的社会责任感和公信力。

(4)加大资金投入。

资金是知识管理的重要保障，是实现知识型后勤的必要条件。加大资金投入，是提升后勤管理水平的有效途径。高校后勤应该争取和保障后勤的经费支持，合理规划和使用后勤的资金，优化后勤的资金结构，提高后勤的资金效益。同时，高校后勤应该加大对知识管理的资金投入，重点支持知识创新和知识服务的项目和活动，如建设和完善知识管理的平台和系统、购买和更新知识管理的设备和工具、组织和参与知识管理的培训和交流等。通过加大资金投入，可以提高后勤的知识水平和管理能力，增强后勤的核心竞争力和发展潜力。

二、利用信息化技术，提升后勤管理的效能

(一)改善后勤的组织结构

1. 改善后勤组织结构的必要性

随着信息技术的发展，高校后勤的内外部环境发生了很大的变化，并对后勤部门的持续发展提出了更高的要求，这些都使等级制组织赖以生存的环境发生了根本的变化：师生的需求呈现多样化，处在一个快速、多变且不可预测的环境中等。在这种情况下，等级制的组织结构便暴露出了许多问题：管理成本巨大，管理效率低下；信息在内部传递缺乏效率；无法对复杂多变的外部环境做出迅捷的反应；束缚人的创造性；组织结构柔性不够，缺乏活力。仅仅将信息技术应用于传统的后勤部门组织结构中显然是不可能达到预期目的的，必须同时对传统的组织结构进行变革，以实现信息管理系统与组织结构的良性驱动。这是因为，信息技术的应用使后勤部门的诸多方面发生了变化，从而要求后勤部门改变传统组织结构以适应这种变化。

在现代信息技术的推动下，信息可以在不同层次上传递和共享，这样以往中层的职能就可以由信息技术来实现，从而减少层次以及上层和基层之间沟通的节点。网络信息技术的广泛应用，支持了对传统金字塔形科层组织结构进行的改革。高校后勤网络组织结构，是对现有的金字塔型科层组织结构进行优化而创新的新型网络组织。从总体上来讲，这是一种信息化的有机式组织管理系统，在这种结构中，是以信息共享、重视横向联系与协调、权力分散、自我约束和民主参与为基本特征，通过人本管理形成共同的价值观，构成有机网络结构，满足后勤提高竞争力、实现信息化的需求。

网络结构组织创建与运行的基本前提是网络信息技术的应用。人们在网络信息技术的基础上，将重新界定分工原理和跨度理论，形成以任务为分工、以流程为导向的一种新型的集成化、信息化组织。

2. 网络结构组织的基本特征

(1)信息结构向网络化、交互化方向发展。

信息结构是指高校后勤管理中所涉及的信息来源、流向、存储、处理和使用的方式和形式。传统的信息结构往往是线性的、单向的、静态的和封闭的，导致信息的获取、传递、共享和利用存在着时效性差、效率低、精度低、覆盖面小等问题。为了解决这些问题，高校后勤管理需要利用信息化技术，构建一个网络化、交互化、动态化和开放化的信息结构，实现信息的实时、快速、准确和广泛的流动和交换，提高信息的价值和效用。

具体而言，高校后勤管理可以利用互联网、物联网、云计算、大数据、人工智能等信息化技术，建立一个覆盖后勤各个环节和层次的信息网络，实现后勤信息的集成、汇聚、

分析和应用。例如，高校后勤管理可以通过物联网技术，对后勤设施、设备、物资等进行智能化的监测、控制和优化，实现后勤资源的高效利用和节约；可以通过云计算技术，将后勤信息存储在云端，实现后勤信息的安全、便捷和低成本的访问和管理；可以通过大数据技术，对后勤信息进行深度挖掘和分析，实现后勤服务的精准化和个性化；可以通过人工智能技术，对后勤信息进行智能化的处理和应用，实现后勤服务的自动化和智能化。

此外，高校后勤管理还可以利用信息化技术，建立一个涉及后勤各个主体和对象的信息交互平台，实现后勤信息的双向、多向互动和协同。例如，高校后勤管理可以通过互联网技术，为高校师生提供一个便捷、灵活和多样的后勤服务申请、反馈、评价和投诉的渠道，实现后勤服务的需求导向和用户满意；可以通过移动互联网技术，为高校后勤人员提供一个实时、在线和移动的后勤工作指导、协调、监督和考核的工具，实现后勤工作的规范化和质量化；可以通过社交网络技术，为高校后勤管理者提供一个广泛、开放和多元的后勤信息交流、学习、创新和合作的空间，实现后勤管理的创新化和协同化。

（2）组织动力结构向参与型转变。

组织动力结构是指高校后勤管理中所涉及的组织的目标、任务、职责、权力、关系和激励的方式和形式。传统的组织动力结构往往是层级的、命令的、刚性的和封闭的，导致组织的决策、执行、协作和创新存在着缺乏参与、缺乏沟通、缺乏灵活和缺乏动力等问题。为了解决这些问题，高校后勤管理需要利用信息化技术，构建一个平等的、协商的、柔性的和开放的组织动力结构，实现组织的高效、协调、创新和发展。

具体而言，高校后勤管理可以利用信息化技术，建立一个基于共享、协作、学习和创新的组织文化，实现组织的内部和外部的互动和融合。例如，高校后勤管理可以通过信息化技术，推进后勤管理的民主化和透明化，增强后勤各个主体的参与意识和参与能力，实现后勤管理的共识和共治；可以通过信息化技术，推进后勤工作的协作化和协同化，增强后勤各个环节和层次的沟通和合作，实现后勤工作的效率和协调；可以通过信息化技术，推进后勤服务的学习化和创新化，增强后勤各个对象和领域的交流和创新。

（3）权力结构趋向更多的分权。

在金字塔组织结构下，信息由下向上纵向传递，组织顶层掌握信息最多、最全面，因此，决策往往集中在上层。而在网络化组织下，信息结构呈现交互式，各个层面都可以共享所有相关信息，已不存在过去的信息上下不对称的问题。由于下层管理者与普通师生接触的机会更多，相对拥有更多的需求信息，因此，在网络组织结构下，下层管理者拥有更大的管理自主权，对于提高组织的效率和决策科学性具有重要意义，分权成为网络化组织的重要特征。

高校后勤需通过以信息作为主轴和中心结构，来加大中间管理幅度，扩展职能，压缩或减少原来管理层次，允许内部组合多样化，以期充分调动各级管理人员的主动性和创造性，提高对后勤实体环境的反应敏捷性。通过运用计算机网络（内部网、外部网和互联网），后勤部门可以实现跨校区、跨部门的同步信息交换，在获取、传递和使用信息资源方面，变得更加敏捷、开放和准确，大大提高了信息处理的准确性和有效性，最大限度地减少了随意性、主观性和不确定性，从而显著改善了决策质量。显然传统等级制结构的存在与计算机网络的使用是矛盾和冲突的。必须打破等级制组织结构，建立这种柔性、简洁、灵活、决策迅速的网络结构组织，这是对传统组织结构的变革和创新，也是后勤实体实施信息化管理的有效保证。

（二）优化信息化的工作流程

高校后勤部门的工作，大多是交叉或者平行的，需要部门间以及上下级之间的沟通与交流，但实际上，如果不使用后勤管理信息系统，是没有办法保证所有的工作流程并行的。“并行”流程是通过计算机网络的应用，通过信息处理，把工作流程和信息技术相融合，最大限度地实现信息实时共享基础上的集成管理。同时，把各个环节各职能部门共同整合到网络上，围绕共同的任务同时协调运作。“并行”流程可使各部门共同解决、协调作业流程出现的各种问题，因此，组织必须与“并行”流程相适应。

1. 以学生、教师为中心

高校后勤管理的最终目的是为学生、教师提供安全、舒适、便捷的后勤服务，满足他们的基本需求和合理期望。因此，高校后勤管理的信息化工作流程应该以学生、教师为中心，充分考虑他们的需求和意见，通过信息化平台和渠道，及时收集和反馈他们的信息，提供个性化和多样化的后勤服务，增强他们的满意度和归属感。

2. 流程优化必须以满足需求为目标

高校后勤管理的信息化工作流程不是为了信息化而信息化，而是为了更好地满足学生、教师的需求，提高后勤服务的质量和效率。因此，流程优化必须以满足需求为目标，避免过度信息化或形式化，导致信息的冗余或失真，增加工作的复杂度或负担。流程优化应该注重信息的有效性和实用性，简化和规范信息的收集、处理、传递、存储、应用等环节，提高信息的准确性和时效性，实现信息的共享和协同，提升后勤管理的水平和能力。

3. 规范办事程序

高校后勤管理的信息化工作流程应该遵循高校的规章制度和管理要求，规范办事程序，保证后勤服务的公平、透明、有序。信息化工作流程应该明确各个环节的职责、权限、流程、标准、监督等，建立健全信息化的考核、评价、激励、问责等机制，确保信息化工作的规范性和有效性，防止信息化工作的滥用或滥权，维护高校的形象和声誉。

三、建立健全高校后勤信息化管理制度

（一）制定信息化的管理制度

高校后勤信息化管理中的每一项具体工作，都需要通过规章制度来约束。信息管理制度是保障信息系统正常运行的规章制度。它通过规章化和内部法律化形式，来建立信息系统稳定、有效的运行机制。这些制度要以工作标准和工作流程为依据，要用科学规范将工作进行细分，制度要根据高校后勤信息化的不断发展进行修订和更新。在日常工作中，要做到定人、定岗、定责，无论是信息技术的应用、信息系统的开发，还是信息资源的共享，都需要制定切实可行的规章制度。

（二）制定信息化建设的规范标准和总体规划

1. 制定信息化建设的规范标准

高校后勤信息化标准的体系结构包括信息基础设施的建设、信息技术应用、用户规范和信息应用等内容。

（1）技术类规范。

技术类规范是指规定高校后勤管理信息化建设所需的技术要求和方法，包括数据采集、传输、存储、处理、展示、安全等方面的技术规范。技术类规范应该遵循国家和行业的相关标准，同时考虑高校后勤管理的特点和需求，选择适合的技术方案和平台，保证信息化建设的可靠性、安全性、兼容性和可扩展性。

（2）基础设施规范。

基础设施规范是指规定高校后勤管理信息化建设所需的硬件设备、网络设施、电力供应等方面的规范。基础设施规范应该根据高校后勤管理的业务流程和信息化需求，合理规划和布局信息化建设的基础设施，保证信息化建设的稳定性、高效性和便捷性。

（3）应用软件系统的规范。

应用软件系统的规范是指规定高校后勤管理信息化建设所需的软件系统的功能、界面、操作、维护等方面的规范。应用软件系统的规范应该根据高校后勤管理的业务特点和用户需求，设计和开发符合用户习惯和操作规范的软件系统，保证信息化建设的实用性、易用性和智能性。

(4)用户规范。

除系统建设方面的规范外，系统用户素质是影响应用水平和效益的关键因素，因此，用户素质的提高是信息化建设的重要环节。

用户规范包括如下内容：①加强对职工定期考核，不断提高信息技术水平；②为了使用户熟练掌握新系统的功能操作，要求用户积极参加新系统的培训学习；③为了确保信息资源共享，需及时维护数据的准确性和数据交换的可靠性；④加强规章制度教育与学习，提高用户的系统安全、信息保密意识。

高校后勤信息建设的标准化要求是十分重要的，信息在采集、处理过程中由于存在信息量大、涉及面广及传递过程不规范等问题，容易出现信息的失真，需要一个标准化的平台去进行约束整合。在这个平台上，遵从统一的技术标准和规范，是实现信息资源共享和信息系统得到协同发展的基础。高校后勤在其信息化建设中，要根据部门的现状，切实不断落实各种信息化标准和规范，这样才能使信息资源得到合理流动和充分共享。

高校后勤制定标准应遵循的原则：①要从宏观角度、全局利益出发；②使用要求必须得到充分满足；③能够促进科学技术向前发展。

高校后勤信息标准在遵循以上总体原则的同时，还要考虑的一些原则：①标准化，高校后勤信息标准尽量采用国家标准进行制定；②实用性，标准要能够符合高校数字后勤建设的需要；③开放性，标准要满足技术不断向前的发展的需求；④分步实施，标准应该边制定边实施，在实施过程中不断完善。

2. 明确总体规划，分步实施信息化建设

根据后勤部门的实际情况，结合行业信息化方面的实践以及对 IT 发展趋势的掌握，提出信息化愿景、目标和行动方案，全面系统地指导信息化进程。每年要根据后勤环境、发展和技术发展趋势等因素，对其进行调整和完善。制定信息化规划需要解决两个比较关键的问题：一是到底需要哪些信息化；二是各个信息系统如何互联互通，形成一个有机整体。组织中各个层次的管理者要想实施有效管理，必须做好规划工作，任何组织的管理活动都是从规划开始的，规划是其他管理活动的有效工具。

后勤的信息化建设，也需要经过总体规划，明确后勤信息化建设的总体目标，以便广大干部职工对信息化建设工作有一个明确清晰的认识，通过分步实施计划，明确各个阶段应该做些什么，在各个阶段都要制定设备购置计划、人才引进计划、职工培训计划等。部门信息化规划制定者必须对部门信息化进行一次全面诊断，了解管理现状、整体人力资源素质、业务流程等。通过管理诊断找到管理中存在的问题及其原因，估计出信息化过程中可能遇到的阻力，以便提出切实可行的解决措施，建立合理的信息化管理组织。高校后勤管理可以采用“总体规划、立足标准、局部构建、全局整合”的后勤信息化建设策略。[①] 根据以上策略，高校后勤信息化工作需要分以下三个阶段进行。

（1）建立后勤门户网站。

后勤门户网站是信息化建设的基础和前提，是高校后勤管理的窗口和平台，是后勤信息的集中展示和发布，是后勤服务的在线交互和反馈，是后勤管理的数据采集和分析。建立后勤门户网站，需要考虑以下几个方面。

①网站的设计和开发，要符合网页制作的规范和标准，要注重网站的美观性、易用性、安全性和可维护性，要兼容不同的浏览器和设备，要适应不同的网络环境和用户需求。

②网站的内容和功能，要涵盖后勤管理的各个方面，要反映后勤工作的最新动态和成果，要提供后勤服务的在线申请和查询，要收集和处理后勤服务的用户评价和意见，要展示和分析后勤管理的数据和指标。

③网站的运营和维护，要建立完善的网站管理制度和流程，要分配合理的网站管理人员和职责，要定期更新和优化网站的内容和功能，要监测和保障网站的运行和安全，要及时处理和解决网站的故障和问题。

（2）建设后勤各部门业务系统。

后勤各部门业务系统是信息化建设的核心和重点，是高校后勤管理的支撑和保障，是后勤工作的规范和效率，是后勤服务的质量和满意度。建设后勤各部门业务系统，需要考虑以下几个方面。

①系统的需求分析和设计，要充分调研和了解后勤各部门的业务特点和需求，要综合考虑系统的功能、性能、可靠性、安全性、可扩展性等，要制定合理的系统架构和模块，要确定系统的数据结构和接口。

②系统的开发和测试，要采用先进的软件工程方法和工具，要遵循软件开发的规范和标准，要保证系统的代码质量和文档完整，要进行充分的系统测试和验收，要消除系统的缺陷和漏洞。

③系统的部署和运行，要制定详细的系统部署方案和计划，要选择合适的硬件设备和软件平台，要配置适当的网络环境和安全措施，要进行系统的安装和调试，要保证系统的稳定和高效运行。

④系统的维护和更新，要建立完善的系统维护制度和流程，要分配合理的系统维护人员和职责，要定期对系统进行检查和维护，要监测和保障系统的性能和安全，要及时对系统进行升级和改进。

---

① 尤建新，陈守明，赵红丹．高级管理学 [M]. 北京：清华大学出版社，2019.

(3)全局业务系统整合。

全局业务系统整合是信息化建设的目标，是高校后勤管理的优化和创新，是后勤工作的协同和共享，是后勤服务的便捷和个性化。实现全局业务系统整合，需要考虑以下几个方面。

①整合的原则和目标，要遵循信息化建设的总体规划和发展战略，要以提高后勤管理的效能和水平为目标，要以满足后勤服务的用户需求为导向，要以促进后勤工作的创新和发展为动力。

②整合的内容和范围，要涉及后勤管理的各个层面和方面，要包括后勤门户网站、后勤各部门业务系统、后勤管理决策支持系统等，要实现系统之间的数据交换和共享，要实现业务之间的协调和配合，要实现服务之间的互动和融合。

③整合的方法和技术，要采用先进的信息技术和标准，要利用云计算、大数据、物联网、人工智能等技术，要构建统一的信息平台和资源库，要实现信息的集成和分析，要实现业务的智能和优化，要实现服务的个性化和智慧化。

(三)建立高校后勤管理信息化评价指标

为了正确和客观地评价高校后勤信息化水平，有效地指导后勤信息化建设发展，必须建立一套科学、系统和实用的高校后勤信息化评价指标体系，对高校后勤信息化实施科学评价，指导高校后勤信息化朝正确道路发展。

立足于高校后勤信息化发展的现状，以高校后勤信息化的指标体系为指导，考虑到高校后勤信息化的发展趋势，要遵循科学性、系统性、适用性、可操作性、拓展性的基本原则，构建高校后勤信息化评价的指标体系。

四、建立完善的高校后勤管理信息系统

高校的后勤管理要负责全校师生和员工的吃、住、行、水、电等诸多方面，主要涉及10多项内容，工作量非常大，而且十分烦琐。随着我国高校后勤信息管理方式的变革，信息系统管理的实施已发展成为高等院校后勤经营管理发展的必由之路。

后勤管理信息系统的建设是一项规模大、较复杂的系统工程，必须根据组织的实际情况采用行之有效的方法。

对于不同高校的后勤部门来说，后勤社会化程度、管理基础、资金情况等因素各有不同，建设后勤管理信息系统所采用的方式和方法也不相同。有效的系统规划，是任何高校后勤实施信息化都应遵循的原则，也是获得信息化建设成功的必要条件。

（一）后勤信息化系统建设的实施策略

高校后勤管理信息化建设的推进是一项耗资巨大、涉及的管理范围广、复杂的系统工程。

1. 统一地进行规划

高校后勤信息化系统建设应该遵循统一规划、分步实施、逐步完善的原则。首先，高校应该根据自身的实际情况和发展目标，制定出符合国家和行业标准的后勤信息化系统建设的总体规划，明确系统的目标、范围、内容、功能、架构、技术、标准、安全、预算等方面的要求。其次，高校应该根据总体规划，分阶段、分领域、分层次地实施后勤信息化系统建设的具体项目，按照先易后难、先急后缓、先基础后拓展的顺序，逐步完善系统的功能和性能。最后，高校应该建立健全后勤信息化系统建设的监督和评估机制，定期检查和评价系统的运行状况和效果，及时发现和解决问题，不断调整和优化系统的设计和实施。

2. 选择合适的设备

设备是高校后勤信息化系统的物质基础，包括硬件设备和软件设备。硬件设备主要指计算机、服务器、网络设备、传感器、摄像头、打印机、扫描仪等，软件设备主要指操作系统、数据库、应用软件、安全软件等。选择合适的设备，需要考虑以下几个因素。

（1）设备的性能和功能。

设备的性能和功能要能够满足高校后勤信息化系统的需求，如处理速度、存储容量、网络带宽、图像清晰度、打印质量、扫描精度等。

（2）设备的兼容性和可扩展性。

设备的兼容性和可扩展性要能够适应高校后勤信息化系统的变化，如支持不同的操作系统、数据库、应用软件、安全软件等，以及能够增加或替换设备，以适应系统的升级或扩展。

（3）设备的安全性和稳定性。

设备的安全性和稳定性要能够保障高校后勤信息化系统的正常运行，如防止设备的损坏、丢失、盗窃、破坏、病毒、黑客等，以及能够及时恢复设备的故障，以减少系统的停机时间。

（4）设备的成本和维护。

设备的成本和维护要能够符合高校后勤信息化系统的预算，如设备的采购价格、运行费用、维修费用、更新费用等，以及能够提供有效的设备的保修、保养、培训、技术支持等。

3. 考虑系统分析和开发的相关费用

系统分析和开发是高校后勤信息化系统的核心环节，是将高校后勤的业务需求转化为具体的系统功能和界面的过程。系统分析和开发的相关费用，主要包括以下几个方面。

（1）人力资源费用。

人力资源费用是指系统分析和开发过程中所需的人员的工资、奖金、福利、培训等费用，如系统分析师、系统设计师、程序员、测试员、项目经理等。

（2）软件资源费用。

软件资源费用是指系统分析和开发过程中所需软件的购买、租赁、授权、更新等费用，如操作系统、数据库、应用软件、安全软件、开发工具、测试工具等。

（3）硬件资源费用。

硬件资源费用是指系统分析和开发过程中所需硬件的购买、租赁、维修、更新等费用，如计算机、服务器、网络设备、传感器、摄像头、打印机、扫描仪等。

（4）其他资源费用。

其他资源费用是指系统分析和开发过程中所需其他资源的费用，如办公场地、电力、水、通信、交通、餐饮、住宿等。

考虑系统分析和开发的相关费用，需要根据高校后勤信息化系统的规模、复杂度、质量、进度等因素，制定合理的预算和控制措施，以保证系统分析和开发的顺利完成，同时避免不必要的浪费和超支。

4. 借助服务不断深化、促进后勤信息化建设

为高校师生提供便利快速周到的服务是后勤信息化建设的主要目的。随着高校师生对高校后勤服务要求的不断深化，后勤信息管理系统中的各个模块在设计与开发时必须考虑与高校其他职能部门的连接，为高校师生提供实用、高效、便利的服务。

（二）后勤信息化系统建设的主要开发方式

高校规模不同，办学性质不同，其后勤管理的体制与模式不同，信息化建设的模式也就不同。在后勤发展的不同阶段，信息化建设的模式也有可能不同。从目前高校后勤的发展来看，后勤开展信息化一般有以下几种模式。

1. 自行开发方式

自行开发方式是指高校自己组织专业的信息技术人员，根据自身的实际情况和需求，设计、开发、测试、运维和维护后勤信息化系统的方式。这种方式的优点是可以充分利用高校的信息技术人才和资源，灵活地调整和优化系统的功能和性能，满足高校后勤的特殊和个性化的需求，保证系统的安全和稳定，提高系统的适应性和可持续性。这种方

式的缺点是需要投入较多的人力、物力和财力，承担较大的风险和压力，面临较高的技术难度和复杂度，需要较长的开发周期和较高的管理水平。

2. 外包开发方式

外包开发方式是指高校委托专业的信息技术公司或机构，根据高校的需求和规范，为高校定制、开发、测试、交付和维护后勤信息化系统的方式。这种方式的优点是可以借助外部的专业技术和经验，减少高校的人力、物力和财力的投入，降低高校的风险和压力，缩短开发周期和提高开发质量，享受专业的服务和支持。这种方式的缺点是需要与外部的信息技术公司或机构进行良好的沟通和协调，明确需求和责任，保护高校的利益和信息，避免出现合同纠纷和技术问题，保证系统的安全和稳定，适应高校后勤的变化和发展。

3. 合作开发方式

合作开发方式是指高校与其他高校或信息技术公司或机构，根据各自的优势和需求，共同参与后勤信息化系统的设计、开发、测试、运维和维护的方式。这种方式的优点是可以实现资源的共享和优化，扩大系统的覆盖面和影响，提高系统的兼容性和互操作性，促进系统的创新和改进，增强系统的竞争力和价值。这种方式的缺点是需要建立有效的合作机制和平台，协调各方的利益和诉求，解决合作中的冲突和障碍，保证系统的安全和稳定，维护系统的一致性和完整性。

4. 整体引进方式

整体引进方式是指高校直接采购已经成熟和成功的后勤信息化系统，根据高校的需求和条件，进行必要的调整和适配，实现后勤信息化系统的快速部署和运行的方式。这种方式的优点是可以节省开发时间和成本，借鉴先进的技术和经验，提高系统的可靠性和效率，享受成熟的服务和保障。这种方式的缺点是需要选择合适的系统和供应商，评估系统的适用性和可扩展性，保证系统的安全和稳定，满足高校后勤的个性化需求，避免系统的过时和落后。

当然，后勤管理部门采用什么样的方式进行后勤信息化建设，要根据自己的实际情况，不可盲目跟风。在信息化建设的初级阶段，可以采用整体引进的方式，但当信息化建设发展到高级阶段，则最好采用合作开发或者外包开发的方式，更符合高校后勤实际，更有实效。

参考文献

[1] 吴文静．高校学生管理与模式创新研究 [M]．北京：北京工业大学出版社，2023.

[2] 王春宝，张永越．高校学生管理创新理念研究 [M]．北京：中国商务出版社，2023.

[3] 谢学．高校大学生管理工作与传统文化融入 [M]．北京：北京工业大学出版社，2023.

[4] 丰娴静．新时代高校学生管理中思想政治教育理论与实践研究 [M]．长春：吉林大学出版社，2023.

[5] 孙小龙．制度关怀塑造大学生全面发展——高等教育管理内涵式探究 [M]．北京：新华出版社，2023.

[6] 翟红．高校学生管理与创新 [M]．青岛：中国海洋大学出版社，2023.

[7] 刘平．高校学生管理与和谐校园构建研究 [M]．长春：吉林出版集团股份有限公司，2023.

[8] 吕连鹏．传统文化涵养下大学生管理工作研究 [M]．长春：吉林出版集团股份有限公司，2023.

[9] 池邵威，吴维维，王洪影．高质量推进高校学生管理的策略研究 [M]．北京：中国原子能出版社，2023.

[10] 傅田，赵柏森，许媚．人工智能时代高职院校学生管理模式研究 [M]．北京：中国民主法制出版社，2023.

[11] 甘雪梅，宗宝璟，王佳旭．高校大学生管理研究 [M]．长春：吉林出版集团股份有限公司，2022.

[12] 杨逍，林怡冰．高校学生管理工作的行与思 [M]．天津：天津科学技术出版社，2022.

[13] 沈佳，许晓静．基于多视角下的高校学生管理工作探究 [M]．北京：现代出版社，2022.

[14] 倪萍，闫红，张玉洋．信息化视角与学生教育管理研究 [M]．长春：吉林出版集团股份有限公司，2022.

[15] 李晓辉．高校学生事务管理工作与模式研究 [M]．天津：天津科学技术出版社，2022.

[16] 刘苗，赵其勉，杨蓓．大数据时代高校学生教育管理工作的创新研究 [M]．长春：

吉林出版集团股份有限公司，2022.

[17] 聂娟．高校学生管理的艺术 [M]. 长春：吉林出版集团股份有限公司，2022.

[18] 温立天，李美玲，蔡忠臣．高校学生管理模式与实践 [M]. 沈阳：辽宁人民出版社，2022.

[19] 杨刚，王新，刘丹．高校教育教学与学生管理 [M]. 长春：吉林出版集团股份有限公司，2022.

[20] 潘浩．高校学生管理的理论研究 [M]. 北京：中国原子能出版社，2022.

[21] 程细平．高校学生管理工作与管理模式创新 [M]. 北京：北京工业大学出版社，2022.

[22] 陈飞宇．大学生管理创新理念研究 [M]. 长春：吉林出版集团股份有限公司，2022.

[23] 史建芳，张琳君．互联网 + 时代高校学生管理模式的变革与创新 [M]. 北京：中国华侨出版社，2022.

[24] 刘嫔妮．新形势下高校学生管理工作的创新研究 [M]. 长春：吉林出版集团股份有限公司，2022.

[25] 陈露，罗晓忆．新时代大学生管理能力培养与提升研究 [M]. 北京：中国原子能出版社，2022.

[26] 祁素萍．高校学生管理工作创新与研究 [M]. 长春：吉林人民出版社，2021.

[27] 杨潇．高校学生管理工作与法治化研究 [M]. 北京：北京工业大学出版社，2021.

[28] 姚丹，孙洪波．高校教育信息化管理与学生管理工作 [M]. 北京：中国纺织出版社，2021.

[29] 刘青春．信息时代高校学生管理模式的转变及创新 [M]. 沈阳：辽宁大学出版社，2021.

[30] 刘一艳．大学生管理创新理念研究 [M]. 长春：吉林出版集团股份有限公司，2021.

[31] 苗慧．新媒体视角下高校学生管理与实践探索 [M]. 长春：吉林教育出版社，2021.

[32] 崔运强．当代大学生管理理论与实践路径研究 [M]. 北京：北京工业大学出版社，2021.

[33] 奉中华，张巍，仲心．大学生教育管理的创新与实践研究 [M]. 长春：吉林人民出版社，2021.

[34] 李洪霞．高等院校学生教育管理研究与实践 [M]. 北京：北京工业大学出版社，2021.

[35] 徐玉婷．新时期学生教育与管理工作研究 [M]. 北京：北京工业大学出版社，2021.

[36] 杨锐．新时代高校学生事务管理理论与实践 [M]. 长春：吉林人民出版社，2021.